金融激荡300年

瀛洲客 / 著

中信出版集团 | 北京

图书在版编目（CIP）数据

金融激荡300年 / 瀛洲客著. -- 北京 : 中信出版社,
2020.11
ISBN 978-7-5217-1807-2

Ⅰ. ①金… Ⅱ. ①瀛… Ⅲ. ①金融–经济史–世界
Ⅳ. ①F831.9

中国版本图书馆CIP数据核字(2020)第069237号

金融激荡300年

著　　者：瀛洲客
出版发行：中信出版集团股份有限公司
（北京市朝阳区惠新东街甲4号富盛大厦2座　邮编　100029）
承 印 者：北京楠萍印刷有限公司

开　　本：787mm × 1092mm　1/16　　印　　张：20.5　　字　　数：254千字
版　　次：2020年11月第1版　　印　　次：2020年11月第1次印刷
书　　号：ISBN 978-7-5217-1807-2
定　　价：79.00元

服务热线：400-600-8099
投稿邮箱：author@citicpub.com

目 录

contents

第8章 _ 市场生死劫

第9章 _ 金融造物主

第10章 _ 渡劫

第11章 _ 那年，那小镇

第12章 _ 西方世界终将衰落

前言　为什么从金融角度看历史?

金融史是历史，还是金融?

我们给出的回答：都是。金融史是历史，更是金融，是金融规律下形成的历史，又在历史中演绎着金融规律。

那么，什么是金融?

所谓金融，不过是资金融通渠道，故曰：金融。

那么，什么是金融规律?

所谓金融规律，不过是讲述资金融通渠道如何变迁，资金如何高效运作。“天下熙熙，皆为利来；天下攘攘，皆为利往。”用经济学的语言来描述，就是市场提高资源配置效率的一个过程。看清金融史，就能看清天下，看清所有的熙熙攘攘，看清天下熙熙攘攘中“钱”怎样“来”，又如何“往”。

搞实体经济的人都知道，销售渠道一旦变化，整个行业就会天翻地覆。资金融通渠道变迁也是一样，会改变整个金融业。不同的是，资金融通涉及整个社会经济生活，不仅意味着金融业自身的变迁，还意味着各行各业获得资金的优先级发生更迭，于是产业便有了兴衰更替。

商业银行、投资银行、风险投资是金融史上三次最重要的革命，与之同时间出现的是三次技术革命：第一次工业革命、第二次工业革命、信息技术革命。金融史上的“三次”与技术史上的“三次”相伴相生，绝非偶然。创新让世界焕然一新。要想让创新成为创新，一定要有足够的激励，所谓激励就是钱，就是金融！

这便是金融：用钱赚更多的钱，魔法般地催生一代又一代新兴产业，用钱送人类走出洪荒，用钱带领人类走向文明。

与金融相伴相生的仅仅是崭新的世界吗？

当然不是，金融不但可以开辟未来，还可以把人类送回过去。我们每一个人都知道，金融后面还可以加上两个字——危机。谈虎只能让人色变，遇到金融危机，社会财富就一定毁灭，让每一个人感受到切肤之痛。1929年大萧条、1997年东南亚金融危机、2008年全球金融海啸，每一次金融危机都让经济在一瞬间倒退几年、十几年甚至更长时间，让奋斗和汗水化为乌有。

这也是金融：把别人的钱变成自己的钱，最终只能毁灭财富，让水榭冰消，让凤凰台栖枭鸟。

金融是一柄双刃之剑，无论王侯将相还是布衣黔首，任何人都难折金融利剑之锋，伤人还是害己，都在剑手一念之间。

此非金融之过也，唯贪婪与恐惧尔。

如此，只要人类还存在，贪婪和恐惧就将永远如影随形；如此，只要交易还存在，就总会有人领略剑之双锋；如此，只要财富还存在，金融将永远演绎欢笑与泪，剧情将永不枯竭。

时间不灭，市场不死。

人类用自己的财富绘出连绵不断的市场图形，又为自己讲述着财富故事。一切距离，财富最近，一切都用盈亏表示，这才是世界上最昂贵的绘本，一尺一寸都用真金白银绘制。

问世间，还有比这里更好的舞台吗？

金融市场帷幕之后，尽是人世沧桑。本来剧情可以包罗万象，在这里只被简化成几组符号：阴或阳、涨或跌、赚或赔。回环曲折之间，一个人、一家企业、一个民族的命运便被改变！

舞台上有好人也有坏人，有好事也有坏事。顺金融者，遏制贪婪与恐惧，即为是；背道而驰者，即为非。是是非非，无论剧情怎样变化，都有一条主线贯穿始终，那便是如何分配财富使用权。

换一句话说，金融在用财富诠释历史。

从金融角度看历史，尽管故事还是故事，但盈亏逻辑下那些是是非非，都能还原为一个最简单的元素——钱。人间烟火正浓，便可能最大程度地还原故事，故事也就变成了真实的事。

所谓金融，所谓历史，所谓金融史，即为如此。

第 *1* 章

三生三世，此债绵绵

国王当“老赖”：英国资产阶级革命缘起

毋庸置疑，英国是世界史上第一代全球性大国。读英国或者西欧历史会给人强烈的跳跃感，颇有穿越的感觉。如果可以站在1640年的伦敦，那么，即使英国击溃了西班牙无敌舰队，你也不可能看出这个国家将在接下来的百年中引领世界，成为新一代日不落帝国。

约翰·克拉潘在那本不朽的《简明不列颠经济史》中为我们阐明了英国最发达的呢绒和亚麻布纺织业究竟是何景象——手工业工场分布在广袤的“农村”，所谓“工场手工业”就是这个时期的英国纺织业。这个时候英格兰和苏格兰全部人口加在一起不过300多万。1600年前后，伦敦只有15万人，当时，一个人口过万或者人口超过5 000的地方就是大城市了。

反观中国，早在宋徽宗在位期间，汴梁就已经是人口高达百万量级的城市了。据《宋史·地理志》记载：“天下有户二千八十八万二千二百五十八，口四千六百七十三万四千七百八十四……”众所周知，有人才有市场，才有生产力，才有一切！按黄金价格计算，宋真宗天禧五年（1021年），北宋财政收入达到150 850 100贯，约折合7.5亿克黄金，折合人民币2 000亿元左右，如果考虑当时黄金生产能力与今天的差异和当时的人口基数，那么这个数字远高于2 000亿元。

在一系列数据面前，我们甚至不需要经济学常识就能判断中国宋朝较几百年后的大英帝国更具备活力。

历史只有一件事永远真实：这里不存在假设。

中国宋朝终究没能演进出资本主义生产方式，这在经济史学界被称为“李约瑟难题”，很多人用很多种方式试图对“李约瑟难题”进行解释，至今没有一个被各方接受的结论。很多问题也许永远没有答案，只有现实，我们也只能顺着金融的逻辑剖析历史长河中的点滴浪花。

历史是真实存在的，如同人生没有重新来过的机会。体会到这一点，就会发现，无论人生还是历史，有时候都是痛苦的。

资产阶级革命前夜的英国，英伦大地并不富裕，陷入窘境的不仅仅是普通人，还有王室和贵族。连年不断的战争耗尽了王室财富，1561—1640 年，短短 80 年间，英国王室被迫卖掉了 3/4 的土地。1593—1603 年，都铎王朝的最后 10 年，英国通货膨胀率较几十年前上升了 3~4 倍，要知道，在近代之前的西欧史中，通货膨胀是极为罕见的。

在任何时代，社会阶层向上的通道都不可能真正关闭，此时的英国，唯一处于上升态势的只有新兴资产阶级。很遗憾，所谓新兴资产阶级并非影视剧中的商业巨子或大亨巨富，更不是托拉斯般的巨无霸，他们中大多是最普通的中小工商业者，甚至有人出身农奴。

阶层跃迁历来都是引人入胜的话题，每次读到这些故事，我想到的最多的是现在的小微企业：一国经济的真正实力不在于有多少世界 500 强企业和巨无霸，而在于小微企业的存在。芸芸众生、万家灯火才是真正的俗世，只有小微企业有机会成为巨无霸，一个国家才会屹立于世界民族之林。

梁启超说：“少年强则国强。”我说：“小微强则国更强。”

让我们继续看这个时期的英国。尽管英国即将走向世界历史的前列，但此时的斯图亚特王朝已经处在风雨飘摇之中。英国王室在欧洲本来就属于“贫困户”，伊丽莎白一世在位时期（1588—1603年），英西战争、登基大典等耗费了大量财富，詹姆士一世如此评价当时的窘境：

> 我知道国家肩负沉重的负担已持续20年甚至更多年了，它正变得日益贫困。还有什么比一个政府能得到支持，一个君王能够支付得起为保卫和平与安宁所必需的（战争）费用更好的事情呢？如果没有一个特别的办法来增加政府的收入，那么政府必将面临毁灭的境地！

站在历史大峡谷的缝隙之上，国王詹姆士一世却没有任何感觉，他确实找到了一个特别的办法增加政府收入，确切地说是增加政府现金流，那就是借钱。简单来说，詹姆士一世的一生是借钱的一生，用各种方法借钱，不择手段地向国民借钱（请注意，不是征税，就是单纯借钱）。

詹姆士一世活着的时候借钱借到天昏地暗，花钱也花到天昏地暗，此君死于1625年，把烂账留给了子孙后代。在任何时代，任何人借钱都要有限度，无论个人还是国王，超量透支信用都不是一件好事，何况詹姆士一世经常借钱不还。有部电视剧名叫《三生三世枕上书》，有时候信誉透支的恶果也需要还三生三世，王室也不例外。

替詹姆士一世还钱的人则是查理一世和詹姆士二世，还钱的代价是两次改写世界史的革命——英国资产阶级革命和光荣革命。如果詹姆士一世看到身后事，不知道他对于自己的所作所为会不会后悔。

詹姆士二世和光荣革命要等一等才说，先说说查理一世与世界上第一次资产阶级革命。

查理一世在英国史、欧洲史乃至世界史上的名声都可谓如雷贯耳，不仅因为他在位期间爆发了第一次资产阶级革命，还因为他是一位在资产阶级革命中被砍掉了脑袋的国王。当然，1625年，查理一世在登上王位的时候，无论如何都不会想到会有断头的命运，他只知道自己在英国国内已经很难借到钱，国内利率有时甚至飙升至30%。在利率如此高的环境下，王室主要收入只有领地地租、英国贵族捐赠和关税（包税制）等，而支出却要对付全英国的烂摊子。

“英明”的国王想到了另一个途径——宗教收入，由此激发了一场旷日持久的宗教之争，其巨大的冲击力彻底改变了英国社会。

17世纪初的英国，经济困窘并不是最糟糕的景象，最糟糕的是无处不在的宗教之争。当时，英国国教与清教（属于加尔文宗）之间存在激烈的冲突：清教徒认为，只需要自己承认信仰上帝就可以独自与上帝“沟通”，这一点有些类似于佛教中的“禅”；相比之下，英国当时的国教教徒认为自己没有资格与上帝沟通，需要依靠主教主持的很多繁缛的仪式。当然，主教做这么多事肯定不是免费的，教徒必须为此支付很高的费用。

宗教之争最后一定可以归结到经济原因，最大的原因就是国王的钱包。英国国教不承认教皇，英国国王是英国最高宗教领袖，教徒为教会支付的费用实际上是一种变相的税收。

信仰上帝需要钱吗？国王可以把信仰当作税收吗？

关于这场宗教之争，历史文献中的各方观点已达成共识：清教代表新兴资产阶级，国教代表王室与封建贵族；清教与国教之争在一定程度上可以代表新兴资产阶级与封建势力、进步势力与落后势力的斗争。关于这种争论，马克斯·韦伯更是在《新教伦理与资本主义精神》中提出了一个惊人论断：清教思维有利于新兴资本主义生产模式发展，清教徒认为上帝只垂青有成绩的人，赚钱本身就是此岸的责任；既能赚钱又能得到上帝关注，新兴资产阶级的赚钱动力可不是一般的大。

从金融角度看历史，需要分析各方利益。

清教徒的出现一定不利于查理一世增收；查理一世增收又不利于大家的钱包，这种行为理所当然地遭到新兴资产阶级的强烈反对，谁会愿意将自己辛苦所得的财富白白奉献？从经济收益的角度考虑，人们更愿意信奉清教——尘世本无世俗主。

矛盾愈演愈烈，终于……

1637年，国教长老会在苏格兰推行英国国教格式的祈祷书。敕令刺激了苏格兰人民原本紧绷的神经。3月，起义爆发，苏格兰起义军宣布“民族圣约”，号召全体苏格兰人民一起向“倾向天主教的英国国教”宣战！

可怜的查理一世，本来就没啥家底，与苏格兰开战一年后大败而回。1639年8月，苏格兰起义军再次逼近英国，查理一世不但借不到钱，还遇到了更尴尬的窘境——1640年，王室一手栽培起来的英国东印度公司居然“造反”了，就在王室手头最紧的时候，东印度公司突然提出停止对王室贷款！理由是国王授予私人掠夺海外殖民地财富的权力的行为严重侵犯了东印度公司在殖民地的权威。

大名鼎鼎的东印度公司是英国建立庞大海外殖民体系的急先锋，很多教科书在描述这家公司的时候都会提到一条：作为一家公司，它有对外宣战等一系列特权。我告诉大家，除了对外宣战，东印度公司还有另一种特权——该公司发行的票据在市场上可以被视为现金来流通，王室曾明确授权东印度公司掌握王室存款，在某种程度上是当时地位最高的金融机构，甚至可以被视为中央银行。

获得权力从来都是有代价的，东印度公司必须借钱给王室。如今东印度公司私自毁约，这很不厚道，不用说商业道德，连基本的爱国心都没有：苏格兰起义军兵临城下，它不该在这个时候坑国王吧？

东印度公司断掉了查理一世最后的希望，查理一世只能饮鸩止渴——再次召开议会，讨论征税。人们只知道引发英国资产阶级革命的导火索是查理一世被迫召开议会，其实召开议会的原因是查理一世实在借不到钱了，这才让议会去讨论征收新税。

为了取得议会信任，查理一世被迫下“罪己诏”，承认王室借款不守信用是错误的。在查理一世看来，“罪己诏”只是给议会一个台阶，最终目标仍旧是开征新税，以“合法”的税收替代“不合规”的借款。然而，1640 年 3 月成立的新议会从成立第一天起就根本不买账，不但没有讨论纳税的问题，反而重提议会的原则——“未经议会同意，不得强向国民募债或征税”。

借不到钱才召开议会，您这儿不但不收税，还禁绝了借款?

结果是显而易见的，查理一世拒绝承认议会决议，下令逮捕皮姆等议会领袖。结果引发了资产阶级革命，直至查理一世断头。

英国资产阶级革命是世界上第一次资产阶级革命，震古烁今，如今已经被西方供奉在神坛之上，被认为是西方文明或者民主体制的开端。然而，这场被冠以无数美名的“资产阶级革命”其实很尴尬，即使在西方史学界，指责声也从未停止。最现实的问题是，革命并未给英国带来富强，甚至没有带来“三权分立”的政治体制，查理一世断头之后，克伦威尔自封“护国主”，是议会更强大的敌人。

擦干 1640 年英国资产阶级革命在故纸堆中留下的血迹，只留下最世俗的东西，或许结论会更简单易懂。

什么最世俗?

当然是钱。

钱是我们日常生活中最普通的东西，也是金融市场最基本的单位。这场神坛上的资产阶级革命的目的其实就是这个最简单的目标。何止是英国资产阶级革命，从古至今，刀光剑影、炮声隆隆只是战争的表象，战争的目标和本质永远都可以归结为一个词——利益。从1640年的英国资产阶级革命到今天的美国，无一不在全球发动战争。

2003年美国攻打伊拉克，目标是什么？

钱。

2003年美国攻打伊拉克，靠的是什么？

说到底还是钱。

教科书可以从正义、非正义等角度区分战争，然而，在开战的一瞬，所有的正义、非正义都要靠经济手段来实现。战争的本质和表象全部是经济的延伸，用和平手段得不到的东西，就在战场上得到，金钱就是战争最强大的动力！

钱、财富或者货币全部与信用相关，有信用就会有现金，就会有现金流，就能打赢战争。一般来说，封建王朝最强大的是国王，正常情况下没有人会怀疑王室或政府的信誉，王室信誉就是钱，就是现金流。

现在的问题是，斯图亚特王朝历代国王过度透支了自身信用，再也借不到钱了。议会抗争让王室明白信誉已不可恢复，于是挑起了战争，试图通过战争强化自身信誉——只要能击溃一切对手，强权照样能带来信誉。

只要击溃议会，强大的王权就再无挑战者，就能给斯图亚特王朝带来各种各样的收益，包括借款，也包括税收。如果查理一世获得胜利，那么英国历史乃至世界历史的走向都可能完全改变。话虽然这样说，但击溃议会需要的恰恰还是钱，王室既然透支了信用，就不可能得到钱。

从开战的一刻起就注定了失败的命运，谁会借钱给一个没有信誉的人呢？没有钱又怎么可能取得战争胜利？

果不其然。

1642年1月10日，查理一世悄悄离开伦敦，到达北方的约克。8月，查理一世信心满满，在诺丁汉升起王旗，挑起了内战。

查理一世向来坚信“君权神授”，以战争的方式要回国王的权力原本就在意料之中，出人意料的是国王的融资方式。

战争当然需要钱，没钱怎么办？

查理一世给出的答案是：借！他旧业重操，又开始向英国人民借钱，抵押物居然是250万亩[①]苏格兰土地。

这就有些匪夷所思了。查理一世虽然也是苏格兰国王，但当时苏格兰和英国压根就不是一个国家，苏格兰的土地更不是王室私产，查理一世却拿人家的土地做抵押……一个惯于赖账的“老赖”开出如此价码，有几成可信度？

议会领袖皮姆却很实在，他开出了每年3万英镑的价码，以此换取苏格兰不支持自己的国王。为此，苏格兰起义军与议会新军签订《庄严同盟与圣约》，切断了查理一世的所有希望，保证新军不会腹背受敌。

如果议会新军领袖始终是皮姆，英国光荣革命可能就是蛇足，这个国家就极有可能早半个世纪进入资本主义社会。遗憾的是，1643年12月，皮姆逝世于伦敦。此时，查理一世真正的敌人出现了，他就是克伦威尔。

1647年，王军彻底溃败，查理一世则逃亡至苏格兰。苏格兰人对自己的国王很不够意思，以40万英镑的价格把他卖给了议会新军。此后的结果如今全世界都知道：1649年，查理一世丢掉了人头。

不讲信誉，丢掉的仅仅是一个国王的脑袋吗？

看起来伟大的资产阶级革命并没有给英国带来繁荣和富强，新军领袖克伦威尔摇身一变成了护国主，比斯图亚特王朝更加聚敛无度，英国国家财政仍旧是一个烂摊子：1656年财政赤字为80万英镑，1657年达

① 1亩≈666.7平方米。——编者注

到150万英镑，1658年则高达200万英镑。更可怕的是克伦威尔的货币政策，为了弥补财政亏空，他下令让货币减重。于是，我们看到了时人记录的场景：

坎伯兰委员会和治安法官证实，这个地区有3万户农民没有种子，没有口粮，同时又无钱购买……该地区由于粮食缺乏，许多人死于饥饿，中等财产的人变成了贫民，而原来的贫民，现在则在死亡线上挣扎。

护国主政府的轨迹跟斯图亚特王朝差不多，不但无法在国内征税，在大商人手中也借不到任何贷款。无论是护国主还是国王，失去融资来源在一定程度上就等于失去了统治能力，结果就是克伦威尔的儿子被迫让出了护国主宝座。

经过一系列更迭与妥协，1660年，查理二世在荷兰布雷达发表宣言，斯图亚特王朝复辟。

金融具备理性吗

当家方知柴米贵，查理二世登上了国王宝座，境况比他父亲好不了多少。

王室收支同样是一个烂摊子，所谓财政大臣根本就无权统辖财政部，更糟糕的是，英荷战争根本看不到尽头，第一次英荷战争（1652—1654年）之后马上就是更残酷的第二次英荷战争（1665—1667年）和第三次英荷战争(1672—1674年)。

很多历史学者赋予三次英荷战争特殊的意义，诸如从此英国取代荷兰成为世界性大国、为工业革命铺平了道路、为英国打开了全世界的市场……

历史是曾经的现实。生活在昔日现实中的人看不到那么多意义，只能看到最现实、最粗俗的东西，只有经过时间老人的检验才能知道真正的历史意义。在我看来，三次英荷战争中，英国只取得了一些战术性胜利，但这种胜利远未达到英西战争后压倒性优势的级别，荷兰衰败是自身原因造成的。

从金融的角度来看，如果非要说三次英荷战争给英国带来的影响，那么我认为是促使英国国债制度逐步趋于成熟。

战争需要财力支持，尤其是短时间内集中财力的能力。财政税收是温暾水，金融体系可以在短时间内聚集大量资本，在瞬息万变的战场上，聚拢资金的效率往往也是最重要的决定因素。与英国相比，荷兰才是金融前辈，跟英国根本不是一个量级的选手。如果不是荷兰自身一系列失误与巧合，那么世界历史极有可能不是我们今天看到的样子。

事情还要从借款说起……

17 世纪中期是英荷争霸最关键的时候，居然也是两个国家贸易最为繁荣的时候。当时的情况虽然是三天一小打、五天一大打，但两国之间的贸易连接比任何其他国家都要紧密。查理一世时期，荷兰商行就已经遍及伦敦，英吉利海峡的位置则让英国成为荷兰天然的中转仓库。

对比两国生产能力、航海能力，英国略胜一筹，但是，荷兰在金融业上远比英国发达，人家是当代金融体系的鼻祖。阿姆斯特丹交易所成立于 1602 年，这个时候英国斯图亚特王朝还未开始。查理一世为借款煎熬的时候，荷兰人已经搞出了世界上第一场金融危机——郁金香泡沫。郁金香泡沫确实损害了荷兰国力，但是千万不要小看金融危机，金融危机对国民经济有重大伤害，也一定是对前期错误的纠正，我们将不断重复这个概念：危机、危机，是危险也是机会，如果转危为机，就是重大机遇！

第二次英荷战争时期，英国金融业仍旧没多大进步，还停留在原始状态，以金银匠为基础的乡村银行体系刚刚出现。

英国金银匠历来有为客户提供金银储存服务并借出金银的传统，查理一世在位期间，金银匠的收据开始在伦敦市面上流通，这些以金银储存为本位的票据在一定意义上成为英国最原始的“钞票”。也是从这个时候起，金银匠们开始组建合股银行，这些“银行”规模较小，属于合股银行范畴，股东不超过 6 人，被称为“乡村银行”。

这样一比较，两国融资效率的差别就明显了：阿姆斯特丹在全欧洲筹集资金，伦敦却只能在全市范围内借款，还常常借不到。

融资数量少一些倒没什么，关键的问题是利率定价。

阿姆斯特丹已经有了完善的借款市场，利率始终稳定在 10% 以内。伦敦金融市场刚刚成立，乡村银行辐射的地域范围较小，在某个特定的区域内近乎垄断，对利率有定价权。因此，伦敦资金市场利率远比阿姆斯特丹高，借不到钱就算了，就算借到钱，年利率也在 30% 左右，气得国王查理二世大骂伦敦金银匠全是吸血鬼，因为他在核定官定利率的时候参考了荷兰金融市场，发现对方的利率只有 4%~10%。

高利率带来的损害是显而易见的，受害者不仅仅是王室，还有新兴资产阶级。英国正从封建制度向资本主义转变，刚刚开始在全世界扩展殖民地，对资金的需求非常强烈。但是，具备垄断地位的乡村银行显然不会放弃高利贷巨额利润，那些所谓“银行家”才不管大英帝国是不是雄霸全球，才不管工商业会不会发展，他们只看自己眼前这点儿蝇头小利。以乡村银行为主的金融体系很快成为帝国前进路上的绊脚石，不仅损害了实体企业利润，阻碍了英国经济发展，还使得英国范围内无法形成统一的资金市场。

就是这个金融体系让更离谱的事情发生了，它使得英国在第二次英荷战争中全线溃败，几乎扼杀了襁褓中的日不落帝国。

事情的起因是这样的：

第二次英荷战争爆发前，双方战舰数量类似，荷兰战舰的吨位和火炮口径都不如英国，背后又有法国捅刀子。英国人为这场战争准备已久，1664 年，英国王室事先从伦敦商人手中获得了 20 万英镑贷款。单纯从经济军事力量上来看，荷兰胜算不大。

所以，英国不断挑衅……

——1660—1663 年，英国议会通过新《航海条例》和《主要产物法》，对荷兰海上运输贸易不遗余力地进行打击：只有英国船只才能从事英国货物进口，尤其是鱼类（从古至今荷兰主要支柱产业之一都是渔业），试图把荷兰排除在对英贸易之外。

——为抢占全世界殖民地，英国开始在全世界与荷兰作战：1663 年，英国抢占荷兰非洲殖民地，荷兰的象牙、奴隶和黄金贸易几乎被切断。

——1664 年 4 月，英国议会已经批准对荷兰作战，但荷兰方面一直在忍受。宣战后，英国第一时间抢占了荷兰在新大陆的老巢——新阿姆斯特丹，就是后来的纽约。

即便如此，荷兰仍旧把宣战日期拖延到了 1665 年 2 月，可见当时荷兰对战争结果很担心。果不其然，1665 年，洛斯托夫特海战，双方精锐尽出，最初荷兰战舰还处在有利的顺风位置，最后居然以 1∶8 的战舰损毁率再次被英军击溃。

从理论上说，洛斯托夫特海战已经奠定了第二次英荷战争的最初战局，荷兰的海上交通线已经被切断，无论从士气、军事力量还是经济力量上来看，荷兰战败都是早晚的事，也不可能组织有力的反击。

决战到来之前，谁也没有想到的事情发生了……

在获得泰晤士河水文情报之后，1667 年，荷兰军队进行了一次偷袭，一支荷兰舰队居然趁着夜色驶入了泰晤士河。奇袭对方本土的战术其实很愚蠢，军舰只有在泰晤士河涨潮的时候才能航行，风向不对、风力不足都有可能导致搁浅，风险极高。

然而，荷兰舰队的奇袭战略居然成功了！这支小小的舰队占领了英国希尔内斯炮台，顺便抢走了炮台里存放的一点儿黄金。

很多战争史将之描述为世界海战史上的奇迹，是荷兰将领德·勒伊特将军的一次精彩表演，他以一己之力扭转了整个战局。

我的专业是金融学，不太懂战争，不知道国家命运能否被一次奇袭改变。我只看到了偶然中的必然，这次奇袭引发了一场金融骚乱：原本平静的市场被非理性的行为搅乱，人为造成了一场挤兑风波，进而造成了伦敦社会秩序大混乱。也许，正是这场金融风波给了荷兰舰队出逃的时间。

1667 年 6 月，从睡梦中醒来的英国人突然发现荷兰军舰居然已经开到家门口了，坊间传闻炮台里的黄金储备被抢，恐慌情绪在人群中蔓延。从承平世界突然进入战争，每个人都有天然的恐惧，避险是自然而然的本能反应，任何人都知道，这个时候只有硬通货留在身边才最安心。当时，伦敦金融市场上乡村银行发行了很多票据，平日里这些票据可以替代金币、银币，实际上就是银行券。

从银行券时代到现在的商业银行时代，银行一定是经营信用的行业。任何一家银行都不可能有百分之百的备付金，如果备付金百分之百，那么这家银行等于只出不进，根本就是在做赔钱的生意。银行只有把存款借出去才算赚到了钱。所以，在任何一个时代，如果所有人在同一时间去银行提款，那么一定会出乱子，这就是金融体系最大的风险和最终表现——挤兑。

当时的情况就是这样，人们看到了荷兰战舰，想到了自己的金银，人们争先恐后地冲向了乡村银行……

挤兑发生了。

当所有人都来挤兑时，乡村银行不得不面临这样的选择：要么兑付库存的金银，直至破产；要么根本就不兑付，硬挺着，过一天算一天。从经济理性来说，金银匠一定会选择后者：反正早晚要破产，还不如干脆不认账。于是，伦敦乡村银行的行动近乎统一，拒绝兑付存款人手中的票据，死守库中金银。

结果可想而知。金银匠拒绝兑付金银，相当于伦敦市面上的现金全部作废，这引发了市场巨大的混乱。

别忘了，这个时候，荷兰人的战舰还在泰晤士河呢！

混乱的市场中，人们看着荷兰军舰在泰晤士河耀武扬威，英国皇家舰队尚未出战就遭到了重创，但谁都没心思组织反击——银行不兑付，所有人的钱都会付诸东流！一场大乱中，荷兰海军就这样堂而皇之地返航，伦敦却在骚乱中暴发了瘟疫和火灾。

虽然最终不一定是本次英荷战争奠定荷兰胜局，但是，这个插曲让人扼腕叹息，道理也发人深省。

无论现代还是古代，市场主体都一定是趋利避害的，即选择服从“市场理性”。通常情况下，市场理性会引导资源流动，实现更为有效的配置。我们说的是“通常情况”，请一定要记住，除了“通常情况”，还有“特殊情况”。特殊情况下，市场不是万能的，极端情况下市场会失效，此时，个体理性未必是集体理性，最佳个体福利未必是最佳社会福利，甚至，个体理性决策最后会导致个体福利、社会福利净损失。

最典型的例子莫过于金融市场暴跌，出逃的人越多跌幅就越大，避免损失最有效的方法是所有人一起渡过难关。但是，市场的特征决定其参与主体一定是趋利避害的，最后适得其反，乡村银行和存款人的选择只是一种诠释：金银匠选择不兑付是理性选择，这个所谓理性选择未必能守住个人财富，只会给社会带来动荡，带来明显的负效应，社会福利净损失怎么说都不为过，尤其是在战争时期，这种个人行为几乎能毁掉国运。

贪婪和恐惧是金融市场永恒的主题，这不可怕，因为这是不可磨灭的人性。事实上，正因为有了贪婪和恐惧，市场才更有魅力。可怕的是，我们如果放任贪婪与恐惧，便会对市场造成致命的伤害，人性也就变成了魔性。

恐惧与贪婪与生俱来，如何控制？

从古至今，市场最大的道理就是竞争，竞争还有一种贬义说法，就是“弱肉强食”。请记住，强者的作用不仅仅是压制弱者，更重要的是给所有市场主体安全感，让所有弱者都生存下去。规制市场的方法只有一个，那就是塑造一个市场最强者，用市场的规则来管理市场！金融市场是人性极为暴露的地方，必须出现一个强有力的权威，让所有市场参与者相信它是无所不能的。非如此，无以控制贪婪与恐惧；非如此，无以将洪水般的市场情绪控制在集体理性之内；非如此，无以缔造一个强大的帝国。

在任何时候、任何地点，政府都是最强大的信用主体，一定也是金融市场最强大的权威。在第二次英荷战争的案例中，如果王室具备足够的市场信誉，只需要宣布战时停兑规则，市场秩序就不至于彻底崩溃。

英国即将走入资本主义社会，金融市场却一半是海水一半是火焰，要想控制这头怪兽，王室必须有足够的控制市场的能力。在本书里我们将看到，从南海泡沫到次贷危机，世界上任何一次经济危机的救亡者都是政府，尤其是中央政府。

关于政府究竟应该在经济运行中发挥多大作用，经济学者曾经有过很多辩论，但最终也没说清楚。在我看来，在不同的环境、不同的人文历史条件下，这个问题会有不同的结论。唯一能确定的是，在原本最为市场化的金融市场，全世界各国不约而同地选择了强化政府职能——以国家信誉规制金融市场，美国便是巴塞尔委员会的始作俑者。因为，国家信用是最强大的信用，如果这个集体都失败了或者不存在了，个人财富就无从谈起。

当时的英格兰，距离日不落帝国还有一家银行的距离。要迈出这一步很不容易，很快就会出更大的乱子。

国王与乞丐

自古以来，英国就有这样的传统——国王应该靠自己生活。这是一句听起来顺理成章的话，事实上，不是这样的。

国王不但要靠自己生活，还要靠自己的收入养活国家。

封建时代的英国王室收支与国家财政原本是一体的，国王不但要靠自己生活，还要靠自己来应付公共支出。国王靠自己生活没问题，将国家公共支出加在国王私人身上就不厚道了。国王穷一点儿没什么，但在国家财政捉襟见肘、极端困难的时期，整个国家都有可能无法应对面前的危机，比如，对外战争。

斯图亚特王朝复辟并非查理二世一人之功，这次复辟，不仅复辟了王室，还复辟了议会。这里要说，查理二世遇到的议会还算厚道，复辟初年通过了一项议案：为保证国王能够“有效统治”国家，包括关税在内，国王每年可以得到120万英镑的收入。

120万英镑在当时确实是一笔巨款，正常年景支付王室用度差不多够了，但如果遇到战争就另当别论了。查理二世没有生在太平时期，在位期间先后经历了两次英荷战争，每年只军费一项就占收入的50%，国王难免入不敷出。

查理一世的人头刚刚落地，殷鉴不远，查理二世不敢轻易开征新税。然而，面对战争又必须筹集军费，给战士发足够的薪水，购置军火，何况查理二世始终力推天主教，根本不是省油的灯。

一段离谱的“活”话剧在英国上演了……

第二次英荷战争失利，直接导致了伦敦金银匠停兑事件。这不算什么，后面发生的事情却让人感觉到金融危机的破坏力居然“没有最高，只有更高”。

没有钱，不能征税，英国王室拿出来的方法只有借款：向英国国内的有钱人——金银匠借钱。原本王室借款对金银匠来说是一笔不错的生意：单笔金额高，省去了一笔一笔借贷的麻烦；再说，王室的信誉总高于一般商户。其实，这跟现代商业银行喜欢借钱给大企业没什么区别，大企业风险低，信誉好，又省工本费，商业银行何乐而不为？

问题的关键在于，英国王室的市场信誉并不怎么样，王室财政管理混乱是人尽皆知的事实，财政大臣无权统辖财政部，“财政部内部几个部门彼此独立，互相倾轧，政府的财政来源分别被掌握在几个委员的手中”。

1672 年是一部分债务到期的日子，英国王室共有 225 万英镑债务，相当于岁入的两倍。今天财政学有一个指标叫“国债依存度”，意思是一国国债与财政收入的比率，国际公认的警戒线不能超过 60%，超过这个比例就会被认为对债务依赖性过强。

按照国债依存度的概念来衡量，英国王室为 200%，远远超过了警戒线，果不其然，后面的事情发生了……

1672 年，已经无法查证具体是哪笔王室债务到期了，王室开始拖延某笔债务兑付，然后在市场上引发了燎原大火。有文献这样描述当时的情况：所有的债券持有者蜂拥至财政部要求兑现。

225 万英镑接近国王岁入的两倍，绝对是一笔巨款。

面对巨额债务，查理二世的应对措施轻飘飘的——休克疗法。不是还不起吗？干脆我就不还了。王室粗暴地宣布冻结债券本息，然后彻底赖账！王室拒不支付本息，这件事在英国历史上被称为“财政部停兑”，被历史文献评价为“政府信用最差的一次借贷”。

虽然金额大，但王室欠债或国债依存度偏高不是天翻地覆的大事，关键是怎么处理。

国债依存度很高没有关系，但不能停兑，国债停兑等于政府信用破产。2019 年，美国国债总额 23.07 万亿，财政收入只有 7 万亿，算下来国债依存度已经达到 329%，这比查理二世混得惨多了，但美国就没事。当然，美国之所以能维持如此高的国债依存度，很大程度上是因为美元是世界货币，查理二世却生在了本位货币时代。

市场信用其实是一件很玄妙的事，只可意会不可言传——当大家觉得你有信用的时候你一定有信用，如果大家都觉得你没信用，你就越来越没信用——至于真正的信用则有可能是一个黑箱。从有信用到没信用、从没信用到有信用，两种转换都很玄妙，至于这个转变具体是如何发生的，并没有一个精确的标准可以衡量。

今天，全世界的地标建筑几乎都有金融机构的影子，金融机构营业场所所处的地段和建筑装修都是最昂贵和最豪华的。

为什么要这么做？要让人们感觉到金融机构有钱！

相反，不摆谱，人们感觉不到金融机构有钱，甚至会觉得金融机构没钱，如果那样，事情就会很麻烦。

国王太没吃相，对市场公开宣布停止兑付国债。停止兑付等于告诉所有人自己没钱了，公开宣布国家信用破产，接下来就是一场多米诺骨牌游戏了。

处理金融危机的方法不符合常理，它不讲究透明，一个最重要的因素就是不能让市场知道真相，以免产生更严重的践踏。危机处置不涉及公平或者正义，最重要的是能解决问题。问题不解决，无论公平还是正义都不存在。

查理二世恰恰相反，停兑等于公开自己没有底牌，他生怕别人不知道。这种处理方式不仅直接消灭了市场预期，还摧毁了市场上最强大的信誉。从此，市场再无预期，国家再无强者，这样的市场还是市场吗？

王室信用主体倒下，绝对不是孤立事件，而是倒下来的第一张多米诺骨牌。据统计，在财政部停兑债券中有136.57万英镑属于当时的银行家——金银匠，约占总量的62.35%。金银匠是有钱人，是银行家，他们的现金流来自储户负债，他们购买国债只是为了赚个差价、做个小生意。您国王欠钱不还就算了，还搞得人尽皆知。现在所有人都知道银行无法从王室兑换黄金，因此储户就一定无法从他们那里得到黄金。如果不能取出自己的黄金，那么银行又有什么存在的意义？

和当年英国人在第二次英荷战争中看到荷兰战舰之后的情况一样，市场立即爆发了针对金银匠店铺的挤兑。金银匠是理性的商人，不可能坐困愁城。钱都是个人的钱，既然国王可以欠债不还，那么我们凭什么兑付真金白银？他们的应对措施是全体停止兑付金银——这就是全国范围的挤兑了，整个英国立刻陷入了剧烈的金融动荡！

银行停兑，可以认为银行破产；政府停兑，可以认为政府破产，失去了管理社会的能力，失去了对外战争的能力，接下来就是一场社会大动荡。

英国的幸运在于，英国王室不存在破产的可能，债主还在。与当时中国的封建社会相比，西方社会更相信“君权神授”，政府可以下台，王室主要靠血脉传承，“皇帝轮流做，明年到我家”的传统不是太管用。

混乱的市场让王室的日子更加艰难，偏偏1672年正是第三次英荷战争开始的年份。1672年3月，查理二世联合法国对荷兰开战，虽然占领了荷兰大片领土，却在抢得先机的情况下打得非常艰难。

怎么可能不艰难？

停兑令下达以后，查理二世仍要筹集战争经费，他不可能借议会之手征税。议会从上到下都反对再次与荷兰开战，剩下的途径就只有借款了。1672 年，查理二世宣布，为筹集战争经费，王室将再次向乡村银行借款 10 万英镑。

前面的钱您还没还呢，又借？

战争已经开始，必须用钱作为支撑，王室必须借到这笔钱……不过王室确实借不到这笔钱。

于是，我们看到了一个匪夷所思的场景：上至财政大臣帕特森，下到各级官员，大家一起走上伦敦街头，一个店铺挨着一个店铺、一间办公室挨着一间办公室地沿门托钵（确实可以说是讨钱）！

尽管王室大臣变成了乞丐，但结果依然是没借到这 10 万英镑。最终，英国在抢得先机的情况下输掉了第三次英荷战争。

有人问：什么是改变英国日益贫穷的状况的办法？

一个声音开始在大英帝国上空回响：建立一所银行！

面对混乱的局势，查理二世代表王室和政府承诺：王室的欠款仍是贷款，可以得到 6% 的年利率，在此条件下金银匠应该恢复兑付。面对最强信用主体，市场很乖，哪怕只是一个承诺，市场秩序都会立即恢复。因为，只要人类存在，市场就一定会继续下去，我们只能选择相信。

没有什么信誉可以无限透支，一而再、再而三地戏弄市场，一定会被市场反噬。一定要对市场怀有最基本的敬畏之心，在这里，只有市场规则是神，如果规矩能被突破，它也就不再是规矩了。

市场最基本的规矩是什么？

很简单：守信。

查理二世恰恰就没有这种基本的规矩，此后他又不断戏弄市场、滥用王室信誉，1672—1685 年，不要说金银匠的债务没有偿还，就连议会也被再次解散。1685 年，查理二世与世长辞，斯图亚特王朝的国王变成了詹姆士二世。

詹姆士二世不是省油的灯，不遗余力地在英国推行天主教，通过天主教加强自己的权威。与历代先王不同，詹姆士二世开始有意识地维持常备军，并将 1.6 万人部署在伦敦。查理一世人头落地不足百年，大英帝国再次走到了历史的十字路口。

不过，雄心勃勃的詹姆士二世马上就会明白，原来债务可以绵延三生三世，三代先王欠下的钱，要他一个人来还。结果，不但詹姆士二世失去了王位，斯图亚特王朝也跌落马下……

光荣与承诺

要想完整地论述西方国家金融治理制度，我们就无法跳过詹姆士二世与光荣革命。

光荣革命在世界历史上的地位远高于 1640 年的资产阶级革命，东西方史学界有一个共同的结论：是这场不流血的政变，而不是查理一世的人头，实现了英国资产阶级革命。光荣革命催生了即使在当时看来也惊世骇俗的《权利法案》，以契约的形式固定了国王与臣民的权力：……凡未经议会同意，利用国王权威停止法律或停止法律实施之僭越权力，为非法权力……

史学家——尤其是西方史学家——反复强调：有了《权利法案》才能将议会置于国王之上，把英国从实君制变为虚君制，资本主义制度才能获得长足的成长空间。经济学家诺斯给予光荣革命极高的评价，认为光荣革命奠定了当代市场经济的制度根基。诺斯在其作品《宪政和承诺：

17世纪英国公共选择治理制度的变迁》中对此进行了详尽的论述：17世纪，英国政治制度变迁的核心是国王的权力不再无边无际，立法和司法独立使得王权被限制在规则之内。

与此相反，之前正是因为王权任意妄为才使得王室信用每况愈下，进而连带整个市场失效。光荣革命后制度设计的关键是，让政府能够切实可信地履行其承诺。同时，因为国王的存在，立法机关同样不可能为所欲为，只有在这样的框架下才能“明显保护私有权利”。

得出这个结论，诺斯最重要的证据便是王室那些还不清的烂账。

> 过了斯图亚特王朝最初几年，国王便无法系统地筹集到资金了。到17世纪20年代，在财政压力加大的情况下，国王便开始采用一系列“强行借款”措施，这表明国王无法以他愿意支付的利率筹集到资金。
>
> 但是，在光荣革命之后，政府不仅具备了偿还债务的能力，而且筹集到的资金数额也达到了前所未有的水平。在短短9年间（1688—1697年），政府借入款项增加了很多。贷款人在提供贷款方面的意愿的巨大变化反映了人们对政府履行其承诺的预期大大增加。有证据表明，这些预期得到了证实，而且这种状况也顺利地延续到了18世纪。

在诺斯眼里，英国制度得以变迁的关键就是确立代议制制度。他坚持认为，尽管当时英国经济处于扩张或上升阶段，但保持上升动力的正是光荣革命建立起来的制度框架。

我们无意与这位经济学家辩论什么，只是心中始终有一个疑问：短短几年间，仅凭光荣革命建立的制度就能让英国王室债务从欠债不还走向光荣？

《权利法案》的口号虽然震撼人心，但其条文在1215年《大宪章》中就已经很明确了——国王不能超越法律。

《大宪章》不能推行，《权利法案》就一定能推行吗？

答案是显而易见的。

要想尽破藩篱，首在悟彻诸天。

让我们顺着金融的轨迹，给出我们的答案：光荣革命好像也不必然光荣，起码从东亚思维来看，结果很难理解。三次英荷战争刚刚结束，光荣革命的结果是英国迎来新国王——荷兰执政。拥敌国的执政为自己的国王，这合适吗？

大英帝国真正开始运作金融，恰恰从"叛国"行为开始。英国人为什么把荷兰执政奉为自己的国王？是因为欧洲国家向来缺乏民族责任感，还是另有原因？

关于这段历史，我们就从光荣革命的起因说起。

查理二世的继任者詹姆士二世是一个信奉"朕即国家"的人，手中常备军力量不断加强，如果他的势力继续强大下去，工业革命能否在英国爆发都会成为问题，更别提大英帝国称霸世界了。

历史的转折往往出现在不经意之间。

与查理二世一样，詹姆士二世同样强行在英国推行天主教。国教认为，国王既是尘世之主，又是上帝派来统治众生的大主教。但是，英国人民不这么想，英国人民很不信任欠钱不还的国王，更不愿意把辛苦所得奉献给这位自称上帝的代表的人。

不过，广大英国人民还是有希望的。

詹姆士二世登上王位之前，他的两个女儿都信仰了新教，有这样的两位公主，人们满怀憧憬，因为无论哪位公主成为女王都不会再强推天主教了。1688 年，詹姆士二世喜得贵子，毋庸置疑，在刻意栽培下，小王子很难成为新教教徒，小王子的诞生让世人的理想变成幻想。

如果希望幻灭，没什么可以再失去，一个人就很容易看轻生命。一个社会，如果大多数人都失去了希望，一场大的社会动荡就会成为可能。光荣革命之前，英国王室和议会本来就互不相容，双方都有资源动员能力，查理一世人头落地后不足百年，一场社会大危机又在酝酿中。

詹姆士二世强推天主教已经遭到全英国反对，他却还与法王路易十四眉来眼去。法国是英国最强大的霸主竞争者，还是英国所有工商业者的敌人，这种行为严重危害了英国资产阶级新贵的利益。

1688 年，詹姆士二世发布《赦免宣言》（也称《宽容宣言》等），挑动国教教徒与清教徒之间的斗争，并下令在教堂宣读《赦免宣言》。詹姆士二世不厚道的行为遭到了全英国的抵制，绝大多数教士拒绝服从，5 月 18 日，有 7 位主教（后来被英国历史称为“七圣人”）拟订了一份“请愿书”，抨击国王此举非法。

詹姆士二世很愤怒，对这位相信强权的国王来说，最好的处理办法无非是动武，于是，他下令将 7 名主教交付法庭审讯。令詹姆士二世难以接受的是，1688 年 6 月 30 日，法庭居然宣布 7 位主教无罪，“七圣人”被当庭释放。

然后，“七圣人”干了一件特别离谱的事。他们当晚就凑到一起，给荷兰执政奥兰治亲王威廉写了一封信。内容大家应该能猜出来，无外乎批评詹姆士二世倒行逆施，搞得天怒人怨，上帝很愤怒。上帝愤怒不愤怒，威廉亲王大概不会知道，威廉亲王只记住了“七圣人”的结论：请求荷兰执政来兼职英国国王，救大英帝国万民于水火……

邀请宿敌国执政来当自己的国王，他们大概不是有叛国嫌疑，就是真的叛国！英国人好像并不这么想，事前事后对此都没有多少抨击之词，反倒认为“七圣人”这封信是上帝显灵的结果。

这位荷兰执政官威廉，史称奥兰治亲王，是詹姆士二世的女婿，威廉的妻子玛丽是詹姆士二世的长女。也就是说，奥兰治亲王的妻子是英国王位的合法继承人，在没有小王子的情况下，玛丽应该顺理成章地成为英国女王。奥兰治亲王不可能对小王子的诞生毫不介意，更关键的是，荷兰此时正与法国开战，急需把英国拉入阵营。

岳丈大人显然不支持女婿，“七圣人”这封信真是天赐良机。于是，奥兰治亲王接到信后即刻秣马厉兵。

于威廉而言，这是一次意外的收获；于英国而言，这却是一次不折不扣的冒险，詹姆士二世手中有常备军！双方一旦没法“光荣”而是诉诸武力，胜败不可知。从文献来看，詹姆士二世根本没把荷兰的威廉、自己的女婿当回事，人们对当时的情况做了这样的描述：尽管詹姆士二世的宗教和政治上的政策不得人心，但他是不怎么担心武装反抗的。

1689年10月上旬，英国大小城镇突然出现了很多传单，内容大致与“七圣人”的信笺差不多：指责国王强推天主教，破坏议会制度……

同月，部分议员召集特别议会，公开邀请威廉和玛丽夫妇回英国共掌国政。特别议会同时起草了《权利宣言》（后来成为《权利法案》的基础），总结了詹姆士二世的恶行，谴责詹姆士二世破坏“古老的”和“毋庸置疑的”人民权利。《权利宣言》重申：国王不经议会同意不得征税，不得招募军队……

随后10月20日，威廉率领区区1.5万人冲入了英吉利海峡，还因为天气原因在港口停泊了10天。外敌就在眼前，然而谁也没有想到，詹姆士二世根本调动不了手下的常备军，威廉的军队没有遇到任何有效抵抗，行军变成了度假。

后世对英军不做抵抗的分析有很多，大部分文献认为将领和士兵大多是新教徒，根本不愿意为詹姆士二世卖命。

在我看来不是这样的，士兵中有新教徒，将领却不一定是新教徒，一个将领是新教徒，不一定所有将领都是新教徒，军中一定有詹姆士二世的亲信。

既然如此，国王怎么会无法指挥军队？

将领是国王的亲信，如果国王欠亲信的钱长期不还，亲信就会很愤怒，愤怒之余可能就会很不听话。自1672年实施停兑令以来，斯图亚特王朝就没兑付过王室债务本息，而债主主要就是贵族和亲信。詹姆士二世比查理二世更为恶劣：查理二世确实是因为没钱才不还，但詹姆士二世有钱也不还……

长期的海洋贸易让英国人对契约与妥协有着近乎信仰般的执着，国王与臣民之间本身就存在一种契约，或者说一种交易：臣民纳税，国王为臣民提供保护和公共秩序。如果契约可信，市场就有可能优化社会总福利，一个几十年一贯欠钱不还的王室，还有什么值得信任？再说，国王不还钱，将领和士兵还有饭吃吗？

国王不差饿兵，国王不还钱还指望士兵去打仗？光荣革命中英国国王无法调动军队最直接的理由便应是如此。

绝望的詹姆士二世于12月仓皇逃离伦敦，一路狂奔逃到了法国，大名鼎鼎的光荣革命就此结束。

金融第一定理：本金比利息更重要

滚滚红尘，人性永远抹不去恐惧与贪婪，金融市场中有涨有跌，阴阳之间便是人世万象。无论多么善于掩饰的人，在金融市场本性面前也会无所遁形，这里交易的不是钱，是人性——避无可避的人性。

从1640年英国资产阶级革命到1688年光荣革命，三生三世的债务，最后由查理一世的脑袋和詹姆士二世的王位偿还。

为什么会这样，斯图亚特王朝历代先王不知道欠钱要还吗？透过历史，除了渐欲迷人眼的乱花，还有纷纷扰扰的面纱之下的金融天道。

都铎王朝（1485—1603年）的伊丽莎白女王勇战不可一世的西班牙帝国，如此重大的战争不是没有成本的，与“无敌舰队”一起灰飞烟灭的还有英国王室的收支，英西战争结束的时候王室已经卖掉了一半以上的土地。詹姆士一世从都铎王朝手中接过国王权杖，不但继承了整个帝国，还继承了都铎王朝留下来的债务，此时英王早已不再拥有童话里的城堡，而是彻头彻尾的穷光蛋，据诺斯估算，王室收入最多只能覆盖一半支出。

查理一世比詹姆士一世还要惨，在位期间同时面对法国和西班牙两个强敌，第一次欧洲大混战——三十年战争（1618—1648年）就发生在查理一世在位期间，直到他人头落地才算打完……没有钱，又要花钱，大概也只能去借钱了——对国王来说，当期违约收益要远高于成本。遗憾的事情终于发生了，斯图亚特王朝与财富集团原本就没有制度化、系统化的联系，一系列违约事件之后，它被视为骗子，诺斯这样描述斯图亚特王朝：“……通过威胁来获得贷款的，因此，这些贷款后来就被称为‘强行借款’。”

王权只想跟财富集团谈钱，王权具备强制力，财富集团只能选择妥协——如果不妥协，现有社会体系就会破产。经历了1640年资产阶级革命，大英帝国财富集团终于看清了现实，谁也不愿意遭受更大损失，斯图亚特王朝虽然成了老赖，但帝祚仍旧得以绵延——斯图亚特王朝复辟的根本原因是财富集团要求债权得以绵延！

尽管斯图亚特王朝复辟，英国金融市场制度性缺陷依然存在，下一次危机来临时，王室也必然会做出同样的选择。于是，我们看到，复辟后，金融市场暴发“停兑令”。停兑令对英国金融市场造成了重创，查理二世依然我行我素。非但如此，即使王室收支好转，詹姆士二世仍然不还钱。詹姆士二世即位之后，王室收支已经足以还本付息了，但王室的选择仍旧是拖延。

我们要解释的问题跟诺斯一样：为什么王室一而再、再而三地违背承诺？经历了资产阶级革命、国王断头，复辟后的斯图亚特王朝为什么还是乐此不疲？卿本国王，奈何做贼？

对此，我们的解释很简单，那就是我们提出的**金融第一定理：本金在现期一定大于利息。**

经济学中，边际收益等于边际成本的时候实现利润最大化。如果缺乏必要的现期规制，那么金融业的特殊之处在于永远不存在这样的均衡状态，特定条件下，金融机构拿到的本金就是收益。如此，在本金面前，“利率”“汇率”之类的资金价格在金融业中将不复存在。

金融机构（英国王室）在资金市场上的融资能力来自信用。要想依靠信用获得资金（借款），正确的路径是将资金使用权转移给更有效率的生产者，即所谓“提高资源配置效率”。除此之外，还有更“高明”的方法：把钱全部当作本金使用，比如，我们在这里看到的斯图亚特王朝就是这样做的。

从古至今，从庙堂之高到江湖之远，很多人借钱不还。关于这一点，我们每个普通人都对此深有感触，斯图亚特王朝历代先王不过是其中的一些当事人。往往人越有钱，欠的钱就越多，就越没有限度地摒弃规则，因为收益高。

金融眼中的历史便是如此，让我们一起潜入时间的暗河，回溯而上，去寻找那失落已久的金融真谛。

第 2 章

王为钱狂

昔日银行

为了继续讲述后面的故事，我们先来回顾一下银行业的历史。

一般来说，人们认为欧洲近代银行业起源于 12 世纪的地中海沿岸国家的城市，诸如佛罗伦萨、锡耶纳、卢卡、威尼斯。当时，地中海沿岸是最繁华的贸易区。有贸易，必有货币交易，不同国家进行货币交易必然需要兑换，于是，一批货币兑换商由此而生，这些商人被认为是今天银行业的始祖。

正是由于这个原因，“银行”一词在意大利语中被叫作“banca”，原意是“凳子”的意思。传说早期地中海沿岸贸易繁华区有很多货币兑换商，他们的门口都有一张凳子，货币兑换商坐在门口，为来自各国的商人兑换货币。后来，货币兑换商开始为商人保管资金，也为缺乏资金的商人提供融资，这便是最原始的存贷款业务。

在第 1 章中，我们提出了金融第一定理，也可以这样理解：特定条件下金融业不遵循经济学边际定律，因为金融业的交易标的本身就代表收益。

这个道理不仅适用于英国王室，还适用于欧洲其他各国的王室。

一个国家中，谁最有钱呢？

在封建时代的欧洲，毫无疑问，一定是国王最有钱，就连童话中美丽的灰姑娘也只会嫁给王子，白雪公主也不会嫁给小矮人，难道不是吗？王子有城堡，灰姑娘不用为午夜魔法消失而担心；白雪公主嫁给王子，小矮人也只能继续在森林里做小矮人。

我们不讨论童话故事，只关注经济学范畴：王室就一定有钱吗？有钱就一定会还钱吗？

答案当然是否定的。别说是王子，在真金白银面前，即使是国王也很不厚道。所以，不要轻易借钱给别人，如果惩罚带来的成本低于本金价值，那么还是不还钱的概率大。

国王赖账不是从查理一世才开始的，欧洲王室违约几乎与银行诞生同时发生。银行业从诞生起就面临这样一个难题：如何平衡收益与风险？如果相信王室，借一大笔钱给王室，你就可以躺在丰厚的利息上睡大觉，还有可能得到封号和特许权；但一旦王室毁约，加上自古至今西欧国家都不允许起诉国王，你就有可能血本无归。

地中海沿岸的银行雏形就是这样被毁掉的。英法百年战争期间，旷日持久的战争使得王室异常拮据，英法两国王室直接拖垮了地中海沿岸的银行业。尽管当时已有金银器皿抵押、保证商人（按当时法律，不能起诉王室，但可以起诉保证商人）、城市担保等风险控制手段，货币兑换商还是大批破产。

15 世纪，意大利战争爆发，地中海区域诸国均被卷入，货币兑换商生意受损自不必说，后期法国战败，法国国王弗朗索瓦一世被俘，为了支付赎金，法国王室直接拖累了地中海沿岸的银行业。

更糟糕的是，法国、英国、西班牙、荷兰都是当时的欧洲大国，法国货币曾一度通行欧洲大陆。意大利战争期间及其后，法国货币减重使得货币兑换出现了很大问题，从此地中海银行一蹶不振。

祸不单行。

发现新大陆是一个改变人类历史的大事件，对于第一代银行来说，却是一个不折不扣的噩耗。货币兑换商以货币兑换为主要业务，随着欧洲商路从地中海沿岸转向大西洋沿岸，意大利的银钱兑换业开始没有了生意。

终于，第一代银行体系在1587年遭遇重大挫折，地中海沿岸银行衰微是命运使然。

至此，我们也不必为第一代银行遗憾，从业务角度考虑，这些机构并不是现代意义上的商业银行，不存在货币创造功能。地中海沿岸地区的货币兑换商在百分之百储备体系下发行汇票，透支是被绝对禁止的。这样一来，虽然货币兑换商可以赚到一部分利率差价，但绝无可能如商业银行一样经营信贷和汇兑，在王室急需资金的时候不可能拿出巨额资本，更不要说在后来的工业革命时期为工商业提供资本了。

1609年，欧洲商路已经转移到大西洋沿岸，此时的荷兰成立了阿姆斯特丹银行。虽然阿姆斯特丹银行还保留着第一代银行的某些特征，但已经具备现代商业银行的特质。同年，荷兰颁布了统一货币的命令，阿姆斯特丹银行的利润便来源于此。金银硬币都会磨损，被称为“削边硬币”，削边硬币一般会减重5%~10%。阿姆斯特丹银行用银行券收购了一批削边硬币，实际上是以这些减重的硬币作为储备发行银行券。当削边硬币减重较少的时候，就卖出硬币回购银行券，反之则反是，其中大约获得5%的收益。

在某种程度上，阿姆斯特丹银行券已经成为荷兰本国信誉最高的货币，所以阿姆斯特丹银行被金德尔伯格在《西欧金融史》中归结为另一类银行——公有银行。

三次英荷战争中，拥有强大的海军的英国，之所以长时间没有取得决定性胜利，很大程度上就是因为融资体系远逊于荷兰。英国人对荷兰人的融资体系既羡慕又憎恨，虽然口头上不屑一顾地将之称为“一个由海军保护的账房”。

银行业是近代不可或缺的金融工具，不仅仅在战时为王室融资，更重要的是能在社会经济生活中树立货币信誉。两次停兑令对英国乡村银行造成了沉重的打击，“那些可以接近朝廷宠臣的金融家设法逃脱了劫难”，但把更多的第一代金融家——金银匠抛入了破产的旋涡。

金银匠不甘灭亡，干脆停止兑换，金融市场秩序一片混乱，甚至在光荣革命之后，王室贷款利率仍然飙升到25%~30%，整个英国都在羡慕荷兰银行业的做法。

治乱之剑，诞生吧！

国王的金融天赋

有了前面的铺垫，现在让我们把目光拉回17世纪的西欧。

1688年，威廉三世幸运地入主英格兰，然而他确实不是一名幸运儿，出生前8天父亲去世，顶着贵族的光环却欠缺实力。不只是他，他所在的奥兰治家族几乎被荷兰贵族排除在外。

自助者，天助之！

动荡的荷兰为奥兰治家族打开了上升通道。1672年，英法联军几乎使荷兰灭亡，奥兰治家族领导荷兰人击溃了强敌，威廉三世走上了政治舞台。令人大跌眼镜的是，这位新任荷兰陆海军统帅最先显示出来的并非军事才能，而是超人的金融天赋。

1672年，法国、英国、神圣罗马帝国联军攻入荷兰，荷兰7个联省中5个已经沦陷。在最危急的时刻，挤兑爆发了——每一个人都想在战争到来之前保住财富。这就是所谓金融市场中的恐惧，恐惧一旦蔓延，无须外敌，阿姆斯特丹就已经漆黑一片。当年6月的阿姆斯特丹，几乎所有人都跑到阿姆斯特丹银行门口要求兑付票据，疯狂抛售荷属东印度公司股票。

处理金融危机，如果放到查理二世或者詹姆士二世身上就简单了，这两位信奉君权神授的君主一定会下令强行停兑。以这二位国王的做派，没有风险的时候尚且无缘无故停兑，何况战时？

威廉三世此时只有22岁，他拿出了截然不同的方案。治疗恐惧无须停兑，甚至不需要拿出真金白银，只要让人们看到希望，恐惧便不治自愈。

面对汹涌的挤兑人群，6月的某天，威廉三世身着便装来到阿姆斯特丹银行，他的身份自然成为挤兑人群的焦点。人们随着他来到金库门口，他沉着地命令士兵打开金库大门，为挤兑者兑付黄金。

大部分人没有见过辉煌壮观的地下金库，其中的景观更是令人叹为观止——摆放的金银居然贴着几十年前的封条！国家富饶至此，几十年前的黄金尚未动用！关于这批金银储备是不是真的在地窖里封藏了几十年，我们并未查到确切资料，只知道有文献提到当时的封条贴了几十年，威廉对仍旧要求兑现的挤兑者进行如数兑付，在演讲中向民众许下承诺：所有阿姆斯特丹银行发行的银行券都将有效！

威廉三世这个故事姑且可以当作稗官野史来读，但我们不难发现威廉三世的小聪明：几十年前的封条尚未启封，当时的封存技术能让封条保持几十年不变吗？如果不能，那么这是不是一个小把戏？我们可以确定的事实是，这个小把戏曾经无数次在世界历史舞台上上演，屡试不爽，威廉这一次的把戏只是其中之一而已。

果然，小把戏平息了挤兑，强大的信誉能给予人们良好的预期，也许下一刻战局还有可能失去控制，但此时此刻平息挤兑对国家来说一定是最优选择！

平息一场挤兑或骚乱，需要的不仅仅是真金白银，还有强大的智慧。

威廉三世能从容面对这场风波或者骚乱，靠的不仅仅是他的把戏，还有钢铁般坚定的决心：我的国家确实很危险，但我绝不会眼睁睁地看着她失败，因为我会战死在联省的最后一条壕沟里！

寂寥的夜空中，人性或许会闪烁神性的光芒，星光却永远无法遮掩绵延无边的黑夜。人性不可抹去贪婪与恐惧，金融市场用盈亏来惩罚或者奖赏，在无人可以超越的天道中，唯一可以让市场冷静下来的只有最强大的信誉！建立最强大的信誉，以最强大的信誉影响金融市场，不仅要做好形势预判，更要看透万人之心，这或许是世界上最难的事情。

1688 年，威廉三世入主英国，荷兰和英国自然而然地联合在一起，这是当时欧洲最强大的两个国家，眼看威廉就要统一多佛海峡两岸了。最不想见到这种情况的当然是法王路易十四，路易十四就算觉悟不如宋太祖赵匡胤，也断然不至于让威廉三世在西欧平稳酣睡——本来隔着海峡还好一些，现在荷兰可就在眼皮底下！

威廉三世夫妇刚刚入主英国，路易十四就动起了歪脑筋，联合西班牙等另一批欧洲势力图谋进攻英国本土。

光荣革命尚未光荣完成，英国立即面临新的挑战，要想完胜法国，威廉三世最需要的就是钱，但是此时的威廉三世最缺的恰恰是钱……

当年查理二世君臣在伦敦沿门托钵，试图借到 10 万英镑。现在英国人请来了威廉三世，这就意味着不想借钱给王室。

面对强敌，威廉三世没有办法，只能继续借钱。结果很明显——根本借不到钱。1689 年，法国纠集军队，气势汹汹，已经欺负到英国家门口了，但威廉三世筹款的结果是：与法国战争时向商民借款，竟无应者。

有条件要借，没有条件创造条件也要借！

这事对于斯图亚特王朝的列祖列宗来说或许会有些棘手，却难不倒威廉三世这位金融天才。1691 年，威廉三世向市场承诺，从现在开始，王室新债务不再一次性还本付息，所有债务由国库按年摊还。由此，英国人在建立现代银行方面做了第一次尝试，主角是一个叫威廉·派特森的人，威廉·派特森大声喊道："建立一家银行吧，这样王室就有钱了！"

威廉·派特森宣布出资120万英镑借给英国王室，作为对价，王室要支付6.5万英镑利息，而且要允许他成立英伦银行，并授予英伦银行货币发行权。

国王可以从英伦银行借钱，一旦开此先例，英伦银行就具备货币发行权，那岂不是国王想借多少钱都可以？

议会掌握税收审批权，如果国王得到了财权，那么议会将如何自处？

是否允许国王向银行借钱，是下议院讨论的焦点。英国议院的两个党派是托利党和辉格党[①]，托利党人多少对斯图亚特王朝还存有幻想，根本不希望威廉三世获得稳定的财源；辉格党人也担心，如果国王可以从银行借钱，那么最终将使得国王凌驾于议会之上。

为了限制英伦银行的借款能力，更是为了限制威廉三世的财源，下议院表示不可能授予银行货币发行权，威廉·派特森成立英伦银行的努力就此失败。遗憾的是，威廉·派特森心灰意冷，放弃了努力，回家乡苏格兰去了。

英伦银行未能成立，对法战争仍在继续。

1694年年初，托利党被威廉三世踢出了内阁，以辉格党人为主的内阁成立了。辉格党占领了内阁，摆在眼前的问题是：不让詹姆士二世复辟，就必须弄到钱来打仗。

---

① 托利党是保守党的前身，诞生于17世纪末，是光荣革命的主角之一；辉格党是自由党的前身，反对君主立宪，试图建立资产阶级共和国。

为了弄到钱，威廉三世和辉格党人想尽一切办法：加税、借款、彩票……然而，所有办法都失败了，在尝试了所有敛财办法之后，他们仍然没有借到足够的钱。此时此刻，路易十四的法国军队正在耀武扬威，准备谋划进攻英国本土……

最危急的时刻，一位贵族组织人马拟定了一份筹资方案：成立一家银行，向王室提供200万英镑借款，年化利率7%，该银行获得货币发行权。但是，当时的英国财政部向商民借款利率高达40%，时任财政大臣查尔斯认为7%的利率纯属无稽之谈，对该方案根本不予理会。

所幸，这份提议得到了另一位贵族——辉格党人迈克尔·戈弗雷（后来英格兰银行的第一任副总裁）的重视，迈克尔找到了当时的财政大臣查尔斯，原本查尔斯就是威廉·派特森的好朋友，对通过建立银行来缓解财政危机的方案兴趣盎然。

两人一拍即合，迈克尔稍微修改了一下该方案，把英伦银行的名字改成了英格兰银行，就提交给了下议院，一场大辩论开始了。

1694年，托利党人已经丧失了多数内阁席位，辉格党人在内阁中占据了23个席位，托利党人仅占2席。英格兰银行能够顺利诞生肯定跟内阁的这种情况息息相关，如果托利党人在内阁中占据主要席位，那么，威廉三世能否顺利获得银行贷款很值得怀疑。托利党人曾经公开反对筹建英格兰银行，《新编剑桥世界近代史》这样记载："计划设立英格兰银行时，托利党就抗议：'银行是共和国的制度。在威尼斯、热那亚、阿姆斯特丹和汉堡，银行很繁荣，但是，谁听说过法兰西或西班牙有银行呢？'"

与托利党相比，辉格党相对开明，辉格党人中本身就有很多银行家，包括财政大臣查尔斯在内，他们对筹建英格兰银行都持支持态度。第一任英格兰银行总裁约翰·霍布伦就是辉格党人，在议会辩论期间，他和一批辉格党人摇旗呐喊。

辉格党人对英格兰银行的筹建起到了关键作用，这一点反复被现有文献提及，然而，即使是辉格党人，也对建立英格兰银行惴惴不安。辉格党和托利党都通过议会限制王权，议会最强大的撒手锏在于通过限制税收限制王权财源，一旦国王获得了贷款便利，怎样才能限制王权？

约翰 · H. 伍德在《英美中央银行史》中这样描述当时的情景："当时人们对国家银行依然相当恐惧……人们害怕英格兰银行会成为政府用来避免立法机关控制的工具。"何况筹建英格兰银行对现有银行体系来说是一把双刃剑，能分一杯羹当然更好，如果不能跻身其列，一个强势的英格兰银行出现，现有商业银行的前景就会相当暗淡。

英格兰银行筹备人与政府官员和议员们进行了一场艰难的谈判。最终，议会在 4 月 25 日授予"英格兰银行行长和公司"货币发行特许状，但英格兰银行必须为王室提供 120 万英镑贷款，年化收益率 8%，其中 50% 应于 8 月 1 日前到账，7 月 1 日前股东必须缴清资本金；王室以"轮船吨税和啤酒、麦芽酒以及其他酒类的税收和关税"作为担保。

有意思的是，这些税收提案跟英格兰银行在一个议案中被讨论。妄自揣测，股东此举一定是为了让议案容易通过，并借机提醒议员：英格兰银行的负债并非无源之水，王室信用还有吨税以及其他税种做担保。

或许有意为之，议会讨论的时候将法案命名为《商品运输吨税法案》，因此在历史上，这份金融业奠基性文献被称为《吨税法案》，没有提及银行的概念，以至有一段时间大家将英格兰银行冠名为"吨税银行"。这种做法果然起到了作用，从下议院辩论开始，反对者都没有明确反对成立吨税银行，而是把关键点放在了议案合法程序上：成立吨税银行这样重要的议案，不能和《吨税法案》一起过会，应该另案单独讨论。

尽管有争议，下议院还是勉强通过了《吨税法案》。之后议案移交上议院，上议院的政客个个都是玩猫腻的高手，这种小把戏在他们眼里简直就是小儿科。刚刚开始讨论，上议院就是一顿猛烈的炮火，指责下议院不应将关于一家银行的议案放在关于吨税的讨论之中，这颇有瞒天过海的嫌疑。

《吨税法案》在上议院整整辩论了一天，从上午 9 点到下午 6 点，辩论主题早已离开了《吨税法案》本身。反对者坚持成立银行的议案应该单列，支持者认为上议院无权取消下议院通过的议案。

既然无法说服对方，就投票决定吧！

最终，《吨税法案》以 43 票赞成、31 票反对的结果获得通过，数小时后英国国王威廉三世就批准了该议案，这时候就不必遮遮掩掩地叫“吨税银行”了，从此，英格兰银行诞生了。

英格兰银行诞生的法律条件齐全了，该银行向王室提供 120 万英镑贷款，作为对价，王室承认银行发行票据为法定货币，其他主营业务为买卖金银、商业票据贴现及货物抵押。但是，反对者并未罢手；另外，即使是银行股东在这个方面也没有十足的信心：为了制约王权借款能力，王室向英格兰银行借款必须获得议会批准，银行不得购买或储存土地。

当时普遍的看法是，土地是价值最稳定的财富，也是最适合作为货币储备的物资。反对者认为，断绝了土地储备，英格兰银行业务发展能力有限，后来的事实证明这一点确实给英格兰银行造成了很大麻烦，一度使之几近破产（后文详述）。

1694 年 6 月 21 日，英格兰银行正式招股，用现在的说法叫“路演”。路演取得了很大成功，第一天就募集了 1/4 股份，三天后募集了一半股份，10 天内募集到了全部资本 120 万英镑。现有资料显示，英格兰银行成立之初共有 1 250 位股东，最大的股东是英国国王威廉三世，入股 1 万英镑；其次是英格兰银行总裁，入股 4 000 英镑；副总裁入股 3 000 英镑；其余大小不等，最小的股东只入股 25 英镑。

7月27日，英格兰银行正式成立，名字叫作“英格兰银行总裁公司”（这才是当时英格兰银行的名字，这里沿用习惯性称呼，仍称之为“英格兰银行”）。

银行之初，其道大光

英格兰银行之所以有名，不仅仅是因为英镑曾经是第一代世界货币，更是因为它是世界上第一家现代意义上的中央银行。

只不过成立的时候英格兰银行并不是中央银行，而是一家地地道道的商业银行。前人曾翻译英格兰银行成立时的公告，发现它就像今日公布业务范围的营业执照。

> 银行承办抵押放款及不动产抵押款，取息周年五厘；如以妥实合法地契作抵，息四厘；市面平静时减为三厘，又外汇期票贴现，息四厘半；国内商业期票及借券贴现，息六厘；再雇主如先有存款，得享特别权利；外汇期票贴现，改为三厘；他种贴现，一律四厘半，借示优异，并承做不易腐坏之货物押款，息五厘；伦敦孤儿院基金券作抵，息亦五厘云。

从公告中列举的英格兰银行的业务范围看，很明显，它的主营业务并不是发行货币，而是存贷款。也就是说，事实上，这是一家商业银行，英格兰银行也是商业银行真正的祖先。从英格兰银行开始，银行体系才具备了现代商业银行最重要和最基本的功能——货币创造。

请一定要记住，在当代经济循环中，货币并不是印钞厂印出来的，而是银行体系创造出来的。印钞厂印出来的货币被称为“高能货币”，高能货币是货币创造的基础，流通中的货币是在银行体系中被创造出来的。

道理很简单，把现金存入银行，银行把这笔钱贷出去，流通中的货币就增加了；收到货币的人再把这些货币支付出去，流通中的货币又会增加；拿到货币的人又会将货币存入银行，然后银行又会贷出去……

长此以往，一轮又一轮，货币就是这样被创造出来的。

18世纪的英国，银行发行的票据可以在市场上流通并不是什么新鲜事。只要有金银储备票据，银行就可以发行票据；只要公众认可这种票据，票据就可以在市场上流通。在这一点上，它们跟英格兰银行所差的只是一个王室信誉背书，就是这个看似缥缈的“信誉”决定了两者本质上的不同。

市场上流通的票据被称为银行券，指代银行发行的信用票据，可以替代金属货币流通。与普通银行比较，国王入股和授予特许权的银行有着天然信誉。有王室信誉加持是好事，但也未必是好事，后来的历史证明，英格兰银行如果相信或者单纯依靠王室信誉，就连圣诞节都会过错，更别说让英格兰银行屹立数百年了。它差点儿连一年都没扛下来，因为一年后王室很快就把这些特许权授予了其他银行，英格兰银行刚刚诞生就有了生死对头。

即便如此，英格兰银行依旧对王室不离不弃，除提供120万英镑借款外，还主动承兑王室债务，王室债务票据（大家可以理解为欠条）在英格兰银行可以被兑换为现金，也就是说英格兰银行主动承担了王室所有债务。英格兰银行做到这一点很不容易，事实证明，凡事都有两面性：王室业务利弊各半，在初期成为英格兰银行打败对手的撒手锏，后期又成为对手置英格兰银行于死地的撒手锏。

如果说英格兰银行的成立引发了英国议会对近代商业银行利弊的讨论，那么，成为事实之后，人们就不再讨论王室是不是应该得到贷款了，而是震撼于英格兰银行的规模和赢利能力。

由金银店铺转型的乡村银行规模很小，没有分支机构，几十万英镑以上的贷款相当罕见。英格兰银行出手就是股本100万英镑，更重要的是英格兰银行有包括国王在内的1 000多位股东，而其他银行最多有3~5位股东。

股东数量限制了城市银行、乡村银行资本量，并没有限制它们的利润。原有的城市银行、乡村银行其实就是高利贷者，它们的年化利率一般在30%左右，显然，在这样的利率之下，即将爆发的工业革命很难从中获益。英格兰银行的出现彻底打破了金融市场高利贷盛行的局面，由于资本雄厚，英格兰银行可以四处设立分支机构，之前在城市银行和乡村银行中极少有分支行出现。

当时人们对英格兰银行有很多评论，较为一致的观点是：英格兰银行是为解决王室财政收支困难而生的，为筹集战争经费解了燃眉之急；尽管开局良好，但以后变成什么样，人们还根本不知道，还是要持续关注。

> 当日国家募债进行甚难，苟无法筹款，必为经济所困而受法国征服，势必迎杰姆斯[①]复位，幸而国债告成，得能安渡，但在若干年间，债务未能履行信约。

除了弊端，人们同时也意识到把王室信誉引入银行的好处，王室说到底是不能破产的，为银行信誉夯实了根基。同时，之前人们不能对王室提起诉讼，但对银行就不一样了，银行无故停兑可以诉诸法院，把危机局限于一家银行之内。

① 指詹姆士二世。——编者注

无论怎样评价，英格兰银行既然成立了，就注定会崭露头角。

时值大同盟战争，也是英法争霸最关键的时期，英格兰银行成为英国制胜的重要契机，从这一点来说，英格兰银行对英国史乃至世界史的影响都是无与伦比的。如同围棋中的先手，一旦取得先机便会具备掌控全局的能力，竞争者很难后来居上，英国从英格兰银行身上拿到的是资金先手。

此时此刻，近代大国兴起的大幕已经拉开，英法同样身处风暴眼，一个是大陆强国，一个是海洋强国，它们都试图统治世界。

威廉三世同时担任英国国王和荷兰执政，英荷实际成为一体，在欧洲大陆，唯有法国能与之抗衡。法国国王路易十四始终想独霸欧洲，吞并荷兰，压制乃至消灭英国。为国、为家、为信仰，英法决战都在所难免，威廉三世宣布：自己是上帝指派去抵抗路易十四的奥兰治，从而要捍卫欧洲自由的奥兰治。

在大同盟战争中，英军仅在海军战斗中取得过一些胜利，陆战则一塌糊涂。英格兰银行给威廉三世送来了120万英镑贷款，战局从此有了极大转变，英军走向了胜利，把英国人带入了日不落的世界。

1695年年初，法军在荷兰边境桑布尔河畔集结，大约有12万人整装待发，试图对荷兰发起新的攻击；威廉三世则率军驻扎在根特市附近，反法同盟其他军队也在布鲁塞尔一带集结，一场“旷世大战”在所难免。

不要对我们把“旷世大战”加上引号表示奇怪，在中古及远古时代，欧洲战争只有贵族才能参战，农奴只能牵马坠镫当仆人。正是这个原因，欧洲很少出现几万人规模的战争。英法争霸历来被视为欧洲史最重要的部分，英法战争断断续续打了100多年，超过万人规模的战役就那么几次，所谓“名将云集”的这段历史，从东方战争的眼光来看，实在是不值一提。

这里要说的是一位特殊人物，英格兰银行不仅为战争提供了军费，还提供了一位不怎么英勇的“名将”，而他——英格兰银行副总裁迈克尔·戈弗雷——却是英国制胜的关键。

有一个关于他的小故事广为流传。不知出于何种原因，迈克尔·戈弗雷来到了布鲁塞尔前线，威廉三世对此火冒三丈：仗打输了还可以从头再来，这位财神爷如果战死，谁来筹措军费？

在得到马上撤离的命令后，这位英格兰银行副总裁拿出了中世纪贵族精神：战场上国王是最英勇的骑士，国王不撤退其他骑士不能撤退！

威廉三世吼道：“这是我的职责所在，我可以将生命交由上帝保管，但你……”一发炮弹打断了国王的怒吼，威廉三世再看到戈弗雷的时候，他已经吓得匍匐在地上不敢再动了。戈弗雷的行为在英伦诸岛被传为笑柄，这并不妨碍戈弗雷成为战争中的英雄。正是这位银行副总裁为英军带来了源源不断的金钱，为打赢这场战争奠定了最坚实的基础。

布鲁塞尔战役后，法军逐渐无法保持陆战优势，海战又绝非英格兰对手。此后，法军节节败退，再也没有压倒性优势。1697年，大同盟战争结束，英法签订《里斯维克和约》，法国得到了一些西班牙的领土，承认威廉三世为英国国王。

大同盟战争在欧洲史上曾被誉为“关键事件”，从此，英国开始深度介入欧洲大陆事务，脱离了“蓝色海洋政策”的影响，真正成为世界性大国。所谓“蓝色海洋政策”是17世纪欧洲外交政策中的一种术语，英国主要争夺海洋利益和商路，对欧洲大陆争霸漠不关心。此后，日不落帝国的强大实力更是给了英国人信心，在他们的文化中有一股源自新教教义的傲气——新教徒只关心自己是否能以事业的成功来奉献上帝，英国人只关心自己能否称霸世界。

或许真是上帝的垂怜，英国秉承“蓝色海洋政策”的时候，它在竞技场上的对手是西班牙、葡萄牙、荷兰，这些都是海洋大国，都有可能通过海洋雄霸全球。原本英国搞定一个对手要费很大周折，偏偏这些国家自身在金融体系中有着无法弥补的缺陷，最终自毁长城，一一被英国击溃。

大同盟战争之前，英国政要始终认为本国优势和利益在海洋和商业贸易之上，欧洲大陆事务无关紧要。奉行孤立主义的英格兰，极有可能让路易十四在欧洲大陆独霸，如果英国未能在欧洲大陆对法国形成压制，法国独霸欧洲大陆，那么法国必然会择机向英国争夺海洋霸权。

威廉三世让英国的步伐走向了欧洲大陆，光荣革命不仅仅给英国带来了君主立宪，还让英国收获了战场上未得到的利益——欧陆霸权。此后，英法两国在200年内在全球展开了一场惨烈的霸权争夺战。

丹尼尔指出，1689—1815年，英国对外政策从单纯注意海洋对抗发展到海陆并重，法国从此成为英国头号敌人，检验传统“蓝色海洋政策”是否可靠的标准在于能否应对一个欧陆强国的挑战，而不是海上强国的威胁。

威廉三世原为荷兰执政，入主英国，荷兰毫无争议地成为英国争霸欧陆的桥头堡，由此英国得以休养生息，荷兰成为刀光剑影的战场。由此，英国便具备了挑战欧洲大陆强国法国的终极实力和战略根据地。出于同样的原因，荷兰彻底失去了和英法争霸的机会。英国最终成为第一代世界霸主，这恐怕不一定是威廉三世的初衷。可是，这不是时光故事中的玩笑，而是真实的历史。

真实的历史如同人生，机会转瞬即逝，一旦失去，就再也无法弥补，只能令后人扼腕叹息。

金融没有童年

17世纪和18世纪，英国金融业共经历了9次金融恐慌，分别发生于1696年、1701年、1720年、1745年、1753年、1763年、1772—1773年、1783年和1793年。在这段时间，英格兰银行恰恰刚诞生不久，所以，英格兰银行的童年很不幸福，每一次恐慌都是英格兰银行的生死劫，在一次次劫难中，英格兰银行从弱小到强大，从不自信到自信，终于成为日不落帝国的金融灵魂，把英国带入了摩登时代。

我不想像流水账一样复述9次金融恐慌的数据和现象，而是更希望从新制度经济学的制度供需角度探讨经济问题，这姑且算是一种尝试吧。

拨开迷雾，金融恐慌（或者说金融危机）背后有着相同的经济学本源——信用崩溃。国家金融治理需要强大的社会信用基石，也就是国家信用，古今历次金融危机救亡中最后的磐石都是国家信用。

让我们把这段话作为以下内容的总论，接下来，让我们来看一看英格兰银行的成长。

9次金融恐慌的序曲是土地银行率先对英格兰银行动手，我就从这里开始说起。

我们已经知道英格兰银行在刚成立的时候是一家商业银行，主营业务跟其他银行没有什么区别，只是在组织形式上很特殊，属于股份制银行。当时，股份制还是一个稀罕物种，其他所谓“银行”按文献说法是“合股银行”，股东有数量限制，官方不允许其开设分支行机构。

存款、贷款、发行货币、票据、转让……英格兰银行业务几乎无所不包，银行有的它有，银行没有的（发行货币）它也有。商业银行从一出生就具备超强的吸金能力，毕竟它们玩的就是钱，从古至今，从中到外。即使在今天的美国，2019年美国500强企业中仅银行业就占了14.63%。

有资料表明，因为王室贷款和自营业务，英格兰银行获利丰厚，成立第一年“就获利很大，股东分得了13.5%的红利”。

木秀于林，风必摧之。通俗点儿说，无论哪个国家、哪个行业、哪个地区，若赚钱、赚大钱，必有人眼红。有志者将模仿之，阴损者就背地里捅刀子。

一个无可匹敌的庞然大物突然矗立在市场之中，引发的恐慌不言而喻。所有银行家都在问，如果英格兰银行把自己作为对手，那么他们当何以处之。大概除了乖乖缴枪投降，他们没有任何反抗的余地。

英格兰银行有 1 000 多位股东。1 000 多人听起来很多，但是，想赚钱的人更多。怎样赚钱？成为英格兰银行股东就可以，王室贵胄、内阁大臣、伦敦富商……无一不想进入这家新兴银行的董事会。

如果股份不够分怎么办？是不是可以再成立一家？有钱大家一起赚嘛！

对英格兰银行来说，合股银行并不可怕，明刀明枪动手，就算合股银行联合起来也未必是对手。可怕的是潜在的投资者，追逐利益是人类天性，在创造利益方面，商业手段和行政手段并无区别，商业手段无法实现，就用其他办法。经济学的基础性假设是“理性人”，在盈利“理性”之下，大道三千，无论怎样，赚到钱就行，多赚点儿钱总是好的，这是挺现实的一个目标，目标在那里，手段还重要吗？起码在“理性”的西方经济学眼中，它不重要。

何况，此时的英格兰银行是有致命缺点的，那就是王室特许权，因为有了王室特许权它才有利润，失去了王室特许权，它也就失去了超额利润。

后文我会提到一位金融先贤约翰 · 罗，他在设计银行体系的时候不希望以贵金属作为储备，股东再强大，贵金属也是有限的，不可能无限提供。如果换了另一种储备——土地——就不一定了，约翰 · 罗最有才华的设想是以土地作为银行储备发行银行券。与金银相比，土地供给近乎无限。

英格兰银行以金银为储备尚且如此赚钱，人们不由得想起了大名鼎鼎的约翰·罗——如果将储备扩大为土地，那么又会赚多少钱呢？

这么想很正常，用现代经济学来解释，王室特许权是一种依靠设租而得的收益，设租者不仅仅是王室成员，还是经济学上的理性人，一定会将权力收益最大化。随着英格兰银行势力的壮大，“理性的王室”很快就想到了这个方法，并付诸实践。

跳到台前表演的“理性人”是休·张伯伦和约翰·布里斯科，英格兰银行成立后仅仅1年，即1695年，张伯伦和布里斯科就扯起了打倒英格兰银行的大旗，向下议院递交了筹建土地银行的提案。

关于这家土地银行，他们的设想远比英格兰银行宏大，英格兰银行不过为王室提供了120万英镑贷款，土地银行则出手不凡，开口就向王室贷款256万英镑。与英格兰银行贷款以吨税担保类似，土地银行要求王室贷款以盐税担保。众所周知，盐税远比吨税重要，可见土地银行的重要性。

刚刚成立的英格兰银行立刻面临危机：一旦土地银行成立，从原始制度设计来看，英格兰银行极有可能无法与之竞争。

有了英格兰银行如此生动的案例，土地银行又有比英格兰银行更为强大的储备优势，王室一定可以获得更多贷款，投资者一定可以获得更多利润……

土地银行尚未成立，人们的眼睛就已经红了。无论是托利党还是辉格党，都不再关心一旦成立银行会给王权带来什么影响，不再关心王权会不会从此独大，不再关心议会摆在何种位置，他们唯一感兴趣的就是能不能在银行股份中分一杯羹。

关于成立英格兰银行，议会辩论了很长时间；关于成立土地银行，议会根本没有辩论就予以批准——议员怎么可能挡自己的财路呢？

关于土地银行的成立原因有很多说法，很多中国学者较为赞成杨德森提出的观点，即合股银行希望联合起来，为了自身长远发展，必须在英格兰银行羽翼未丰之时将之击垮。

我却不这么认为，如果英格兰银行已经危及合股银行的生存，那么，即将出现的土地银行则是一个更强大的存在，合股银行更加难以对抗。

休·张伯伦的著作中有这样一段话，明明白白地说明了土地银行成立的初衷："使土地所有者普遍得到福利，使土地价值大大提高，免除贵族和绅士等的赋税，增加他们的年收入等。按照他们的说法，受到损失的，只会是民族最可恶的敌人——高利贷者，这种人给贵族和自耕农造成的危害比法国侵略军所能造成的危害大得多。"

土地银行原本可以是英格兰银行的终结者，可惜……

休·张伯伦并非银行家，甚至不是商人，他是一名医生，我猜他并不懂得英格兰银行成功的真谛。在向议会提交的议案中，张伯伦做出如此表述：土地银行将以地产作为储备，等额发行银行券，银行券获得王室承认。

错就错在"等额"二字，等额发行货币，土地银行便并不具备货币创造能力。土地再值钱、再多，怎么能与货币创造相比较？失去了现代商业银行体系最基本的功能，也就失去了最赚钱的法宝。

现在已经无法考证土地银行究竟因为什么没有申请信用创造功能了，或许创始人张伯伦受传统银行的影响太深，以为百分之百的储备才更有信誉；又或许张伯伦认为土地储备远比黄金储备丰厚，根本用不着信用创造……

无论怎样的原因，没有信用创造，休·张伯伦的土地银行都等于丧失了现代银行的灵魂，失去了最大化利润的能力。

市场无所不能，无所不知，有效市场理论认为金融市场价格可以反映一切信息。往大了说，汇市可以检验一国经济，往小了说，汇市可以在股市里检验一家上市公司，当然也可以检验货币创造这项特许权的公允价值。

没有货币创造能力的银行是赚不到多少钱的。休·张伯伦或许不知道，但市场一定知道。

还没有开张，张伯伦等土地银行创始人就吃够了苦头。他们的计划是，从1696年8月1日开始招股，由王室牵头入股5 000英镑，其余向社会募集。

原本张伯伦以为土地银行招股现场一定“人山人海，锣鼓喧天，鞭炮齐鸣”，结果谁也没有想到，拉起大旗的土地银行根本无法募集到足够的资金，除了王室的5 000英镑，只募到了2 100英镑，筹建流产只是迟早的事情。就在此时，一个传闻在市场上不胫而走：土地银行创始人张伯伦挪用股东资金……

无论传闻真假，最终的结果都是土地银行尚未成立就胎死腹中。

张伯伦的土地银行创业半途夭折，没有对英格兰银行形成实质性竞争，然而，整个事件还是对英格兰银行的声誉产生了重大的影响。人们在想，既然王室可以把特许权授予土地银行，那么一定可以授予其他人，英格兰银行并非王室的独生子。更糟糕的是，土地银行怎么说也是同业，金融行业向来都是一荣俱荣、一损俱损，既然土地银行可以灭亡于无声无息之中，那么英格兰银行是不是也会如此？

英格兰银行，别骄傲。在成长为巨人之前，还会遇到更重大的危险，土地银行也就是个序曲罢了。

第 3 章

谋杀英格兰银行

善花与恶果

1696 年英国土地银行破产是欧洲近代第一次金融恐慌，引发了英国银行业停兑，史称“1696 年停兑”。在这场始料未及的恐慌中，各方都很无辜，没有人想故意制造危机，始作俑者威廉三世的初衷其实是整顿金融市场。

所以，关于 1696 年这场危机的探讨颇具哲学色彩：在金融圈，善花如何结出一个恶果？

土地银行倒闭之后，威廉三世突然发现市场上流通的金银币有太多的残次品。各家银行有各家银行的铸币方式，虽然确实有足值货币，但磨损的残币还占多数，即使皇家造币厂投入一些足值货币，它们也会立刻被人收藏起来。

从现代金融理论角度来看，货币残损理应收回重铸，无论作为国家统治者还是金融市场主管人，王室都有责任整理货币。否则，足值新币就会被人收走，拿去重新铸造，人们甚至会故意从足值货币上剪掉一些，拿着这些残渣重新铸币。

千万不要小看这点儿残渣，残渣就是钱。无论中西，动这个脑筋的大有人在。早在汉代五铢钱时期，我们就有“侵边五铢”（也称剪边五铢）这种古钱。所谓“侵边”就是人们把铜钱边缘剪掉，拿着残渣去铸造新钱。大约 1 500 年后，即将崛起的大英帝国不甘落后，也出现了硬币剪边的现象。

有资料提供了一组数据：当时财政大臣朗兹提供的数字表明，自伊丽莎白时期以来，有 1 500 万英镑白银被熔铸成银币，但是只有 600 万英镑正在流通，其中 400 万英镑已经严重缺损。而进入财政部的税收收入中，不足值的铸币占了 50%，使得银块的价格高于银币所代表的价格，一盎司银子的价值为 6 先令 3 便士，而不是面值所代表的 5 先令 2 便士。“大剪刀”们打磨铸币的行为似乎在大同盟战争开始的时候更加猖獗了。1688 年，手工铸币的含银量还是 88%，但是到 1695 年就已经缩减到了 50%。手工铸币被废止使用的传言也早在 1695 年之前就已经在街头巷尾流传。

对于这些残次货币，我们必须从历史的角度审视，不能以现代眼光看待它们。

在全球范围内，各国货币铸造都经历了“分散－集中”这样一个过程，货币刚刚出现的时候，自由铸币，货币重量、信誉靠市场调节；后来，随着世俗权力的发展，王室统一了铸币权；再后来，经济总量增加，货币超越了贵金属本位承载能力，由国家发行货币，直到今天，不同的只是虚值和实值。

在货币铸造主要依靠私商的年代，是不能用国家或者王室统一铸币的逻辑来解决现实问题的。

在英格兰银行出现之前，英国一直都是一个自由铸币的国家，只要有信誉，谁都可以铸造货币。千百年来，人们始终自由铸币，残损货币当然是市场上的常见品种。因为常见，所以人们早就见怪不怪，残损货币成为人们所接受的货币。公众接受残损货币，银行也接受残损货币，总体看来，货币流通并未出现问题，有人这样评论那段历史：有别于欧洲其他地方的是，英格兰在进入新的历史时期时铸币是稳定的，具有良好的声誉。

原本平稳的市场，如果有人突发奇想想干点儿什么，哪怕是国王，哪怕是出于善意，都可能引发动荡。市场制度是千百年来经济自动循环形成的，如果有效率更高的运转方式，它早就会被先人想出来——在钱面前，先人不比今人笨。

威廉三世怎么不想一想，货币可以整理一次，但流通多年之后一定还会有残损，难道再整理一次吗？

如果非要整理残损货币，那么也不是不可以，比如让市场上的残币在同一时间消失，又在同一时间供给足量足值货币，问题必定迎刃而解。遗憾的是，同时收放货币难度实在太大了，根本不存在可能性，货币回收必须一点儿一点儿进行，投放也不可能在瞬间完成，新币和旧币之间的替代一定要有一个过程。

更重要的是，整理货币是要花钱的，残币必定不足值，重铸成足值货币需要成本，这部分成本究竟应该由谁承担？

不要小看这个差价，这是非常重大的利益之争，放到哪里都不省心。在清朝，这个差距被称为“火耗”，每次出台关于“火耗”的政策时，台前幕后都腥风血雨，不知多少人头落地。有人估计，当时英国重铸所有货币的成本在200万英镑左右，要知道，整个英格兰银行的资本金只有120万英镑。

实际上，这是一个根本无法完成的任务。为什么？

现代金融学有一个格雷欣规律，通俗地说，它就是“劣币驱逐良币”。一旦市场上出现劣币，良币就会逐渐退出流通，被人们收藏起来，直至完全消失。在自由流通的货币时代，格雷欣规律导致了一个悖论：残损货币应该被整理，每次整理发行良币都会适得其反，在一定时间内，良币越来越少，残损币种反而越来越多。

谁都想先把残品花出去，遗憾的是，威廉三世却一厢情愿地认为，如果不整理货币制度，市场就将趋于混乱。历史事实告诉我们，自由流通货币制度本来已经形成，一旦有人试图重塑货币制度，重塑者又无足够实力，就有可能引发市场恐慌。

这正是：没有混乱，我们就制造混乱！那么，在自由铸币时代，究竟是否应该整理货币？

1696 年，围绕是否应该重铸货币，英国展开了一场前无古人的大讨论，辩论双方的代表者在历史上都颇有名气。

现有资料表明，主张不能重铸货币、发行虚值货币的人是时任财政大臣威廉 · 朗兹。他不是金融学家，也没有拿得出手的经济学著作，或许是宦海沉浮让这位财政大臣洞悉世事，尽管不懂金融学，他也是一位能吏。他提出：重铸货币可以，新货币只是旧货币的八成重，旧币也不必收回，依旧流通即可。

在威廉 · 朗兹眼中，英格兰银行已经发行银行券，货币何必一定足值？货币只要按现在市场上的银价减重 1/4，减凿货币就没有获利空间，就自然没人去做，只要能提高货币流通量，就一定能刺激贸易发展。

从实用的角度来看，威廉 · 朗兹提出的建议虽然存在问题，但总体看还是很好的，王室重铸货币减重 1/4，与市场流通残损货币相仿，没有成本。否则，如果没有收益反而要倒贴，那么王室也不会有动力重铸货币。更重要的是，足值货币会被人立刻收藏起来，对整理货币没有任何用处。

就在这个时候，一个重量级人物站了出来，极力反对威廉 · 朗兹的方案，此人就是世界历史上著名的约翰 · 洛克。洛克被视为资产阶级时期最具影响力的思想家，伏尔泰、卢梭、休谟，甚至富兰克林都自称他的学生，可见其影响力。

被奉为神的洛克，其实不一定有多高的金融造诣，他在金融界的号召力来自当时建立的道德制高点。洛克是思想家，是当时英国的道德标杆，是一位不折不扣的世界级伟人。在公众意识里，他认为错误的事情一定是违反道德的，所以不能做。在这一点上，洛克有点儿类似于中国古代王朝的“清流”，他们自诩清高，但有的人没什么办事能力。

洛克提出：天赋人权，人只受自然规律支配——在货币上，货币单位就是自然重量，所有货币必须足值。如果国王敢于拿自己的印鉴充当货币，或者在货币上减重，这就便宜了银行，是绝不能被自然规律允许的！

在贵金属作为货币的时代，官方货币减重是一种残酷的剥削手段，但是，私铸货币标准是否应该统一，在不同时期、不同历史条件下会有不同答案。我们再次强调，当时英国的铸币权并非只掌握在皇家造币厂，银行甚至私商都可以铸造货币，实际流通的货币是一个市场自身平衡的结果。

洛克是“光荣革命”的旗手，一言兴邦，一言丧邦。可是，这位思想家显然不太懂金融学，更不知道“格雷欣规律”。货币重铸固然是好的，但他本人不会支付货币重铸的200万英镑的成本。

洛克固执地认为银行和唯利是图的私商是货币减凿的黑手，数百年来他们因货币减重获益，当然应当为货币重铸承担所有成本。秉承这种思想，洛克提出了非常激进的重铸建议，官方强行收兑残损货币，回炉重铸，而成本则由货币持有者承担。让私商承担重铸成本看起来合理，实际上根本无法执行，残币在天下人手中，难道让天下每一个人承担成本？至于私商，人家就是干这个的，怎么可能与虎谋皮？

趁乱打劫，人们早就在等这一天了！

当时只有英格兰银行进行货币创造，如果没有百分之百的货币储备，发行的银行券和硬币越多，被挤兑的风险就越大。

如果这个时候制造英格兰银行挤兑，就一定事半功倍，商战如战场，这样的机会对手不可能不把握！

1696 年 5 月，威廉三世发布了货币整理的命令：缺损的、不完整的货币都必须送回造币厂回炉重铸，不得在市面上再行流通。

整个货币重铸的成本加到了银行业头上，银行对于把残损货币送到造币厂这件事根本没有积极性，威廉三世又不允许银行发行残损货币。这样一来，银行实际上就没剩多少货币可以兑付了，危机立刻就凸显出来了。

打倒东印度公司

现金流是普通企业的实力，信誉是金融机构的实力。

对于金融机构来说，信誉永远是最重要的，有信誉就有现金流。正因如此，毁掉金融机构的信誉比断其现金流更可怕。要搞掉英格兰银行，首要目标就是搞掉英格兰银行的信誉，最佳手段一定是挤兑——无论谁来加持，只要金融机构无法兑付真金白银，它就一定会信誉扫地。

1696 年 5 月，货币整理法令刚刚发布，各家银行就出现了挤兑——每一个储户都想得到足值新币，银行偏偏无法提供足值新币。无论银行还是储户，对其中的矛盾都心知肚明，围堵银行挤兑就成为最理性的选择。

新币有限，先到先得。

预期在很大程度上是一种心理现象，市场脆弱性源于市场主体预期的差异，从更深层次来看，则来自市场经验和风险承受能力不同。打破稳定的市场预期很容易，只要增加不确定性，各方对市场的判断就会迅速分化，非理性参与者就会通过种种手段表现出极端情绪，极端情绪一旦出现必然迅速传播，最终，整个市场就会失控，金融恐慌（在当代被称为金融危机）就出现了。

做生意讲究人气，人气旺，买卖一定旺，唯独金融机构是个例外。人多，有可能是在买某种金融产品，有可能是因为商业银行办业务太慢，还有可能是来扎堆提款，也就是所谓的“挤兑”。

如果仅此而已，那么挤兑不会演变为一场金融恐慌，毕竟所有的风险都已经明示，不存在太强的不确定性。

市场的可爱与可怕之处都在于不确定性，根据不确定性，人们无法估计结果，只有一种结论是确定的，那就是人为制造不确定性。恶意攻击带有明确的攻击性，目标非常确定，极易对市场、机构造成重大伤害。

自古至今，出现金融危机的原因通常都是有人在背后捅刀子。攻击英格兰银行，有条件要上，没有条件创造条件也要上，一旦出手必是杀招！

1696 年 5 月 4 日上午，英格兰银行门口突然聚集了大批来提款的人，关键是每个人手中的提款金额都非常可观，有人在历史文献中记录了当时估计的提款数字——3 万英镑。这绝对是一个极具震撼性的数字——1650 年，詹姆士二世以国王之尊发动王室大臣前往伦敦商家借款，总共才筹集到 10 万英镑。

可想而知，3 万英镑巨款在一天内提现会给英格兰银行造成怎样的后果。

英格兰银行处置这场危机有几个有利条件，当时所有银行都挤满了兑换新币的人，并不是英格兰银行一家。更重要的是，对手把事情做得太明了，以至每个人都知道有人与英格兰银行过不去。

基于以上因素，英格兰银行开始回应——以财政大臣的名义提出要求，拒不兑付同业拿来的存单，普通商民仍旧照付不误（请一定注意这一点，仅仅停止兑付同业，商民照兑）。当时英格兰银行的总裁兼任伦敦市市长，在各种场合宣讲英格兰银行不会有任何问题。除此之外，英格兰银行股东承诺放弃本年股息，以支持银行发展，股东将更看重银行长远发展，不局限于一城一地。

处置金融危机，一定要给公众信心，给公众良好的预期，只要对未来有信心，危机自灭。

英格兰银行原本可以平安度过1696年，但谁也没有想到，一波未平一波又起，合股银行的第二个机会马上就来了，王室再次提供了一个毁掉英格兰银行的绝佳机会。

大同盟战争结束之前，威廉三世手头比较紧张，数次面临债务违约。从理论上来说，王室信誉不一定完全是英格兰银行的信誉，王室违约也不一定代表英格兰银行违约；在王室财务困难的时候，英格兰银行完全可以作为缓冲——王室仅仅暂停对英格兰银行兑付，英格兰银行保证对国债持有者兑付，王室一旦渡过难关，就恢复对英格兰银行兑付。

如此，英格兰银行便成为王室和市场之间的一个缓冲带，王室可以借助英格兰银行的货币创造能力，熬过最艰难的时刻。这个协议完全可以设定在英格兰银行和王室之间，不一定非要向公众公布相关消息，英格兰银行制度设计原本就有这层意思。

威廉三世却忘记了自己为什么能入主英伦诸岛，摇身一变，成了另一个詹姆士二世，他想到一种粗暴的解决办法——不但我不付钱，英格兰银行也不能付钱！

1696年7月13日，威廉三世违约，拒绝偿还一笔8万英镑的债务。英格兰银行没表示不兑付国债，但谁也没有想到，王室马上下令，不允许法院在7月14日受理诉讼英格兰银行的所有案件。言下之意，英格兰银行跟王室是一路人，可以肆意破坏市场规则。

在没有彻底取代王室信誉的年代，英格兰银行的出现可以增强王室信誉，二者互为支撑。如果英格兰银行与王室同气连枝，那么公众一定将二者等同，数百年来，王室所作所为原本就没什么信誉。

接下来的事情就在意料之中了，英格兰银行发行的银行券大幅折价，7月为9折，10月为8折，最低的时候达到7折。此后，整个银行市场持续紧张，谣言层出不穷。

1697年，为平息市场风波，英格兰银行再次扩股，获准特许权延期至1710年，并且破天荒地获得了王室1 670万英镑债务特准权，这才平息了风波。

1696年停兑使英格兰银行两次遇险，但它总算涉险过关。接下来我们要说的第三次挤兑发生在1707年，这次挤兑差一点儿给英格兰银行画上句号。因为，一个比合股银行强大无数倍的对手——英国东印度公司出现了，它的江湖地位远高于英格兰银行。

关于英国东印度公司，我们第一次提及它是因为搞丢了查理一世的脑袋。这是一家在世界史上臭名昭著的公司，贩运奴隶、倒卖鸦片、抢占殖民地……总之，什么都干，就是不干好事，什么都不缺，就是缺德。

该公司成立于1600年12月31日，由伊丽莎白一世授予皇家特许状，特准其垄断印度对英贸易。英国东印度公司在殖民地获得的利益日渐丰厚，同时它也给予了英国王室巨大的利益，甚至获得了殖民地行政权和军事权。

你可能还不知道，英国东印度公司的主营业务不仅仅是海外殖民，它在英国国内的业务聚焦于金融，具体来说就是向王室提供巨额贷款，在国内信贷市场有着举足轻重的地位。1640年，如果不是英国东印度公司一时兴起对王室停贷，查理一世就不至于混到断头。

英格兰银行成立的原因是向王室贷款，最大的盈利点也是向王室贷款。毫无疑问，它对于英国东印度公司来说是一种强大的竞争，没有英格兰银行的时候，英国东印度公司可以要挟王室，英格兰银行的出现打破了英国东印度公司的垄断地位，此时的英国东印度公司正处在如日中天的时期，眼睛里怎么能容下英格兰银行?

英国东印度公司要人有人，要枪有枪，要钱有钱，英格兰银行一下子拿到了1 670万王室债务，是可忍孰不可忍!

这里要说，英格兰银行在这件事上确实不太厚道。1702年，东印度公司面临危机，英格兰银行试图参与重组英国东印度公司，左右其高层人事安排，这就埋下了祸根。

1707年，欧洲发生了一件大事，由于种种原因，苏格兰和英格兰彻底合并为一个国家（之前虽然共有一个国王，但还是两个国家）。苏格兰接受英格兰的条件，很重要的一条就是英格兰为苏格兰提供40万英镑贷款。在这件事上，英格兰银行和英国东印度公司都有利益，争执不休又互不相容，新仇旧恨交加，双方大打出手。

与专营金融的英格兰银行相比，英国东印度公司是一个全能型选手，于是，它看准了英格兰银行的软肋。

据金德尔伯格的《西欧金融史》记载，1707年，英国东印度公司使用了这样的手段：首先使伦敦的硬币不断外流，然后向银行（英格兰银行）提交30万英镑的银行券，要求兑换成硬币。接着就发生了一场恐慌和挤兑。

历史文献对这场挤兑记载得不多，但我们仍旧可以想象当时的惨烈：苏格兰并入英格兰这样的大事只需要40万英镑贷款就可以搞定，本次挤兑居然动用了30万英镑，只有英国东印度公司才能有这么大的手笔。

集中提款之前，英国东印度公司会先釜底抽薪，据文献记载，英国东印度公司先将城里的大多数硬币和金银弄到伦敦之外。对英国东印度公司来说这不难做到：找到一种新奇的产品在伦敦城外销售，仅限于实物货币购买；在城外某家乡村银行开出高息，只需要很短一段时间，比如7天甚至隔日，储户就可以获得高息。等现金集中到一定程度，突然向英格兰银行挤兑，只需30万英镑，英格兰银行必亡！

挤兑之日的境况自不必描写，事件的平息则耐人寻味。

威廉三世已于1702年去世，安妮女王出面召集了一批贵族——多为英格兰银行的股东——出资资助英格兰银行，这才稳住了市场，使其平安渡过难关。

下一次，英格兰银行还能如此幸运吗？

南海公司Ⅰ：猜到了故事的开头

1720年前后，英国南海泡沫和法国密西西比泡沫（下章详述）先后爆发，范围仅限于英国、法国两个国家。18世纪初，欧洲爆发了西班牙王位继承战争，几乎整个西欧都卷入其中，从惨烈程度和历史影响力来看，这场战争远比两次泡沫重要。很有意思，就算在欧洲，今天也很少有人知道西班牙王位继承战争，人们反而对南海泡沫、密西西比泡沫造成的灾难记忆犹新。更有趣的是，尽管人们记得这些，反复把这些当作反面教材，金融危机还是时常发生。

呜呼！后人哀之而不鉴之，亦使后人而复哀后人也。

于人类而言，金融危机与战争同样残酷，金融危机对财富的毁灭能力甚至比战争更触目惊心。弹指间，财富灰飞烟灭，也许正是这个原因，金融危机给人类带来的痛苦永远不可磨灭。

我们反复说，危机、危机，任何一次危机都一定是一次危险的机会。真正成就英格兰银行市场地位的历史事件是南海泡沫，造就英国日不落帝国的历史事件也是南海泡沫。密西西比泡沫之后，法国人抛弃了银行体系，历史则抛弃了法国，工业革命在英国率先破土而出，轰鸣的铁马把人类带出洪荒。

《西欧金融史》如此评论这段历史：英格兰银行的成功被称为一场金融革命，这场革命使人口只有法国 1/3 的英格兰能够在整个 18 世纪的战争中一次又一次地打败法国。

对于这一切，处于风暴眼中的英格兰银行并不自知，此时它还不明白自己在金融中心的位置。虽然未来一片光明，但当下的英格兰银行只觉得自己随时都有可能被干掉，作为一家商业银行，它最大的愿望是生存下去，活下去才是最好的选择！

继东印度公司之后，英格兰银行最大的威胁就是南海公司！

在众多记述英格兰银行历史的经典著作中，南海泡沫被反复提及。很多人一定奇怪，区区南海公司不过是个骗子，怎么能跟最强大的商业银行相提并论呢？

事实不是这样的。

南海公司完全不像传说中的那么不堪，要不是南海泡沫搞出的动静实在太大，它取代英格兰银行只是时间早晚的问题。

这段历史，让我们从南海公司与英格兰银行的恩怨说起。

光荣革命给英国带来了《权利法案》，还有无穷无尽的债务，大同盟战争耗费了大量财富。伟大的亚当·斯密如此评价这段历史：缔结《里斯维克和约》的奥格斯堡同盟战争（大同盟战争）奠定了英国目前巨大债务的第一个基础。

大同盟战争的血迹尚在，一场更大的战争——西班牙王位继承战争——在欧洲爆发了，这是一场持续了 14 年（1701—1714 年）的欧洲大战，几乎耗尽了王室所有财富。日复一日的借贷同样使得英国王室不堪重负，每年利息支出就占总收入的 30%~40%。就算有英格兰银行做支撑，王室也已然债台高筑，恐怕再次颁布停兑令也未必能解决问题。

只要动脑筋，办法就总比问题多。

1711 年 5 月 2 日，英国财政大臣牛津 · 罗伯特 · 哈利伯爵向议会提出筹建南海公司，目标是偿还国债。具体来说，就是国债持有者可以自愿将国债转化为南海公司股票。

那么，投资者为什么要换成南海公司的股票呢？

国债换成股票，股票持有者不但能获得保底收益——王室承诺的 6% 的利息，还能获得南海公司股息。

南海公司就一定能赚钱，一定能给投资者分红吗？

答案是肯定的，罗伯特倡议成立的南海公司可不是一般的公司，其定位跟英国东印度公司一样，英国东印度公司在印度有什么特权，南海公司在南美洲就复制什么特权。非但如此，南海公司还以东印度公司为信誉背书，东印度公司以货物、丝织品、鲸须及其他商品的关税为南海公司固定利息担保。在提交的《南海法案》修改稿中，甚至规定该公司董事长必须由国王兼任（这一条最后没有实现）。

南海公司地位有多牛，不用再解释了吧？

必须先告诉大家，南海公司刚成立的时候根本没有“南海泡沫”之说，南海泡沫发生在南海公司成立 10 年后。这段时间，伦敦金融市场从未消停，经常听风就是雨，一轮又一轮爆炒，只是还没有达到全民癫狂的程度。

《南海法案》最终版有这样的条款：王室特许，允许公众选择将 947 万英镑债务转换为南海公司股票。二者等值转化，100 英镑国债可以转化 100 英镑南海公司股票。

从当代金融业务的角度来看，这是一个典型的“债转股”方案：国债转化为南海公司股权。在癫狂的市场上，对于转换者来说，固定利息收入早就可以忽略不计了，最重要的是由股票增值而来的资本利得。

有了这样的前提，债转股工作进行得非常顺利，在某种程度上转股根本就是一种特权，拿到股票就等于拿到了财富，又有谁不去转股呢？

对于王室来说，这笔交易收益也不错。既然947万英镑国债都已经转股，国王不再还债，那么成本仅仅是南海贸易特许权。

多划算的一笔买卖啊！

问题在于，当时南美还在葡萄牙和西班牙手里，南海公司要想拿到真金白银，必须自己动手去敌人手里抢，至于能不能弄到真金白银，是它自己的事。基于以上条款，当代很多人认为南海公司从成立之初就是一个地地道道的骗子。

我不这么认为。

在英国东印度公司获得王室特许权的时候，莫卧儿帝国还龙精虎猛，英国东印度公司照样实现了殖民，开拓了印度英属殖民地。按照这种逻辑，英国东印度公司应该同样是骗子，却从来没有人这么认为。

莫非只有成功者才不是骗子？或者真的是这样。所谓“金融”讲的是未来的故事、未来的收益，很多人猜到了故事的开头，却没有猜到故事的结尾，紫霞仙子遇到的英雄没有身披金甲圣衣，孙悟空如果不成为齐天大圣便一直是野猴子。

在故事的开头，英格兰银行是非常糟糕的。王室、南海公司、国债持有者实现多赢，整个事件看起来最糟糕的受害者就是英格兰银行。因为南海公司和三家合股银行组成了一个辛迪加，垄断了债转股过程，英格兰银行被排除在外。

更糟糕的是，1711年南海公司成立的时候，英格兰银行在王室特许权竞争中败北，其股票在市场狂飙的时候一落千丈。英格兰银行因经营王室债务而生，王室债务不但是最主要的业务，而且是信誉的根本。南海公司发明了“债转股”，已经把英格兰银行逼进了死角。如果没有后来的南海泡沫，英格兰银行很快会在历史长河中无声无息地消失。

历史给英格兰银行留出了足够的机会。它没有猜到故事的开头，却一直笑到了故事的结尾，或许这才是上天的安排。

南海公司虽然强大，南美商路却不是一天建成的，击溃西班牙、葡萄牙的势力更非易事。南海公司高管、董事们没有一个具备贸易经验，南海公司最大的盈利点在于对外贸易，结果，直到1717年，南海贸易公司才派出第一艘贸易船，20万英镑的货物在南美滞销，变成了废料；沾满鲜血且获利最高的奴隶贸易，又因为运输条件实在太差，众多不幸的奴隶丧命或被弄残，根本卖不出价格。

尽管商业经营不怎么样，南海公司的经营者却拥有非凡的金融炒作艺术，在市场上充分发挥了自己的金融特长，愣是把虚构的故事开头变成了真实的收益：1711年南海公司股价为70英镑，1712年就到了80英镑，1713年居然上涨到94英镑，而且继续一路飙红。

1715年，南海公司扩股，股本金扩大到1 000万英镑，开始真正具备与英格兰银行角逐的实力。

南海公司Ⅱ：没猜到故事的结局

1719年，密西西比泡沫达到了巅峰。起码从表面上来看，密西西比计划极大地增强了法国王室经济实力。法国如果在经济实力上超越英国，哪怕只是暂时的，英国也会在世界或者欧洲竞技舞台上失去资格。这一瞬间的优势，已经足以让英国失去大国争霸的决赛资格。

密西西比计划毕竟是巨大的泡沫，难道世人就没有一个清醒的吗？

在金融市场中，“众人皆醉我独醒”的逻辑是不存在的，旋转的泡沫中，最清醒的人一定是最笨、最赚不到钱、最不符合西方经济学“理性人”特征的人，清醒者要为清醒付出极高的代价！

所以，在金融市场玄幻的泡沫中，所有人都希望“但愿长醉不复醒”！法国人在泡沫中长醉，隔着英吉利海峡，英国人闻着味道也醉了。

英国人有一种骨子里的骄傲，既然法国可以搞出来密西西比泡沫（不就是泡沫吗？），那么英国人的泡沫一定会在一个万众瞩目的情况下出现，旋转着，闪烁着七彩光芒，更大更漂亮！一个类似于法国密西西比计划的方案开始酝酿，南海公司必将因此被载入史册。

1719 年，英国王室的债务史无前例地达到了 3 100 万英镑，王室债务到了非整改不可的地步。很明显，能够解决这个问题的要么是英格兰银行，要么是南海公司。谁能解决这个问题，谁就会获得王室信任，从此，失宠者将被彻底踢下角逐舞台。

在这场无法躲避的战斗中，南海公司率先出招，一剑封喉，不就是 3 100 万王室债务吗？

面对天价债务，南海公司毫不畏惧，提出了一个庞大的计划——《南海方案》。这一次，南海公司要整理的不仅仅是 150 万英镑，而是全部英国王室的债务。方法很简单，继续发行股票，并以股票置换王室债务。

经济学上有个术语叫“路径依赖”，通俗地说，就是某人、某公司、某国家一旦通过一种方式赚到钱，就会始终遵循这种方式走下去。1717 年，南海公司债转股的成功加重了南海公司的路径依赖，从此，整个公司董事会对金融魔术更为迷恋。

南海公司的方案有一个致命的缺陷：融资能力完全取决于股价，股价不能下跌只能上涨，否则，将不会有投资者选择转股，南海公司也将丧失融资能力。金融市场永远不是单边市场，必有阴阳涨跌，南海公司又怎么可能保证股价只涨不跌？

这场游戏能继续下去吗？

答案显而易见，但是，局中人就是看不见。包括南海公司在内的广大英国人民都认为南海公司股价将永远上涨！

这种思维可以在精神病学上找到佐证，患有精神病的人是不知道自己身处幻境的，他们会把幻听、幻视当作真实的世界。正如身处泡沫中的人们一样，没有人相信眼前的财富只是幻象的一种，人们身处幻境而不自知。

英国人在幻境中集体迷失了自我，具体表现为接受《南海方案》。整个英国都狂热地相信，法国可以成功的事情，英国一定也可以。

1719 年底，新任财政大臣约翰·艾思拉比上任，提出了一个异常宏大的计划。南海公司不仅要整理英国王室的所有债务，还要整理英国东印度公司和英格兰银行已经承担的王室债务。从此，南海公司要让英国王室变得既无内债，又无外债。

文献记载了当时南海公司一位董事的描述：正如约翰·罗先生前年已经采取他的模式对年彩票贷款加以改进的那样，他现在将要不惜一切代价对约翰·罗在法国的经营模式进行改进。

接受王室全部债务，取代英国东印度公司和英格兰银行。新任财政大臣怎么会有如此疯狂的想法？

你如果知道密西西比泡沫的疯狂，就一定不会惊异于新任财政大臣的底气。在不足一年的时间里，法国密西西比泡沫中的印度公司股价从 1 000 里弗尔上涨到 20 000 里弗尔，这是怎样的一种飙升啊，区区 3 000 万英镑王室债务又算得了什么？

1720 年 1 月 21 日，南海公司和财政大臣联合确认《南海方案》，简单来说，就是把所有不可赎回的、可赎回的王室债务全部兑换为南海公司股票，由南海公司垄断经营王室债务；作为保证金，南海公司将马上支付 150 万英镑现金给王室，另外，或可支付的现金为 160 万，总计 310 万英镑（请注意，这仅仅是保证金）。

如此庞大的债务整理计划，无论英格兰银行还是英国东印度公司都没有实力完成，但是，刀架在脖子上又不得不反抗。

第二天，英格兰银行马上做出回应，指责南海公司做事不讲规矩，提出《南海方案》不符合程序。按照程序，整理王室债务必须向下议院提出，而且必须通过竞标。

得到下议院认可之后，英格兰银行快马加鞭，6 天后（1 月 27 日）炮制出了自己的王室债务整理计划。英格兰银行提出，直接向王室支付 560 万英镑保证金，承诺将整理可转换的债务、不可转换的全部王室债务，比南海公司的保证金现金多 250 万英镑。（英国东印度公司也提出了自己的计划，在这里不再提及，有兴趣的读者可以自行查找相关资料。）

针对英格兰银行的反击，1 月 27 日当天，南海公司迅速更新方案，把无条件马上支付的保证金提高到 350 万英镑。这样计算下来，虽然还是比英格兰银行少，但是，南海公司拿出来的债转股计划一再获得成功，又有密西西比大计划这样一个成功的案例摆在面前，王室不可能不动心。

在一片狂热的气氛中，下议院还算稍微清醒，给出了一个不算充分的讨论期限——4 天。仅仅 4 天后，英格兰银行与南海公司双双提出了最终方案。

这一次，英格兰银行学乖了，开始模仿南海公司，给出了自己的债转股计划，拟以 1∶1 的价格将 1 700 万英镑国债转换为英格兰银行股票。但是，王室债务总额实际上为 3 100 万，英格兰银行未说明剩下的王室债务怎么办，没有在保证金方面加码，尤其没有提供债转股条款细节。

反观南海公司，它一如既往，气势如虹，提出将继续无条件增加支付的现金保证金，最终，保证金总额达到 760 万英镑，较英格兰银行高出 200 万英镑。

无论对王室还是议会，南海公司提出的方案都具备绝对诱惑力，王室可以立刻获得的现金高出英格兰银行一筹。更重要的是，南海公司的性质与密西西比大计划中的印度公司类似，英格兰银行股票能否转换成功则属于未知。

毫无悬念，南海公司在此次生死角逐中取得了压倒性胜利，仅仅一天后，下议院就投票通过了《南海方案》。按照《南海方案》，英格兰银行必须将手中的王室债务转换为南海公司股票，退出王室债务之争。如果这种趋势持续下去，或许英格兰银行还会存在，但仅仅作为一家商业银行罢了。

财政大臣约翰·艾思拉比口出狂言，将《南海方案》描述为“拍卖整个国家”，这份长达35页的《南海方案》可以概括为如下几条主要内容：

第一，南海公司将约3 100万英镑债务转换为自身股票。

第二，南海公司获得全部王室债务专营权的代价之一，无条件支付王室400万英镑现金，随时可支用的授信[①] 760万英镑。

第三，如果王室所有债务都被转换，那么，王室将在南海公司获得3 150万英镑账面股份。

第四，王室在1727年夏至之前向增加的债务支付4%~5%的利息，从1727年夏至起，政府将开始偿还转移到南海公司名下的债务。

第五，王室向南海公司借贷100万英镑，作为流动资金。

有能力整理全部王室债务的上市公司具备怎样的实力？用富可敌国来形容，一点儿都不为过吧？在资本市场上，这家公司是怎样的一家上市公司？这又是怎样的一个振奋人心的消息？这样的股票怎么会出现下跌？

结果呢？出人意料，又在历史意料之中。

① 按现在的理解应该是授信，文献上的描述方法比较拗口。

泡沫如美女

与日新月异的信息时代相比，南海公司诞生的时代同样非常奇幻，天翻地覆、人才辈出，人类当代文明就在此时奠基。今天，我们称它为“工业革命”。我们列出一个简短的名单，他们全都属于那个年代：

非著名金融学家（后文详述）、经典物理学奠基人、高等数学奠基人牛顿（英）；

经济学奠基人、《国富论》（全名《国民财富的性质和原因的研究》）作者亚当·斯密（英）；

化学家普里斯特利（英）；

化学奠基人玻意耳（英）；

蒸汽机改良者瓦特（英）；

……

正是有了他们，人类才有了高等数学、理论物理、化学和近代工业，这对人类现代文明产生了很大影响。

1720 年国债转换是后世批判南海泡沫的主要理由之一，公平地讲，这确实是一个王室、投资者、南海公司多赢的方案，最大的输家是英格兰银行和英国东印度公司。

后世不断有人批判南海公司在债转股时玩花招，其实 1∶1 的转换比率并不高。人们连雷电都能从天上弄到地下，南海公司整理王室全部债务算什么？到了不靠谱的投资者嘴里，南海公司恐怕连“灭霸”都能召唤来。所以，无论怎样设定转换比率，英格兰银行都不可能胜出，失败的结局从一开始就注定了。

造化弄人，失败者转身变为胜利者，胜利者被钉在了历史的耻辱柱上，反转相当具有戏剧性。

非但普通人，任何生活在当时的智者都不会想到这样的结局，比如时任英国皇家造币厂厂长、非著名金融学家牛顿先生。南海泡沫中，这位非著名金融学家赔了很多钱，于是慨叹：我可以计算出天体运行的轨迹，却无法计算出人性的癫狂。

在金融市场，所有发生的事情终究都是有理由的，没有平白无故的偶然。只不过奥秘不在于转换率，而是在于另一个概念——杠杆。

我们一定要记得，对于很多人来说，金融市场是一个只修今生不求来世的地方，用最少的钱赚最多的钱才是人们最关心的事情，没有人关心负债率、没有人关心风险、没有人关心借贷成本！负债率、风险、借贷成本难道不需要考虑吗？如果面前摆着百分之几百、百分之几千的收益率，这些根本就不值得考虑。

我没有必要详述产生南海泡沫的过程，只是想复述一下过程中的杠杆操作手法。千百年来，金融危机表现形式可能有所改变，本质却从来没有改变。

所以，所有危机的开始和宿命都必然如此：成也杠杆，败也杠杆。过去是，现在是，将来也是。

整件事还要从南海公司募股总量说起。

按照原计划，南海公司以国债兑换公司股票，如果3 100万英镑股本能顺利转股，南海公司的资本实力就能令人咋舌。南海公司根本不满足于3 100万英镑，创造性地提出了7 500万英镑的转股计划，整个转股计划不仅仅是一场史无前例的国债整理，还是一次南海公司股票增发。

按照正常理解，国债整理应该先收兑国债，再完成扩股。一笔一交易，按照这个模式操作不会出现问题。

问世间是否此山最高，答案是：没有最高，只有更高！谁也没有想到，南海公司提出了一个疯狂的方案：南海公司转股价格定为300英镑，入股兑换者以现金兑换，可以只支付20%的款项，剩下的款项在16个月内分8次付清。

1∶5，看清楚了吧，这是一个5倍的杠杆！

如果未来两个月内股价飙升1倍，那么初始投资的收益将是原来的5倍，从南海公司股价的历来表现来看，两个月500%的收益率并非不可能，如此规定，市场焉能不陷入疯狂？

——4月7日，议会正式批准南海公司开始推进转股，当时股价就跳涨到300英镑，4月12日，即开始募股当日，申购单就被填满。

——4月29日，仅仅22天后南海公司就开始了第二次现金募股（请注意此时已经不是整理国债了，而是现金募股），杠杆变得更加可怕，只需要1成资金就可以购得股票，其余分9期、每期3~4个月还清，短短22天内股价已经飙升到400英镑。

——6月17日，南海公司开始了第三次募股，杠杆虽然降到1∶5，付款期限却延长到4.5年，短短4个月内，南海公司股价已经上涨到700英镑。

——8月24日，南海公司开始了最后一次募股，杠杆仍旧为1∶5，期限再次延长到9个月。

这是一个递进的规律：

杠杆有多强大，市场就有多疯狂；

市场有多疯狂，前期投入的人就有多少盈利；

有多少盈利，灾难就有多沉重！

因为，这是一次击鼓传花的骗局，再灿烂的夕阳也有落幕的时候。对于任何一次危机，这都是亘古不变的真理。

这里要注意的是，第一个想结束击鼓传花的人居然是南海公司，如果不是南海公司挺身而出提早结束了危机，危机一定会更沉重，搞不好可能让英国几十年缓不过来。这个时候让别人抢了先手，英国的工业革命、日不落帝国也就无从谈起。

南海公司股价狂飙带动了整个伦敦股票市场，1720 年 1 月 1 日，伦敦股票指数只有 190 点，到 7 月突破了 750 点，半年之内几乎增加了三倍。关键并不在于南海公司股价涨了多少，好歹南海公司是一家敢于承接王室所有债务的公司，股价狂飙还是有理由的。问题是整个伦敦金融市场都在疯狂，除了南海公司，还有一系列皮包公司，它们的股价也在狂飙。有的公司说能造永动机，有的公司说能改变孩子的命运，有的公司说能从水银中提取银……有一家公司的名字居然叫“经营和承揽巨大好处，但没人知道它是什么的公司”！

如果股价狂飙可以让利润源源不断地流入始作俑者的腰包，金融机构投资实业就会越来越少。与泡沫相比，实业边际成本与边际收益太不对等，人性无法经得起利润的考验。任何一家公司，只要能提出概念就能筹集到足够的股本——就能赚到足够的钱。说我是骗子，难道南海公司不是吗？

此时，伦敦金融市场定然出现了泡沫。所谓泡沫，不需要严格的学术定义，我倒是非常同意金德尔伯格提出的观点：资产价格泡沫就像美女一样，事前你不知道如何界定它，然而你一旦遇见，就肯定能认出来。

让我们看看“经营和承揽巨大好处，但没人知道它是什么的公司”是如何玩弄市场的吧，鉴于这家公司名字实在太长，姑且称其为“好处公司”，就算放在当代，它也是一个地地道道的资本玩家。“好处公司”从未明说自己的主营业务，当然，仅靠吹嘘来赚钱是肯定不可能的，伦敦民众又不傻。“好处公司”声称，自己将承揽绝对赚钱的业务，共募集

5 000 股，每股 100 英镑，总计 50 万英镑。

至于具体从事的业务，当然对大家都有好处，但是，“好处公司”声称自己处于筹建阶段，必须保密，不能透露相关信息。为了吸引公众投资，“好处公司”声称，现阶段每股仅需要交纳 2 英镑，你就可以在 1 个月后真正参加公司股份募集了。

南海公司的杠杆率是 1∶5，“好处公司”的杠杆率就是 1∶50。1∶50，多少人将为之疯狂！在没有电信的时代，人们口口相传，短短一个小时之内，这家名不见经传的“好处公司”就筹集到了 1 000 个股份的认购保证金，也就是 2 000 英镑。

“好处公司”喜出望外，拿着 2 000 英镑就逃之夭夭了。

当时，2 000 英镑对于普通家庭来说已经是一笔终生可望而不可即的巨款了，没有任何成本，只有收益，在泡沫游戏中，如果跟随泡沫得到的收益远远高于创造，那么谁又会选择创造呢？仅就盈利而言，身处泡沫之中，不跟随泡沫才是最不理性的选择，毕竟现期收益才是最真实的收益。

只求今生，不修来世！一旦金融陷入癫狂，这就是必然的结果，只要现在赚到钱，管他身后大浪滔天！

泡沫具备自我强化机制，一旦形成很难停止。所有人都是共谋者，没有人希望泡沫破灭，只能继续把它吹大，也就是继续注入资金。道理很简单，你可以叫醒一个睡着的人，却永远不可能叫醒一个装睡的人。

无论怎样装下去，人都不能永远睡下去。泡沫毕竟只是货币游戏，一旦停止资金输入就会破灭——缘起缘灭缘自在，情深情浅不由人。

南海泡沫，缘起南海公司，缘灭南海公司，也许这就是宿命。

随着伦敦股票市场火爆，南海公司认为这些骗子公司严重侵犯了自身利益，好歹自己是为王室置换债务、有南美贸易经营特许权、有理想的。“好处公司”算什么，还有“威尔士木材进口”“伦敦街道建设”“土豆出口瑞典等北欧国家”呢！说它们是骗子都高抬它们了。

1720 年 5 月 6 日，南海公司董事会要求律师和担任议员的所有董事代表公司向议会提案，阻止股市泡沫继续扩大。多数文献记载，南海公司这么做的目标是把更多资金集中到自身股票增发，而非遏制市场泡沫。最后，阴差阳错，南海公司砸了自己的脚。

这一指令被迅速执行，5 月底，“授权成立两家海上保险股份公司、皇家许可特权保护与股市规范法案”在议会获得通过，该法案就是《泡沫法案》。《泡沫法案》规定：但凡成立股份公司，以及发行、认购和转移股票，都必须得到议会或者王室特许。没有特许状经营的股份公司属于非法公司，必须予以取缔。

南海公司将这些皮包公司送上了法庭，罪名是“未经许可擅自发行股票”。法院判决南海公司胜诉，7 月 12 日公布了一大批非法公司名单，要求取缔这些公司以及其股票的发行流通，从此，市场开始暴跌。

覆巢之下，安有完卵？

一轮又一轮的暴跌终于把南海公司卷入其中，但仅从技术形态来看，南海公司股价仍然坚挺，9 月 8 日股价仍旧稳定在 700 英镑左右。

9 月 12 日，南海公司走了一步错棋——向英格兰银行求助。估计南海公司原意是借助英格兰银行声誉挽回市场跌势，至于英格兰银行是否注资，完全可以另案处理。只要投资者不再潮水般地抛售手中的股票，它就有能力稳定股价。

不知从什么时候起，江湖开始流传一则消息：英格兰银行已经同意向南海公司的证券斥资 600 万英镑……

英格兰银行当时可能觉得：这时候想起我来了？怎么不提年初虎视眈眈地要吃下整个王室债务、把我逼入死角的时候了？如果南海公司渡过危机，那么它是不是还要继续“伟大”的计划？我后面是不是还拿不到国债承销？救助你？别逗了。

当天下午，英格兰银行发表声明，称自己不会救助南海公司。南海公司股价马上落到580英镑，次日又跌至570英镑，随后逐渐滑向400英镑。

英格兰银行还认为，仅有声明是不够的，必须痛打落水狗。接着，英格兰银行干了一件更阴损的事情。9月22日，它声称将以市场价的15%回收南海公司发行股票，然后，又于9月28日声称自己没有能力按协议价格收购。

按15%收购，英格兰银行的意思是南海公司的股票只值15%？果不其然，9月29日，南海公司崩溃了，股价灾难性地跌破200英镑。

回顾这段历史，即使仅仅面对故纸堆中的文字，肃杀之气仍旧扑面而来。南海公司的股票开始下跌，全国范围的大恐慌如影随形，即便如英格兰银行、英国东印度公司这样的巨无霸也未能幸免，股价开始一轮又一轮暴跌。

王室运转陷入危局，银行破产，曾经借钱炒股的人们变得一无所有，挤兑、抢购、骚乱……人们一下子从虚幻的天堂跌入了现实的地狱，犯罪和堕落充斥每一个城镇，几乎每天都有人自杀。

离开玄幻的泡沫，人们终于意识到，危机才是真实的世界。

1720年12月20日，英格兰银行终于等来了它最希望看到的结果，下议院通过一项提案，英格兰银行接手南海公司股票，也就是说，英格兰银行承接了南海公司费尽心力拿到的王室债务特许权。

在这场危机的最后，英格兰银行原本可以拒绝救助南海公司，此时它又不是中央银行，只是南海公司的对手。但是，英格兰银行仍然救助了南海公司，可能它已经开始意识到它们在金融系统中的特殊位置了。1725年，英格兰银行垄断了乡村银行票据清算，乡村银行储备明令储存于英格兰银行。

在一系列政治经济事件中，英格兰银行始终起着稳定金融市场的作用，被誉为“王室手中的最后一张王牌”。

第 4 章

大国胜负手

天才与骗子

前文曾多次提到一个人，他就是大名鼎鼎的约翰·罗（1671—1729年），一个极具争议性的人物。约翰·罗是现代经济学的启蒙者，他一生的所作所为几乎毁掉了法兰西帝国，也成就了大英帝国。

密西西比泡沫、南海泡沫闹出这么大动静，对约翰·罗本人而言，一切只是为了见证他的经济学、金融学学术思想，所以，金融学是世界上最昂贵的学科。与自然科学不同，金融学的试错地点不是实验室，而是真实的人类社会。在我们每个普通人的生活中，代价是真金白银乃至无数生命，就连股票市场上一直没人看懂的K线（金融市场中表示走势的图形）也是用真金白银画出来的。

好好珍惜金融学里的经典吧，它们才是世界上最昂贵的文字、最昂贵的图画。下面，正式请约翰·罗出场。

在世界历史，尤其是世界危机史上，约翰·罗是浓墨重彩的人物。我们可以这样印刷约翰·罗的人生名片：仅从学术贡献来看，他是经济学说史

（不仅仅是金融学）中重要的人物之一；同时也是苏格兰银行创始人、法兰西银行创始人；赌王、杀人犯、越狱犯和诈骗犯。

他是一个天才，也是一个怪才。

很多人不知道约翰·罗的经济学贡献，却熟知约翰·罗的另一项金融杰作，那就是18世纪欧洲大陆爆发的一场金融危机——法国密西西比泡沫。约翰·罗是密西西比泡沫的始作俑者，这场危机给法国造成了多少伤害姑且不提，更关键的是它改写了法国人对金融体系的看法，也改写了法国、欧洲乃至整个世界的历史。

若不是约翰·罗搞得法国人对银行心有余悸，法国或许不会在百年之后才想到重建银行体系。时至今日，法国政界、学术界仍对金本位情有独钟，有人不断呼吁恢复金本位。试想一下，如果法国率先有了商业银行体系，那么后来的大英帝国未必能与其争锋。

谁能想到，大国成败居然就在一位金融学怪才的一念之间！关于这一点，你在读完工业革命与金融革命的关系之后会更有感触，现在我们一起来回顾这位天才的人生历程和经济学思想。

约翰·罗出生于苏格兰爱丁堡一个银行世家，青年时期接受过良好的政治经济学教育。关于他的记载说明，此人年轻时具有超高的数学天赋。如果用英国清教徒的眼光来看，“富二代”约翰·罗的人生很不健康，1683年其父用钱买了一个贵族称号，小贵族约翰·罗从此游手好闲，把数学天赋全都用在了纸牌上，靠着数学天赋成为赌神。

在赌桌上，据说很多伟人都曾把大把的钱输给这个赌棍，其中就包括非著名金融学家牛顿、《论法的精神》作者孟德斯鸠、《鲁滨孙漂流记》的作者笛福……

尽管赌桌上成绩斐然，但20岁的约翰·罗对自己很不满意，认为家乡爱丁堡（当时苏格兰的首都）太土气了，承载不了自己的理想，自己必须去大城市发展，比如伦敦。此一去暮霭沉沉楚天阔，约翰·罗开始了一段人生传奇，搞得整个欧洲鸡犬不宁！

伦敦的日子是美好的，有钱又善于交际的约翰·罗很快就在伦敦赢得了一个新的绰号——花花公子·罗。

花花公子身边总少不了女人，约翰·罗也未能免俗。只是这样的故事情节一般不会有好的结局，1694年4月，花花公子·罗与情敌决斗，结果将对手打死了，被判终身监禁。

经过一系列黑幕运作，英国国王威廉三世赦免了约翰·罗。谁也没想到的是，即使如此，这位前赌王、杀人犯（此时还不算经济学家）居然嫌特赦流程时间太长，一怒之下越狱，铤而走险，从30英尺[①]高的地方（大约三层楼高度）跳了下来，然而结果仅仅是脚踝脱臼……

上帝为世界留下了这位怪才；法兰西很不幸，迎来了这位瘟神。

此后，约翰·罗在荷兰等国家流窜，流窜过程是很幸福的，一个英国逃犯居然混成了英国外交使节秘书。当然，他还有更重要的工作——赌博，有这么好的手艺，赌场如同提款机，流窜生涯绝无囊中羞涩之痛。

如果仅此而已，那么约翰·罗最多是历史长河中的一个泡沫，没有人能记得这位花花公子、杀人犯、越狱犯、赌王……

约翰·罗终究让世界记住了他，因为在赌博之余，这位赌王还经常思考货币金融问题，尤其是认真研究了一下当时欧洲规模最大的公有银行——阿姆斯特丹银行。

对于这种天才级别的人物来说，赌场、外交、花天酒地肯定不承载人生理想，他这辈子要做的就是改变世界！仅仅数年后，约翰·罗就厌烦了这种流光溢彩的生活，放弃了光荣的大英帝国公务员职位，流窜回

① 1英尺=0.304 8米。——编者注

了老家爱丁堡，开始了默默无闻的学术研究生涯，并于1705年在爱丁堡出版了超级畅销书《论货币和贸易》。

当时的欧洲连商业银行体系都不健全，更不用说金融监管、中央银行等一系列制度设计了。读完这本书，我不由慨叹：当代金融体系及其规制简直就是在约翰·罗的设计下完成的。此书出版之后300多年，不断有人复述他的学术思想，他有两个著名的粉丝，一个几乎与他同时代，名字叫亚当·斯密；另一个则在200年后才出生，名字叫约翰·梅纳德·凯恩斯。

——众所周知，亚当·斯密被称为“古典经济学之父”，他在《国富论》中将约翰·罗视为老师，引用了很多来自《论货币和贸易》的文字，最核心的观点之一是“纸币可以使金币、银币这种‘通衢大道’化为良好的牧场和稻田，从而大大增加土地和劳动的年产品”。

——凯恩斯则被誉为“当代经济学之父”，与亚当·斯密相比，凯恩斯对约翰·罗的臣服更为彻底，他一生都在诠释约翰·罗的经济学思想，他那本传世之作就是在模仿自己的偶像约翰·罗，叫作《就业、利息与货币通论》，是当代经济学大厦奠基之作。凯恩斯的这本书几乎是约翰·罗作品的盗版，两本书的命运不同，不过是因为约翰·罗和凯恩斯处在不同的时代——凯恩斯遇到了想花钱的美国政府（实施罗斯福新政）。

1919年，经济学家熊彼特看完《论货币和贸易》之后掩卷长叹：“约翰·罗的金融理论足以使他在任何时候都跻身于一流货币经济学家之列。”

约翰·罗的经济学说体系并没有过多地受流行观点影响，所谓“流行观点”即重商主义。《论货币和贸易》开宗明义，直接将商品价值归结为供需不平衡，约翰·罗断言，商品价值的大小“取决于相对于需求的商品数量的多寡”。例如，水与钻石，水遍地都是，钻石却极为稀有，所以，后者的价格在市场上要远高于前者，是稀缺而不是使用价值导致了价格差异。

当代经济学的基础是从供需入手讨论商品价格，这粒经济学的种子是约翰·罗在《论货币和贸易》中埋下的。

接下来，约翰·罗转入正题，开始讨论货币供给问题。

17 世纪的西欧是重商主义最流行的时代，在重商主义者眼中，货币就等同于金银，金银也是财富的唯一表现形式，贸易则是财富之源，所以这个流派才被命名为“重商主义”。

约翰·罗是重商主义的突破者和终结者，《论货币和贸易》的核心观点是：并非只有黄金和白银才可以作为货币，国家信誉也可以成为货币，而且在缺乏贵金属储备的情况下，国家可以通过银行体系增发货币。

在只有黄金和白银才能作为货币的时代，突破现实直接凭空构造一个信用货币体系，这些观点无疑是惊世骇俗的。

在约翰·罗看来，一国经济能否繁荣，核心在于保持国内货币供应充足，尽管货币本身并非财富，但只有充裕的货币供应才能保证经济顺畅运行。如果可以提高货币发行量，就可以刺激就业、改良土地、发展贸易和制造业，也有利于提高国家维持国内秩序、抵御外敌的能力。但是，贵金属的数量是有限的，铸造非足值货币又会降低货币信誉，所以，国家的最优选择便是发行纸币，他提出：利用银行来增加货币，是迄今所采用的最好的方法。

既然货币如此重要，就应该多发货币。

怎样才能让货币多起来呢？

答案很简单，国家印纸币，用纸币替代金银！

在约翰·罗看来，纸币才是最有效率的货币：金银会被磨损，纸币不会；金银很重，纸币很轻……

最重要的是，金银作为货币一定会受到贵金属数量的限制，不可能增发，金银是国民经济“金属的桎梏”。要想让经济增长，必须用货币刺激，要想实施货币刺激，大概也只能采取纸币的模式了。

增发纸币必须改造银行，当然，银行发行货币必须要有储备，约翰·罗看中的储备并非金银，而是土地。

在约翰·罗看来，金银不过是一种金属而已，除了可以用来炫富，没什么实际价值。与金银相比，土地不会增减，用途也很固定，是最可靠的货币储备。以上是约翰·罗的解释，看起来很有道理，其实还有一个更重要的原因：以土地作为货币储备可以扩大发行量，而贵金属储备一定会受到限制。

更为神奇的是，约翰·罗在此时提出了一个金融机构“顺周期”问题：银行实行信贷扩张政策，可以使国民经济具有更大的活力。如果以土地作为储备设立银行，再以全国土地为担保发行纸币，就可以在很大程度上扩大纸币发行量，进而使经济得到刺激，使出口得以扩大，这样金银便会流入国内，国家就会以纸币收兑金银。如此反复循环，一国经济将走向持久的繁荣！

约翰·罗是一位金融学天才，在金属货币时代就看到了货币扩张对经济的刺激。但是，他所有的论述都没有提及一个关键的问题：国家一旦掌握了货币发行权，就不仅可以为了刺激经济而发行纸币，还可以为弥补自身亏空而滥发货币。

也就是说，约翰·罗让人们看到了硬币的一面，却没有展示另外一面——如果国家控制了货币发行权，那么超发货币怎么办？

我们不愿意过于苛责这位怪才，不过，对此我还有另一种猜测：约翰·罗是个奇才，他早就已经看到硬币的另一面，就是不愿意说出来，因为他自己选择了这么做。

约翰·罗寄希望于在自己的家乡苏格兰建立一家银行，但是苏格兰议会否定了这一提议。后来，约翰·罗再次离开故乡，在欧洲大陆流窜，最终遇到了识货的路易十五。

当时，路易十五最缺的就是钱，最想要的就是钱，约翰·罗的那套玩意儿就是能无限制供给货币——他就是印钱的！二人一拍即合，约翰·罗荣任法兰西银行行长，也终于惹出了一场滔天大祸——密西西比泡沫。

从此，约翰·罗在世界历史上被定性为大骗子，鉴于大名鼎鼎的密西西比泡沫过于臭名昭著，以至约翰·罗的经济学思想在法国长期被视为洪水猛兽。无论后人是否喜欢约翰·罗本人，他的思想都已不可抹杀。还是让我们以马克思的评价来为约翰·罗盖棺定论吧：既是骗子，又是预言家。

或者，约翰·罗不应该生在17世纪吧。

密西西比泡沫：梦里不知身是客

英格兰银行从创立到成为央行，不知经历了多少场龙争虎斗，可谓命运多舛。反观法国，有了约翰·罗作为掌门人，法兰西银行根本没有遇到任何强劲的敌手。

与南海泡沫不同，密西西比泡沫是约翰·罗的个人杰作，他以一己之力把法国乃至欧洲搅了个天翻地覆。

约翰·罗是赌王，其人生转折就发生在赌场，在这里，他遇到了自己的伯乐——法国摄政王奥尔良公爵。摄政王虽然来赌钱，但最缺的也是钱，按照《论货币和贸易》的观点，约翰·罗最擅长的就是给王室带来充足的现金流。于是，约翰·罗立刻成了摄政王的座上宾，从苏格兰隐士一跃成为法国政坛红极一时的新星。

1715年，法国摄政王奥尔良公爵启用赌友约翰·罗，将其任命为财政大臣。随后，1716年，法国政府特许约翰·罗在巴黎成立通用银行，这也是一家股份制银行，具有王室授予的特许货币发行权，所发行的银行券可以兑换硬币，可以用来缴纳赋税。与英格兰银行类似，通用银行也为取得特许权付出了代价，约翰·罗同意每年向法国王室支付5 300万里弗尔。

客观地说，最初几年，通用银行经营状况良好，成立之初以1∶1.2的比例兑换国债，支持工商业发展，缓解王室财政困境，为经济发展创造了一个相对平稳的税收环境。如果事情就此打住，约翰·罗就不是约翰·罗了，以他轻佻躁动的性格，他不可能就此止步。行文至此，我似乎看到一场悲剧正在上演……

1717年，约翰·罗雄心勃勃地向法国王室提出"密西西比计划"，要求开发密西西比（现在是美国西部的一个州）。据说，那是一片遍地黄金的土地，用小刀和镜子就能从原住民手里换来黄金和宝石——这将是怎样的传奇！

当年8月，密西西比公司成立，并获得密西西比河流域法国贸易特许权、加拿大皮货贸易垄断权，公司每股售价500里弗尔。

1718年12月，通用银行被国有化，更名为皇家银行，约翰·罗担任行长。1719年，约翰·罗买下了法国皇家造币厂，皇家银行纸币成为法国法定货币。同年，密西西比公司和法属东印度公司合并为法属印度公司，垄断了法国所有的欧洲以外的海外贸易。

大干一场的所有条件都齐了，一场危机即将在法国上演！

按照约翰·罗的理论，最好的银行储备是土地，与贵金属相比，土地供应量要大得多。但是，在某个固定的时点，国内土地供应（或者说约翰·罗控制的土地面积）又极为有限，不足以作为货币发行储备，必须另找其他途径。

发行货币必须有足够的储备，即使没有储备，也可以臆造一个，比如股票。传闻他的肖像被这样注释：他以借据作为计量黄金的工具。这里所说的“借据”并不准确，约翰·罗发行货币的储备是法属印度公司股票，是一种股权。

法属印度公司发行5万股股票，每股面值500里弗尔，仍旧可以用国债购买。很快印度公司被赋予税收代理权、铸币权等新的特许权，可以这样说，法属印度公司在很大程度上行使着法国财政部和央行的权力。

提醒一下，此时的约翰·罗的法属印度公司并不完全是骗子，股票的背后绝对是国家信誉！如果美国把财政部、美联储上市，市场焉能不为之疯狂？

自此，法属印度公司股票一票难求，拿到了法属印度公司股票就等于拿到了真金白银。各种消息不胫而走，有人说，约翰·罗家附近的一个鞋匠每天为前来购买股票的人提供纸笔，每天能赚200里弗尔；有人说，一个驼子把后背出租给投机者当书桌，也收益不菲；甚至有人说，摄政王找不到人陪伴自己的公主，因为贵妇人都跑到约翰·罗家去买股票了。

实际情况是，法属印度公司开盘价格从不足1 000里弗尔一路飙升到超过2万里弗尔——这是怎样一种令人疯狂的收益！300%的利润就面临上绞刑架的危险了，成千上万倍的利润，绞刑架能拦住蜂拥而至的人们吗？

玄幻的泡沫中，如果你告诉人们真相，非但没有人会相信，人们还会把你当作疯子。泡沫虽玄幻，却能拿到真实的收益，如此这般，世界岂能不疯狂？

梦里不知身是客，一晌贪欢！

法属印度公司股票不断升值，这给了约翰·罗充分的资金来源和信心。在约翰·罗的主导下，法属印度公司在1719年9月—12月增发30万股，每股面值5 000里弗尔，资金用途是偿还国债。为了配合法属印度公司发行新股，皇家银行发行15亿里弗尔纸币。鉴于法属印度公司在密西西比购买了很多土地，那里有丰富的金矿资源，在获得募股资金后，法属印度公司的收益将成倍上升。

以上内容，除了货币印刷数量和股票发行数量是真实的，盈利前景纯属虚构。从金融市场诞生起，就总有人把它当作一个靠概念吃饭的地方。这没什么可怕的，唯有如此才可以最大限度地发挥人类想象力，或者最大限度地展现人类的贪婪，或者把梦想变为现实。密西西比泡沫和南海泡沫中展现的便是贪婪、没有梦想，1719 年下半年，整个市场陷入了疯狂，上涨不以交易日计算，而是以小时甚至分钟来计算。

否极泰来，物极必反。即使人们对所谓密西西比黄金充满了信心，股价也不可能无限上涨，所有泡沫都有破灭的那一天。泡沫被打破往往源自一个毫不起眼的事件，这样的偶然事件早晚都会出现。

1720 年 1 月，法国政坛红人孔代亲王希望以低价买入一批法属印度公司股票，同时希望介入印度公司经营。说白了，亲王阁下想空手套白狼，白白取得一笔巨大的财富。约翰 · 罗还是有点儿追求的，这一无理要求当然被拒绝。

匹夫买不到股票，只能以头抢地尔，亲王之怒还是有一定威力的。为了让约翰 · 罗难堪，孔代亲王弄来三车（四轮马车）纸币，要求约翰 · 罗兑付黄金。几车银行券对皇家银行来说不算什么，就算再多一些也一定能兑付，仅仅一个孤立事件远远不能冲垮皇家银行和法属印度公司。但是，这件事以最刺目的方式提醒世人：纸币和股票毕竟不是金银，真这么值钱？

精明的先知先觉者开始兑换黄金，并逐步将之转移为窖藏。随之，一些“谣言”（似乎不是谣言）开始流传：密西西比流域并没有发现金矿，约翰 · 罗所说的黄金神话不过是一些骗人的故事。

风起于青蘋之末，仅一个月之内，法属印度公司的股价就从 2 万里弗尔跌到了 1 万里弗尔，而且是在约翰 · 罗开始回购股票的情况下才稳住的。

处置危机的关键在于稳定市场信心，信心可鼓不可泄，真谛或许并不在于告诉公众多少信息，而在于让公众相信什么！后面我们会陆续看到，为了稳定市场，美联储这些权威机构不惜以春秋笔法发布信息，所言信息模棱两可，它们到底在说什么只能靠猜。

跟南海泡沫一样，密西西比危机最初同样没有传说中那么惨烈，不恰当的处置方式扩大了损失。1720 年 5 月，法国国务会议估算全法流通的纸币为 26 亿里弗尔，皇家银行只有一半的储备。

很多人把这个数据作为皇家银行应该破产的根据，我却要说，一半储备已经非常高了！如果以巴塞尔委员会的标准计算，即使按最保守的估计，皇家银行的资本充足率也是 50%，比《巴塞尔协议》规定高 5 倍多，肯定能够保证兑付。

法国王室以及约翰 · 罗的应对措施却与危机救亡常识相反——堵而非疏：彻底禁绝金银流通，只有纸币才是法定货币；任何拥有超过 500 里弗尔的金银的人，都将被处以高额罚款；谁传播法属印度公司的“谣言”，谁就要被抓起来送到新奥尔良……更离谱的是，法国国务会议出台了一个非常荒谬的法令：将纸币贬值一半。现在看来，法国国务会议的意思是，既然皇家银行黄金储备能够足额兑付一半银行券，纸币只要贬值一半就可以应付所有问题。

大错特错，一旦公众察觉皇家银行心虚，皇家银行便会无限释放风险，从此再无任何缓冲余地。这个离谱的法令直接导致了法属印度公司股价的崩盘，7 天后，法国王室不得不宣布法令作废，此时，法属印度公司股票已经掉到了 1 000 里弗尔以下。

与南海泡沫一样，密西西比泡沫的结果并不是灾难性的，直到 1721 年 9 月，也不过跌回 1719 年 5 月的水平，约翰 · 罗设计的这个融资体系还是有可能支撑下去的。然而，王室背叛了这位经济学先贤，法国王室在走出一步臭棋之后又走了一步臭棋，免去了约翰·罗的财政大臣职务，将之一脚踢出内阁；1721 年 10 月，摄政王又宣布废止纸币流通，剥夺了法属印度公司一切特许权。

这场错误的根本，还是约翰·罗背叛了自己的金融准则——如果一个银行家没有必要的基金支持自己发行的纸币，他就只有死路一条。可以这样猜测，约翰·罗的想法是通过皇家银行发行纸币解决财政危机，再通过卖出法属印度公司股票回购货币，这样，流通的货币就不会增多，也就不会有通货膨胀。

这种操作当代也有，美联储及各国央行通过回购国债来收回流动性（反之同理），约翰·罗则通过回购股票来收回流动性。同样是回购，国债和股票两者差别大吗？

还是有很大区别的，国债具备国家信誉，收益率波动局限在小范围之内；任何一只股票的发行限额都远低于国债，波动空间反而远大于国债，一旦被理所应当地视为货币储备，悲剧就注定会发生。因为，这样的股票只有上涨一条途径，唯有上涨才能发行更多货币，最终只能成为泡沫。

烜赫一时的法兰西皇家银行在一片喧嚣中关门大吉，法国失去了第一代金融体系，走向日不落帝国的大门也被永远关闭。

金融第二定理：拯救比惩罚更重要

三十年战争、八十年战争、百年战争……无数次欧洲大战；西班牙、葡萄牙、荷兰……大航海时代的国家先后登场，又先后折戟沉沙。军事、外交、技术、制度、文化……第一轮世界性大国争霸，胜负手究竟是什么？

想象一下，西班牙、葡萄牙、荷兰早在 16 世纪就几乎占领了整个广袤的美洲大陆，是怎样的剑法与武功，又是怎样的力量让如此强大的帝国于随后的百年里在世界舞台上销声匿迹？

大航海之后，英法登上历史的舞台，身处世界旋涡的中心，谁能率先击溃对手，谁就可以在新一轮世界霸主之争中登顶，不仅西欧，其他很多地方都会臣服在它脚下。为此，英法在欧洲各国之间合纵连横，外交、战争、宫廷阴谋……为打倒对手无所不用其极。这盘残局有定式吗？

站在历史的断层无法遥望未来，就当时的条件而言，这个问题应该是有标准答案的。18 世纪初，英法两国国力并非在伯仲之间，而是法国远胜于英国，只是英国后来在一次次对法战争中胜利，最终才取得绝对优势。

——从人口总量来看，1700 年英国只有 894 万在册人口，法国的这一数字为 1 930 万，要知道，在那个时代，人口才是衡量一国国力最有效的指标。

——按 GDP 数据，1688 年英国为 6 418 万英镑，而法国为 12 159 万英镑，几乎是英国的两倍；尽管英国人均 GDP 高于法国，但一国在国际舞台扮演怎样的角色，能否引领产业革命，很大程度上要依靠更大的人口基数。道理很简单，有一定的人口基数才会有足够大的市场。即使在当代，在公认衡量一国国力的克莱因公式中，领土和人口总数也是最重要的因子之一。

——从产业结构来看，英国支柱产业是棉纺织业、造船，而法国的冶炼、丝制成品、农业则高于英国。

——从最关键的军事实力来看，法国路易十四麾下常备军 40 万人，英国只有不到 10 万人，如果双方倾其所有来一场豪赌，那么怎么看英国好像都没什么赢面。

诡异的历史却在同一时间给了英法两国一场同样的金融危机——南海泡沫与密西西比泡沫。危机之后英法两国对金融业采取了截然不同的态度，也就有了完全不同的结果。

没有人想到，大国争霸的胜负手居然是金融！

此后，两国的表现截然不同，英国迅速走上了工业革命的道路，法国则在近百年的时间里处于停滞状态，甚至落后于德国。有文献如此评价当时的情况：法国在一个世纪里完成的变化，在许多方面还不如德国1871年后40年间所经历的变化彻底。

南海泡沫和密西西比泡沫分别是18世纪初发生在英国和法国的金融灾难，南海公司、法兰西皇家银行并无太多不同，双方都以为王室整理债务为代价获得特许权，又都以公司股票为筹码回购国债，进而整理王室债务。然而，英法两国关于泡沫破灭后的处置方式却迥然相异。

法国暴风骤雨般关闭了法属印度公司和皇家银行，对市场暴跌采取视而不见的策略，权贵阶层对约翰·罗采取仇视态度，认为约翰·罗是一个纯粹的骗子，正是这个骗子导致了法国经济崩溃，认为怎么惩罚约翰·罗都不为过，最后将其驱逐出境。

与法国相比，英国没有直接关闭南海公司；而且此后南海公司存在了很长时间。英国王室采取了一系列手段暂时平息事态：对股价进行一定程度的保护，由国王出任南海公司董事长，仍旧赋予南海公司南美贸易的垄断权……

英国这样做只有一个目标——让南海公司活下来，大概这也出乎很多人的意料。这是危机处置中比较合理的答案，只要南海公司活下来，就能为危机处置留出足够的空间，只要南海公司活下来，就留住了资金运转通道，经济就不会停摆。

关于“大而不能倒”是否违反市场原则，各方有过很多争论。市场原教旨主义者认为，即使是大型金融机构，资不抵债也意味着没有资本金。市场化运作怎么能允许一个没有资本金的公司存在？这不是赤裸裸地违反市场原则吗?

谁说市场就一定是对的?危机就是市场造成的，处置危机却坚决不能依靠市场，用市场的方法处置危机只会循环式下跌，以怨报怨，危机会越来越沉重。唯有以德报怨，所谓“大而不能倒”，要的就是“不能倒”!

只要机构还在，所有债权就未悬空，就不可能形成连锁反应。相反，如果捅破这层窗户纸，多米诺骨牌就会立刻倒下来，没有人知道会波及哪个层面。从近代开始，大型金融机构的业务触角已经渗入社会生活的方方面面，一旦大型金融机构倒下，社会经济秩序就会被打乱，完全推倒重来将导致整个经济停摆，损失无论怎么说都不为过。

全世界任何一个地方、任何一个行业都不可能完全遵循市场化准则，否则将导致霍布斯丛林出现。正因为这样，所有国家的金融市场准入都是非常严格的，自我标榜市场化的美国就是金融监管最严格的国家，没有之一。为何?被危机搞怕了。所有监管准则大变革都诞生于对危机的反思，管理者也会在危机之后出台一系列法令，对金融进行越来越严格的限制。

英国对南海泡沫的反思创造了“大而不能倒”的概念，此后，从1929年大萧条到2008年全球金融海啸，“大而不能倒”成为危机救亡的金科玉律。2007年次贷危机，美国轻信了货币学派，想反其道而行之——“大也可以倒”，于是，雷曼兄弟、贝尔斯登等巨无霸的倒闭让美国吃尽了苦头，最终，美国只能选择将这些金融机构国有化。

从救亡措施来说，没有绝对的对与错，唯一目标是降低损失，维持社会“信用”正常运转。金融是经营信用的行业，金融危机一定代表着信用破产，恢复市场信用是一件极其艰难的事情，有时候甚至需要暂时容忍罪恶，不能快意恩仇，比如当时的南海公司救亡。

关于如何处置南海公司，身处其中的英国人也有过很长时间的争论。面对巨额损失，不是所有人都同意救助南海公司，议院议员分为“复仇派”和“救亡派”。救亡派的观点比较缓和，主张救助南海公司，复仇派完全反其道而行之。1720 年 12 月 8 日，下议院很多议员用激烈的言辞表示必须对南海公司所有董事进行清算，而以国王为首的救亡派头脑还算清醒，明确提出当务之急是以最有效和迅速的措施恢复国家信用。

关键时刻，南海公司司库带着关键证据出逃英格兰，搞得复仇派有冤无处诉，根本找不到证据指证南海公司诸董事。另外，还有一种观点认为，根本就是以王室为首的救亡派故意放跑了这位司库，让秘密永远被淹没。

后人这样猜测：以国王为首的救亡派坚持让南海公司生存下来，最重要的原因不是“大而不能倒”，而是南海公司股票最大的用途是置换王室债务。股票持有者原本是王室债权人，一旦南海公司清算，不但意味着投资者血本无归，而且意味着王室违约；更有甚者，上议院很多议员本身就是南海公司股东，即使保留下来的南海公司股票一文不值，也胜过血本无归。无论何种原因，救亡派反复强调的“拯救比惩罚更重要”最终都获得了支持，并在上议院获得了多数票。

无论出于什么目的，王室拿不到钱的同时普通投资者也拿不到钱，所以，救亡派的主张是对的。

任何情况下，为金融危机善后的目标都是解决问题，不是泄愤。如果被情绪而不是理性主宰了行动，那么必将给社会经济秩序带来更大冲击。复仇如果将给社会福利带来巨大损失，就是更大的错误。留下希望，可以稳定社会预期，哪怕最虚无的希望也能稳定市场情绪。所以，任何时候危机处置原则都一样——以时间换空间，多拖延一些时间，危机就可能会有更好的结果。

在救亡派的斡旋之下，1721 年 8 月，英国议会通过《恢复公共信用法》，坚持南海公司必须维持运转，其股票依旧可以与国债相互转换，只是股价降低而已。从结果来看，一方面，议院通过《恢复公共信用法》

的目标是拯救南海公司，维持一份名义上的财富；另一方面，只有南海公司得以存活、股票交易得以继续，王室的信用和市场信誉才能继续存在。

道理其实很简单：就算英国的处置方式不能减少损失，产生损失的过程也至少被拉长到30~50年之内，巨大的损失被摊销到每一年也就不那么刺目了。

让我们再来看看法国的处理方式——驱逐约翰·罗。让危机在一瞬间爆发，所有损失都由当期来承担，所有损失都要从本期资产中扣除，这将是怎样一种惨烈的境况？泡沫破灭的时候，纸币面值持续下降，经济一片萧条，整个国家的财富在瞬间蒸发。

可能密西西比泡沫给法国留下的伤痛实在太惨烈了，最重要的问题并不在于密西西比危机消耗了法国多少财富，而在于危机给整个民族留下了阴影。从此，法国人对金融体系与股份制心怀恐惧，认为这些都是洪水猛兽。

为了禁止国民参与股票投机，法国王室颁布法律，对股份公司的创立进行了严格限制。大家都知道，工业革命之所以能爆发，就是因为股份制分散了投资人风险。非但如此，法国还禁绝了现代银行业，杜绝了货币创造，始终使用铸币，直到拿破仑时期，国家银行才被提上议事日程。丧失了金融业，丧失了股份制，法国已经注定在即将到来的工业革命中被英国甩在后面。等到拿破仑留意银行的时候，106年已经过去，世界已经是英国的世界。

更糟糕的是，拿破仑虽然建立了法兰西银行，但与英格兰银行控制在商人手中不同，法兰西帝国对银行体系的控制力极为强大，自始至终法兰西银行最大业务品种始终是拿破仑的王室贷款。即使后期成立了土地银行、贴现银行等，法国银行业在资金投向上也偏重于政府、土地和海外投资，货币体系以铸币为主，工商业并未形成真正的信贷市场，多以非正规高利贷融资为主。

——在任何时代，金融都是资金魔术师，原本需要几年、几十年、上百年才能实现的财富积累，短短几天内就可以完成。有了资金便可以建立企业、更新设备、创造新的生产流程，更重要的是抢先一步占领市场，进而获得更多财富。

——在任何故事中，金融业都是财富江湖上的乾坤大挪移，所谓有效资源配置不过是把资源集中在最有效率的地方，产出也就随之倍增，一个人、一个企业、一个国家的命运就此改变。

由此，我们提出本书中的**金融第二定理，也可以被称为时空穿越定理：金融是人世间唯一可以穿越时空的行业，可以让人借到未来的钱，也可以让未来还现在的钱。借到未来的钱，小则可以买房，大则可以让一个国家站在世界之巅；让未来还现在的钱，就是金融危机处置，唯一的方法只有把损失平摊到未来去慢慢消化，让时间熨平创伤。**

走出洪荒的前夕，英国与法国曾在历史的十字路口徘徊，最终法国输给了英国。无他，唯金融尔，再强大的生产能力都不过是点滴积累的结果，如何能比得上让一人、一企业、一国拥有未来的金融魔法瞬间？

法国与金融失之交臂，也失去了与英国较量的机会，这一切，也许并不完全是约翰·罗的罪过。约翰·罗的墓志铭这样写着：

> ……
>
> 这里长眠着那个著名的苏格兰人，
>
> 他的计算技巧无人匹敌，
>
> 他用简单的代数规则，
>
> 把法国变得一贫如洗
>
> ……

工业革命必须等待金融革命

阿基米德说过:“给我一个支点，我可以撬动地球。”宇宙中未必存在阿基米德需要的支点，人类社会前进的路程中却真实存在着一个支点——金融。在即将走出蒙昧的时刻，金融撬动了世界。

16世纪，英国曾经击溃西班牙无敌舰队，随后国家便陷入王室与议会纷争、革命党人与王室战争不断的境况，国力羸弱不堪。17世纪，斯图亚特王朝复辟给英国国运带来了毁灭性的打击。为了一己之私，斯图亚特王朝把英国绑架为法国的盟友，为敌人献上了一束娇艳的玫瑰。查理二世居然以20万英镑的价格把欧洲大陆最后一个据点——敦刻尔克卖给了法国国王路易十四。时人有如此评论：在世界各国的眼中，英国只不过是一个毫不起眼的民族，因而无足轻重。

这样一个大西洋上狭小的国家却终究拿到了摩登时代的门票，成为第一代世界性大国。仅仅在数年之后英国就取得了西班牙王位继承战争的胜利，迫使法国在欧洲大陆完全采取守势，随后抢夺了西班牙、法国在北美和印度的殖民地，成为首屈一指的世界性大国、真正的日不落帝国。

英国华丽转身，究竟是为什么?

有人说光荣革命是英国崛起的起点，正是由于光荣革命奠定了制度基础，大不列颠及北爱尔兰联合王国才有了后来的辉煌。有人说是资本主义生产方式改变了英国国运，开天辟地的工业革命把英国送入了摩登时代。

如果这些是现实，那么我不禁要问：法国同样发生了资产阶级大革命，全球公认法国大革命比英国更彻底，为何资本主义生产方式在英国就能发挥最大效力？为何工业革命偏偏发生在英国?

一项制度，从奠基、建设到在经济生活中发挥作用，没十几年、几十年根本解决不了问题，一代人只能办一代人的事情。从光荣革命到工业革命不过短短几十年时间，不可能让一个羸弱的国家一跃成为统领世界的大国。

如果光荣革命不是推动的原力，那么把英国推上日不落巅峰的原力又是什么？

——诉及英国工业革命之时，教科书给出的标准答案提到了如下几个因素：雄厚的资本和丰富的货币流通，圈地运动使大批农民成为可以雇用的劳动力，工厂技术的积累使得机器发明成为可能。

——西方经济学以实证的方式诠释了当时的史实，主流文献认为，真正把人类载入工业革命时代的是金融革命。著名经济学家、诺贝尔经济学奖得主约翰·希克斯曾经系统地表述过一个观点：工业革命不得不等候金融革命，正因为有了来自金融业的货币资源，工业革命才在英国爆发。

一国成长为世界性大国，绝非王室筹资能力一己之功，更重要的是，以英格兰银行为代表的当代金融制度的确立，刺激了资金流向实体经济的过程，这才有了工业革命。真是这样吗？

资产阶级革命树立了更适合社会大分工的生产关系，从而解放了生产力。解放生产力，具体来说就是依靠金融业实现资源有效配置，把钱送给能赚钱的人。否则，英法同样具备先进的生产关系，谁能给生产体系带来钱，谁就能率先在生产力方面做出改变。

——经济史学家沃尔特·惠特曼·罗斯托在《经济增长的阶段》中提出，任何一个国家，要想经济起飞，投资率都要上升到10%以上，否则不可能实现经济起飞，工业革命不可能例外。一个事实是，工业革命期间英国银行业数量同样剧增，没有这些银行的出现，很难想象工业革命会如火如荼地在英国爆发。

——金德尔伯格在《西欧金融史》中对英国银行体系大加称赞，指出金融革命在社会经济发展中发挥了重要作用，银行是工业革命期间制造业融资的主要渠道。为何突然之间英国银行会如雨后春笋般多了起来？金德尔伯格没有明确解释，只是援引了一位经济学家的评论，大意是如果国家不能履行提供货币的职责，那么经济体会自行提供，但二者意义不同。二者之间有一个重要的区别，国家创造货币具备国家信誉，经济体自行创造货币则以经济体自身信誉为担保，英格兰银行便是信誉集大成者。

英国崛起的制度性因素是资本主义生产方式，技术因素是工业革命，最直接的原因还是有了足够的货币资金。如果说工业革命是人类进入摩登时代的分水岭，那么金融是人类进入摩登时代的门票。有了机械动力，天堑可以变为坦途；有了足够的钱，才能点燃轰鸣而响的蒸汽机，蒸汽机里燃烧的绝不仅仅是煤炭……

有了金融，才有了摩登时代；

有了金融，蒸汽机才能永不眠；

有了金融，英国才能战胜宿敌法国，成为冉冉升起的日不落帝国。

反观拿了一手好牌却打得稀烂的法国，即使在工业革命发生后的几十年里，法国国库收入仍旧比英国多50%，有的年份甚至是英国的二倍。很遗憾，此时罗马时代史诗般恢宏的战争已经不再是大国博弈的决定性因素，而是日渐增加的金融技巧。

开战的一瞬间，谁能集中更多资源、动用更多资金，谁就是最后的胜者。从英格兰银行出现之日起，融资手段层出不穷，比如贴现债券、彩票债券、年金，英格兰银行成为英国的“最后一张王牌”，却成为法国的梦魇。在国力尚弱的情况下，英国能反复击溃法国，依靠的就是以英格兰银行为首的现代银行体系。

相比之下，由于缺乏高效的融资体系，法国应对财政困境的主要方法还是直接征税。密西西比泡沫之后，整个法国国债总额始终处于一个不断下降的过程，有人估计，18 世纪大部分时间（1716—1771 年），法国国债总额下降约 1/3 左右，相反，英国国债从光荣革命时期的人均 3 英镑增加到美国独立战争时期（1775—1783 年）的人均 30 英镑。

18 世纪还有两场重要的战争，奥地利王位继承战争（1740—1748 年）和七年战争（1756—1763 年），从大国争霸的角度来看，所有西方世界强国全部卷入了这两场战争，对于欧洲来说，其历史意义丝毫不亚于两次世界大战——两次世界大战把美国塑造成霸主，这两次战争则塑造了日不落帝国英国。

在这两场战争中，法国没占到一点儿便宜，英国反而靠这段时期的积累奠定了第一代世界强国的地位。英国几乎抢占了法国在北美、印度的全部殖民地，加拿大落入英国彀中，印度除了 5 个小镇全部沦为英国的囊中之物。

英国著名历史学家 J. 格林将七年战争视为英国国运最彻底的转折点：英国此后不再仅仅是一个欧洲强国，不再仅仅是德国、俄国或法国的对手而已……英国突然高耸于其他欧洲国家之上，这些国家的位置注定它们在以后的世界历史上处于无足轻重的竞争地位。

在以英格兰银行为首的一系列金融机构（包括南海公司、英国东印度公司）的支撑之下，英国的筹资能力、应急能力变得无比强大，就连新大陆 13 块殖民地独立也未对其产生实质性影响。相反，新大陆独立后，美国人对西班牙在北美的势力进行了毁灭性打击，致使西班牙彻底退出了一流大国的竞技舞台。

大国争霸，得金融者胜！

第 5 章

非著名金融学家：牛顿

天降牛顿

金银天生非货币，货币天生是金银。

尽管自古以来黄金在中西方都是最佳币材之一，但真正把黄金捧上货币神坛的人叫艾萨克·牛顿（1643—1727 年）。他规定：纯度为 90% 的黄金每盎司价值 3 英镑 17 先令 10 便士。

这个牛顿就是大家所熟知的那个牛顿，就是那个被苹果砸中脑袋，研究出万有引力的科学家，全人类都知道他的人生名片：经典物理学奠基人、微积分奠基人，《自然哲学的数学原理》《光学》作者……

在历史上最伟大的物理学家中，只有牛顿跨界混入金融圈，还混出偌大名头。牛顿后半生的正式职业不是科学家，不是剑桥大学教授，而是金融官僚。一位如此伟大的科学家，居然有几十年身在金融业，历任英国皇家造币厂总监（1696—1699 年）、厂长（1699—1721 年）。看起来金融界真可谓人才辈出，居然还有这样一位经典物理学奠基人做前辈。

关于牛顿，让我们从头说起：

1642年的圣诞节[1]，英格兰林肯郡伍尔索普的一个自耕农家中出生了一个婴儿，他就是牛顿。因为生于圣诞节，牛顿极其自信，一生都相信自己是“被上帝选中的那个人”。牛顿是不是被上帝选中的，我不知道，我只知道牛顿是个不幸的孩子：他出生前三个月父亲便去世了，他又是早产儿，生下来的时候只有3磅[2]重，也就是说不足3斤[3]。当时他的家人都认为这个孩子活不下来，就算拥有当代医学手段，不足3斤的婴儿成活率也不高。

牛顿终于还是活了下来，接下来的日子仍然是不幸的，3岁的时候母亲改嫁，6岁时继父去世，小牛顿是跟着文化程度不高的姥姥长大的。

在这样的环境中长大，怎么看牛顿都不可能成为一个伟大的科学家或者金融家。稍微长大了一些，这位后来的伟人经常成为校园霸凌的主角，多数情况下是被霸凌，偶尔也霸凌别人，功课就不用说了，差得一塌糊涂。由此，母亲对牛顿最大的期望是做一名合格的农夫！

带着让牛顿成为农夫的理想，1659年母亲让牛顿回家，牛顿正式成为失学少年。失去了才知道宝贵，这段时间牛顿开始展现出一个大科学家应有的天赋——未来的农夫根本无心干活，每天只看书。

母亲不可能预测眼前这个孩子对人类历史的重要性，她只觉得对儿子越来越失望，这位伟大的人物在母亲眼中成了一个废物。后来，舅父发现这位不靠谱的农夫对数学问题有着异乎寻常的兴趣，在他力主下牛顿才得以复学。母亲认为，反正废物儿子也不干农活，就由他去吧，反正家里不给学费！可怜的牛顿，靠半工半读（一说当宿舍管理员，一说牛顿先生在大学期间就开始放高利贷，展现了金融天赋）才熬过中学和大学。

---

① 按当时英国采用的历法，牛顿生于1642年圣诞节。——编者注

② 1磅≈0.4536千克。——编者注

③ 1斤=0.5千克。——编者注

牛顿的本科学历还是很牛的，就读于剑桥大学三一学院，师从数学家艾萨克·巴罗。据说牛顿在巴罗课上经常问一些不着调的问题，巴罗很烦，就给牛顿列了一个包括《几何原本》《无穷算术》《数学讲义》在内的很长的书单。事后牛顿果然不再来烦巴罗，可以这样说，牛顿的数学课程大部分是靠自学完成的。

1664年，饱读数学专著的牛顿已经开始展现出数学天赋，大学毕业时被选为巴罗的助手，并在三一学院攻读研究生。光明的前途在向牛顿先生招手，谁知道，就在这时候又出了问题：那一年，伦敦鼠疫盛行，剑桥大学大批师生被遣散回家，牛顿就是其中之一，他又回家当了农夫。

再次返乡，牛顿已与当年的毛头小子不同，他的数学知识已经形成了体系，剩下的就是创造了！

返乡农民工牛顿还是不会干农活，最重要的工作就是发呆。闲居给了牛顿充分的思考时间，没有俗务，不必听候老师调遣，随心随性，可以说牛顿一生中绝大部分科学设想都是在这两年时间中开始构思的。在近两年的时间中，牛顿被苹果砸了脑袋，由此开始了“万有引力定律”研究；开始创立微积分；分析出了光的构成……

1669年，瘟疫过去的时候，牛顿已经成为一名光芒四射的科学巨人，恩师巴罗主动退休，推荐不到30岁的牛顿接替自己成为剑桥大学的终身教授。

很遗憾，这位人类历史上伟大的科学家实在不太会做人，在剑桥大学也不受欢迎：为了争夺微积分的创立者的名头，牛顿先是雇用枪手，后来亲自上阵大骂戈特弗里德·威廉·莱布尼茨（另一位微积分创立者，一说莱布尼茨看了牛顿的一篇微积分手稿才发表了相关论文）。我们今天见到的微积分符号大多是莱布尼茨创立的，因为牛顿非常讨厌莱布尼茨，英国数学界直到牛顿去世后才逐步普及当代微积分的符号。

牛顿是一个记仇的人，这一点很重要，后来在牛顿担任造币厂厂长的时候显现得淋漓尽致。胡克是英国皇家学会的实验主管，在万有引力定律、光学等领域与牛顿的研究有交叉，在牛顿还是后辈的时候，胡克曾经打压过牛顿。

牛顿报仇，20 年也不晚。1703 年，牛顿成为英国皇家学会会长，立刻下令抹掉了胡克在科学院的所有记录，包括胡克实验室、胡克图书馆和胡克本人的画像，甚至连胡克发明的科学仪器都被扔进了垃圾堆。更有甚者，牛顿那句“站在巨人的肩膀上”也是在骂胡克，胡克有驼背的毛病，身材矮小。所谓“站在巨人的肩膀上”，其本意是：万有引力定律是我牛顿创立的，跟矮子胡克没有任何关系。

这还不算，天才就是天才，所思所想必然超越时代。牛顿的话别人听不懂，牛顿的课别人听不懂，就连牛顿的书（比如《自然哲学的数学原理》）别人也看不懂。加上牛顿先生每天斗志昂扬，每天忙着灭这个、整那个，比如，格林尼治天文台台长、哈雷彗星的发现者哈雷。说起来，哈雷还是牛顿的学生，曾资助牛顿出版《自然哲学的数学原理》。这种为人处世的风格能在同事中受欢迎，那才是怪事。所以，牛顿在剑桥大学被完全孤立，正如同时代伟大作家伏尔泰的评价：牛顿的一生是天才的一生、战斗的一生，也是孤独的一生。

在三一学院，牛顿被孤立起来，为此他非常抑郁，几乎得了抑郁症。天才毕竟是天才，剑桥大学混不下去，还可以改行干别的，比如，金融。

炼金者

1696 年，牛顿迎来了自己的人生转机，他的一位学生查尔斯·蒙塔古履新，荣任英格兰财政大臣，成为牛顿的伯乐。看来，人生际遇不一定看一个人有多大才能，还要看有多少际遇，能不能遇到伯乐。

牛顿在剑桥大学老师中虽然混得不怎么样，在学生中却是神一般的人物，蒙塔古是牛顿的学生之一，领教过这位科学巨匠的风采。听说这件事之后，为了帮助牛顿摆脱困境，蒙塔古在上任之后亲自写信给牛顿教授，许给他英国皇家造币厂总监职务——倒不是知道牛顿有金融才能，纯粹是为了给他找个既有钱又闲适的位置供消遣，以免这位伟大的科学家真的抑郁了。信中这样写道：

> ……
>
> 国王亲自答允我将您——牛顿先生——作为造币厂总监接任者的不二人选。我思来想去，这份工作实在是太适合您了，不仅属于造币厂最高长官之一，每年还有500～600英镑的丰厚收入。更重要的是，这个职位其实没有太多的事务需要处理，您可以随心所欲地打发闲暇时间，甚至保留您在三一学院的教职。
>
> ……

原本蒙塔古还以为牛顿会为此犹豫，没想到这正中牛顿先生下怀，接到信件牛顿没做丝毫停留，立刻赶赴新岗位。

造币厂总监本是一个闲差，伟大的牛顿先生愣是将其变成了位高权重的实职，在世界金融史上留下了浓墨重彩的一笔。这实在令人慨叹，牛者恒牛，人家就算改行做金融也足以青史留名，让我辈情何以堪！

你可能还记得，1696年威廉三世货币重铸，蒙塔古在焦头烂额的时候，多么希望有人能为他指点迷津啊。这个时候……

> 道法自然，

久藏玄冥；

天降牛顿，

币制自明[①]。

1696年5月2日，已经年过半百的牛顿毅然辞去了剑桥大学的教授职务，成为一名金融新锐，来到伦敦塔附近的英国皇家造币厂，古老的造币厂迎来了有史以来最伟大的一位领导——牛顿，以下是就职誓词：

……

你将宣誓你不向任何个人和团体，直接或间接地泄露或公布，关于圆形钱币以及制作钱币边缘文字、花纹的任何发明。

你若承诺，愿上帝保佑你。

……

你如果认为牛顿真是来混日子的，就大错特错了，牛顿后来创立了金本位，就算没有微积分和万有引力定律，他在金融圈的成就也能令自己名垂千古。没有谁能随随便便成功，一位世界顶尖的物理学家、数学家能胜任造币厂领导职务，肯定有原因。

牛顿的人生经历特别丰富，除了科学家和金融官员，牛顿还另有身份——很少有人知道，牛顿是一位狂热的炼金术大师。

关于炼金术，牛顿为后世留下了120多万字的亲笔手稿，对冶炼技术自然是门清路熟。没黄金都想凭空炼出黄金来，用黄金铸金币还不是

① 改编自牛顿墓志铭。英文原文为：Nature and nature’s laws lay hid in night.God said “Let Newton be” and all was light.

小菜一碟？单纯从专业角度来看，牛顿完全胜任造币厂厂长一职。

原本造币厂总监就是一个闲差，造币厂具体事务由审计长负责（也可以理解为，在牛顿之前，造币厂最有实权的人物是审计长）。现在，既懂专业又敬业的牛顿先生来了，情况就完全不一样了。

调查研究是不用搞的，炼金士还能不清楚黄金冶炼？

下车伊始，牛顿先生就指手画脚，对造币厂进行了严厉的整顿，所有事都亲力亲为，包括铸币流程、采购机器、工艺流程、花纹设计、机构改革、人才招聘……炼金大师终于摆脱了抑郁，找到了人生坐标。

牛顿事无巨细，甚至对机器重锤与工人动作配合都做出了详尽规定，很好奇泰勒后来是不是看了牛顿的笔记才创立了泰勒工作法。虽然管理方式近乎苛刻，但成绩卓越：从前每星期铸造 1.5 万枚硬币已是天方夜谭，如今每星期生产 3 万 ~4 万枚硬币并非怪事。为此，牛顿也因其在造币厂所取得的成就，被他的同僚誉为“英格兰最伟大的仆人”。

作为一位优秀企业管理者，牛顿兢兢业业，提高生产效率，掀起大干快干的热潮。这一切都有利于造币厂提高效率，作为一名造币厂领导，牛顿认为，仅有这些显然是远远不够的。

您可还记得第 3 章我们提到的 1696 年威廉三世的货币重铸？牛顿先生便是 1696 年货币重铸的主要策划人。然而，在全球货币史上，这是一次公认失败的重铸。

当时，我们从格雷欣规律的角度说明 1696 年货币重铸失败的原因。现在，我们再告诉大家，牛顿先生在 1696 年及以后的货币铸造工作中犯了很多严重的错误。最有趣的是，这些错误都是伟大的错误，正因为这些错误才造就了大英帝国金本位。

牛顿确实是金本位的缔造者，但缔造金本位不是牛顿的本意。牛顿先生真的太牛了，就连犯错误都能达到“伟大”的地步。此后，金本位在世界风行300余年，直至牙买加体系出现才崩溃。

或许，这就是所谓“命运”吧。

要想剖析牛顿先生“伟大”的错误，还要追溯一些中古货币知识。自古以来，金和银都是良好的币材，但是，金银之间还是有区别的。与黄金相比，白银因为单位价值低、贴近日常生活，在世界各地都是比黄金更为常见的币材。黄金单位价值太高，只有贵族才能用到。

不同金属同时作为货币本位，就是所谓复本位制（Bimetallism），复本位制也是人类货币史上使用时间最长的货币本位。

——中国西周，金、银、铜并行，其间没少出麻烦，复本位制甚至成为很多王朝灭亡的主因，直至新中国成立，这个问题才得以解决。

——西方早在古希腊城邦时代便出现了金币和银币，英国最早的金币、银币都可以追溯到马其顿王国时代（公元前800—公元前146年）。后来，盎格鲁－撒克逊人长期分裂，自由竞争制度维持了金银币同时流通的复本位制度。幸运的是，英国金银比价始终相对稳定，所以没惹出大乱子。

货币复本位并非一种有意为之的制度设计，是人类在交换和专业化路程上自然而然地选择的经济制度，币材本身蕴含的社会必要劳动时间是最大的信任。复本位制是市场的选择固然很好，但是，复本位制有一个致命的问题，不同币材之间要有一个合理的比价。如果比价不合理就会惹出大麻烦，甚至使得整个市场无法正常运行。

16—17世纪，西欧人经历了大航海时代，新大陆带来了大量金银，有数据认为美洲流入欧洲的金银数量巨大，以至16世纪欧洲银的储量增加了两倍，黄金的储量增加了一倍。

复本位制中不同币材兑换比率必须稳定，否则会形成套利空间，货币体系便不再稳定。如果货币体系不稳定，那么所有比价都会失衡，整个经济就会出现紊乱，很容易出现严重的社会动荡。

历史上，这是始终困扰中西方的一个重要命题，重要到可以决定王朝更替，古希腊城邦、古罗马帝国灭亡都与此有关；在中国，铜银比价变化则是导致明清两代王朝灭亡的重要原因。16—17世纪，数量如此巨大的金银涌入欧洲，对金银比价的冲击可想而知。

伟大的牛顿先生并不知道，他将面对的正是这个致命的问题，稍有不慎，甚至国运都将改变。凭着炼金技术和一腔热血，一无所知的牛顿爵士把全部身心都献给了造币厂的光荣岗位……

与认知可能不太一致，直到17世纪末，英格兰都始终以使用银币为主，银币才是人们必不可少的交易手段，金币流通量并不大。如前文所述，1696年重铸货币是因为货币减重实在太厉害了，又以银币为甚。从1686年到1695年，短短10年间，贬值幅度是之前250年的10多倍。

有人这样描述当时的情况：由于一些不法分子对货币的切割、磨损，银币正在急剧流失，以至现在的货币状况混乱不堪……

我们曾经提到当时的一场大辩论，源自清流派的洛克与实干派的朗兹，时任国王威廉三世采取了洛克的策略——铸造足值货币。牛顿先生是大科学家，必须占领道德制高点，于是他成为洛克策略的忠实执行者，1696年走马上任后便开始强力推进铸造新的银币，一场英格兰历史上最大规模的官铸货币运动开始了。

牛顿先生很敬业：亲自改进了铸币技术，买了新机器，甚至利用冲压铸造工艺在银币边缘铸上了精美的文字和花纹……但是，牛顿先生忘记了一件事：英国皇家造币厂并非唯一的铸币机构，私商制造的银币也同样在市场上流通。

结果，牛顿先生越敬业、铸造的货币越多，市场上的银币反而越少，只留下减凿货币、残次品，人们把牛顿先生铸造的银币当成了窖藏或者融化重铸的银币。到1816年货币再次重铸的时候，整个英格兰只有260万英镑仍在流通，大部分银币在18世纪的头10年就消失了。

牛顿爵士可以计算天体运行轨迹，却无法为货币运行确定轨道，这是一场注定失败的铸币。既然如此，牛顿爵士怎么可能通过一次失败的货币改革，把英国带入黄金世界？

货币黄金结

人类文明进步的根源在于专业化，有了专业化就自然有了分工，有了分工就自然有了市场，有了市场就自然有了货币，有了不同种类的货币就必然会出现套利空间。在货币复本位体制下，各地的金银比价只要存在差异，就必然导致黄金白银跨地域流动，这在现代金融学中几乎是一个常识。

在常识被公认之前，有时候要付出巨大的成本。今天，地球是圆的是常识，而在中世纪，不知多少伟大的科学家走上刑台，付出生命；只要金贵银贱，就会有人倒腾金银，牛顿先生为接受这个常识付出了巨大的代价，不知砍掉了多少人的脑袋。

当时，英国白银的市价高于官定价格，据估算，金银官方兑换比例为1∶14.35，实际上只有1∶9甚至1∶8。也就是说，用白银铸币是会亏损的。更糟糕的是，海外白银价格要远高于英伦诸岛，把白银贩卖到海外是一笔非常赚钱的买卖。

牛顿先生并没有看清这一点，他只是觉得，虽然自己越来越辛苦地铸造银币，英伦诸岛的银币却越来越少。面对一个原本不能解决的问题，牛顿仍然拿出了最大的决心、最大的惩罚力度，希望借此恐吓违法乱纪的走私者。

在牛顿主导下，议会通过了《阻止货币造假及割损法案》：一旦发现任何人有上述行为，就会没收其切割的贵金属和货币，并处罚金 500 镑。再有严重者，在其右脸颊上烙上字母 R，并送入监狱。

牛顿先生很生气，但是，后果并不严重。没人把这些法令当回事，同样是旗手的洛克收到了一封来信，信中这样评价牛顿爵士：尽管它是由议会颁布的法案，但是这项禁令能够消除这种罪恶行为吗？可惜的是，没有。违法利润始终太丰厚了，以至该法案很容易流于形式。仅凭一纸公文是无法阻止罪恶的蔓延的。

法律无法遏制银币走私，牛顿先生更生气了，这次后果很严重，严重到很多人为此掉了脑袋。既然好言相劝不管用，那就动绝招——杀人。

为了遏制偷运白银出境，牛顿先生亲力亲为参与侦查、审讯、审判，不知多少人被判终身监禁，也不知多少人在泰伯恩刑场丢了脑袋。比较恐怖的是，此时的牛顿似乎变成了一个嗜血的人，有记录证明他多次到泰伯恩刑场亲自监刑。

伦敦最著名的私铸商人叫托马斯 · 查洛纳，此人本是一名普通商人，却因牛顿亲自办理此案在历史上留下了一笔。

托马斯 · 查洛纳生于一个工人家庭，自幼顽劣，为了谋生被父母送到一家铆钉厂当学徒。查洛纳学了点儿技术，本来该去造钉子，这个聪明的孩子却从此改行去造银币，而且很快成为高手。

就算是造银币的高手，学徒工还是赚不了多少钱，难以完成逆袭的人生使命。17 世纪 80 年代，查洛纳独自跑到伦敦，改行算命，主要服务于丢失钱财的人。当然，查洛纳还有一份兼职——抢劫，1690 年查洛纳因抢劫被捕，留下了犯罪记录。

抢劫与算命，这两份职业在查洛纳手中相辅相成。查洛纳算命不是完全靠嘴皮子，他的抢劫经历起了至关重要的作用——根据本人经验，他可以为丢失钱财的人提供一些重要线索。

很快，查洛纳在这个行当中声名鹊起，靠此发家致富并成功转型，从算命先生、抢劫犯升级换代——以制造银币为幌子，暗地里干起了走私白银的勾当。

查洛纳网罗了一批技术高超的雕刻匠人，又潜心学习铸造冲压技术，很快便成为伦敦铸币界翘楚！

在银币铸造方面，查洛纳有合法的外衣，又有着高超的技艺，这位流窜犯很快变得有车有房：在伦敦骑士桥街买下一栋豪宅，出入使用四轮马车（高档马车），俨然一派贵族风范，被誉为“一位很好的钢模艺术家”。

查洛纳的技术实在是太有名了，以至牛顿到任之前英国皇家造币厂都曾经聘请他当顾问，对铸币全流程进行检查，以改进铸币流程工艺——与虎谋皮啊！从此查洛纳的盗铸工艺愈发精湛！

全伦敦都知道查洛纳的主业是走私，铸币就是一个幌子，此公最赚钱的买卖就是倒腾银币去法国换黄金，再把黄金运回来换成白银……但人们就是抓不住证据。查洛纳在江湖上混迹多年，主营业务涵盖了抢劫、诈骗、金融等多个领域，实在是混业兼综合经营，很难查实这个老油条的罪证。

更可恨的是，查洛纳经常在公开场合诋毁牛顿先生，言必称造币厂养了一群废物，铸币技术实在太差。

牛顿剑桥大学的同事可以指责牛顿的行事风格，但从没有人质疑牛顿先生的专业水准，查洛纳居然敢侮辱牛顿先生的职业水准！从牛顿对付胡克的事来看，此人睚眦必报，断不会容下查洛纳。很快，牛顿就严肃指出：无论多么艰难，查洛纳这样的败类都必须被绳之以法，不杀不足以平民愤！所以，牛顿先生放下金融专业，转行干起了刑侦，亲自拟定了侦查方案，甚至亲自参与了侦破。

1697 年 9 月，牛顿第一次逮捕查洛纳。但是，证据对牛顿并不是很有利，查洛纳被无罪释放，牛顿败北。

别着急，牛顿先生连微积分这样的玩意儿都能摆弄出来，靠的就是推理，罪犯再狡猾，逻辑还能比微积分严密？

在某种意义上，第一次查办查洛纳存在偶然因素，逮捕造币厂前任顾问最大的原因是此公口德太差，喜欢败坏别人名声，估计牛顿就是想教训教训他。虽然查洛纳被无罪释放，但被捕期间各种迹象表明，此公绝非仅仅是口德差，背后肯定有大文章、大背景，绝对是一条大鱼。

此后，牛顿用了一年半时间对查洛纳进行调查。整个过程绝对可以拍一部好莱坞大片，牛顿先生无师自通，在查洛纳身边安排了很多线人，甚至以局长之尊亲自去小酒馆、客栈参与走私交易。有文献提到，在现存的皇家造币厂账目中，有牛顿亲自使用的 120 英镑费用，账目显示他在市井消费，用途则标明搜集盗铸和走私者证据。

牛顿亲力亲为的结果依然不容乐观，查洛纳的把柄还是没有抓住，倒是破获了 100 多起小的走私案。牛顿不愧是伟大的科学家，正是因为有了这段经历，对于怎么剪凿银币，怎么把银币倒腾到国外，乃至整个流程，牛顿先生都明白了。

再精明的贼也会留下蛛丝马迹，查洛纳很注意抹去国内犯罪记录，但是对于国外犯罪记录就不一定了……

时隔一年半，查洛纳再次被捕，主要罪名是伪造法国金币。

制造法国金币的目标是在英国国内换取更多银币，然后把银币倒腾到法国去换成金币，往复循环，长此以往……

在英国审判伪造法国金币确实有点儿无厘头，说起来英法是敌国，伪造敌国货币似乎不是什么罪过。

面对无可辩驳的证人证词，查洛纳先是百般抵赖，然后装疯卖傻，但是，陪审团仅仅用了几分钟就判处他叛国罪，并处以死刑。所有求援手段失效之后，这位草根出身的查洛纳写信恳求牛顿放他一马：除非你救我，否则我将被谋杀。唉，我希望上帝能为我，以慈悲怜悯感动你的心。

查洛纳只是当时比较著名的一个案例，牛顿先生以苹果砸到头上发现万有引力定律而著称。此时此刻，看到查洛纳在地球引力下丧命（绞刑），不知牛顿先生会不会对万有引力定律有另一番感悟？

查洛纳死了，事情却没有结束。

1699年，货币重铸耗费了王室极大精力和财力：一直到1699年货币重铸结束，新铸造银币的数量达到了6 882 908镑19先令7便士，其中伦敦造币厂铸造了5 091 121镑7先令7便士，其他地区的铸币厂铸造了1 791 787镑12先令。

毋庸置疑，牛顿先生和大英帝国王室所有的努力都以失败而告终。未及1699年铸币结束，英国银币大部分就都被窖藏或者被走私到海外，重铸的足值货币几乎没有在市面上出现，银币就更是近乎绝迹。

英伦诸岛银币低含量是有道理的，对应着当时英伦诸岛白银价格偏高的现实。再伟大的个人也不能颠覆货币天道，复本位制之下永远不可能解决金银兑换比价的问题。只要不同地区金银兑换差价存在，银币（金币）就会通过走私不停地流动。

在货币天道面前，人们必须有足够的敬畏，伟大如牛顿、洛克、威廉三世，这些曾经对人类文明进程起重大影响的人也注定折戟沉沙。

与牛顿相比，议会首先注意到了这个问题，但是，议会的思想很保守，同样想采取硬手段。

> 1696年货币重铸刚开始时，议会就明令“任何支付中，畿尼的价格都不得高于28先令。为了阻止金银比价进一步脱离议会规定的范围，议会甚至建议造币厂不再铸造金币，声称：在一定时间内不鼓励铸造畿尼金币”。

大概在议会的诸位勋爵看来，只要市场上没有了黄金，金银比价自然就控制住了。市场解决不了的问题，用严峻的刑罚同样不能解决，沿着议会的路子走下去，事态只会越来越严重。议会仍旧没有意识到当时已经是复本位制，在报告中反复固执强调：黄金只是一种商品，根本不可能成为价值尺度，更不要说金本位了，整个世界都将以白银为货币本位！

牛顿爵士能够发现万有引力定律，智商当然不低。在一系列失败后，牛顿终于看清了整个问题的要害。1699年货币重铸结束之前，牛顿已经明确提出黄金和白银只不过是金属的一种，价值会随时根据产量发生变化。

历史走到这里，英国率先建立金本位的道理已经很明晰：白银不断流失，几乎在市场上绝迹，没有白银作为币材，大英帝国也就只能进入金本位了！一次注定的失败，一次偶然的伟大，其中的关键，还是要靠站在巨人肩膀上的牛顿。

牛顿先生突然想到：干吗非得一根筋跟着洛克一条道跑到黑？黄金不是不值钱吗？白银不是价值高吗？既然银币都被弄出国了，干脆就铸造金币吧！不是劣币驱逐良币吗？我干脆就用劣币——把黄金作为主要币材，不就没有人往欧洲大陆走私白银了吗？

1699年货币重铸结束，牛顿升任英国皇家造币厂厂长。

牛顿升任厂长，终于有机会大展宏图，正所谓“有为者有位，有为更有位”。

登上厂长宝座的牛顿大人茅塞顿开，上任伊始就改弦更张，放弃了在总监任上三年以来的追求。既然黄金不断流入、银币仍旧被低估，那么干脆别铸银币了，改铸金币不就行了？1700—1717年，英国皇家造币厂铸造了价值8 147 000英镑的金币，却仅仅铸造了价值223 380英镑的银币，在事实上承认了金币为主币的现实。这是最优选择，总要有一种货币来填补白银留下的空白，恰恰此时黄金大量流入。黄金不断流入，金币持续增加，金币自然而然成了英格兰主要流通的币材。英伦诸岛的货币愣是硬生生地从白银变成了黄金。

同时，牛顿尝试与国王、议会沟通，每年都提交铸币报告，希望最高权力层放弃不现实的思想，确认金本位的事实。在牛顿不断斡旋下，议会开始有意识地调整金银之间的比价，虽然市场上已经没什么银币了。

1717年9月21日，在牛顿的主导下，英国皇家造币厂向议会提交了那份著名的报告——《关于欧洲通货中金银价值问题的报告》（以下简称“《报告》”），一锤定音地在英国率先实现了向金本位的演进。

在这份报告中，牛顿首先分析了欧洲大陆各国的金银比价，通过比较欧洲大陆与英伦诸岛的金银比价，《报告》认为英伦诸岛货币存在如下问题：畿尼金币自被铸造以来，就一直处于被高估的价值状态，在以银币为本位货币的英格兰，畿尼的被高估导致了金银兑换比率的失衡。而在欧洲大陆各国，银币的价值较高，这就造成英国的银币外流，而国外的金币则不断流向英国。在西班牙和葡萄牙，一个畿尼定价为20先令9便士，法国为20先令8.5便士，而英格兰21先令6便士的价格高出将近10便士。因此，将畿尼价格定为21先令才是合适的。

第二天，1717年9月22日，英格兰议会同样采取了现实的态度，批准了这份报告，并以法律的形式明确了英伦诸岛金银之间的定价——禁止任何人以高于21先令的价格使用和接收畿尼金币，相应地，对其他的金币也是如此。

金本位最初的定价——1 畿尼金币等于 21 先令银币，最初就出自牛顿之手，这也是为何在金融史中，人们将牛顿奉为金本位奠基人。此时，整个欧洲大陆都以白银为主要币材，但是，只有英国通过一场为期三年的货币重铸，愣是把白银彻底赶出了本土。没有这个有利条件，牛顿就算算尽天体轨迹，也不可能为英国完美设计金本位制度。

最后，我们以凯恩斯的评价为牛顿先生盖棺定论，以纪念这位因为科学光华被淹没已久的非著名金融学家：

> ……牛顿并非理性时代的第一人。他是那些魔术师中的最后一位，是巴比伦人和苏美尔人中的最后一位，是用与一万年前就开始建立我们知识遗产的人们相同的目光来观察这个大千世界的最后一个伟大的心灵……

摩登时代的门票

18 世纪是英国的世纪，轰鸣的蒸汽机把英国率先带入工业时代，为人类带来了近代文明。此时，第一代世界强国争霸落幕，英国成为日不落帝国，进入了全盛时期。时人这样评论：

> ——罗马人征服世界用了 300 年，我们征服世界只经历了三次战役，而目前的世界比罗马时代扩大了一倍。
>
> ——不再仅仅是一个欧洲强国，不再仅仅是德国、俄国或法国的对手而已……英国突然高耸于其他欧洲国家之上，这些国家处在大陆上的位置注定了它们在以后的世界历史上处在无足轻重的竞争地位。

虽然真正的工业化大生产还要等到18世纪末期才能来临，但是改良后的蒸汽机已经为整个世界提供了前所未有的动力，机械制造、采矿、冶金、纺织、运输等是最先发轫的行业。对于当时的世界来说，一切创新都是闻所未闻、见所未见的，有着无限的市场，自然也就有着无限的机遇。何况当时的英国并不是真的依靠市场，全世界的殖民地都是廉价的原材料产地和新商品倾销地，产业链顶端只有英国。

如此辉煌的大英帝国，货币体系却仍旧存在诸多问题。

从理论上来说，虽然黄金已经成为英伦诸岛的主要货币，但在牛顿规定的金银比价之下，白银仍是法偿货币，只不过黄金价格比较低，白银才被压得抬不起头。也就是说，法律承认白银为币，白银在法律上与黄金有着同等地位。一旦英伦诸岛白银价格跌落，白银完全有可能逆袭黄金，再次登上货币主角的舞台。

从实际来说，牛顿规定的1畿尼金币兑换21先令银币的比价并不合理，虽然这已经使得银币大幅贬值，但这个价格仍旧高于欧洲大陆的价格。

英国货币当局先把一畿尼定价为20先令，金银兑换比率则为1∶15.2。同时，荷兰和法国的比率为1∶14.5，由此差价便出现了，出口白银和进口黄金在每一畿尼金币上面仍可以获利4便士。

客观地说，正是这个差价的存在使得金本位在英国得以实现并维持，有这个差价才能维持黄金流入，同时又保证白银不成为货币。然而，这个过程又是极其痛苦的，大家可以想象，一种传承近千年的主要币材白银，在几十年间消失得无影无踪，通货市场将经历一场多么严重的混乱。

1760年10月，乔治三世成为英国国王，此时中国处在清朝乾隆年间。虽然爱新觉罗·弘历对乔治三世在国书中称其为“兄弟”大为光火，但两人其实正经历着同样的痛苦——乾隆一朝60多年，铜银比价始终失调，铜价畸高，乾隆通宝中不得不掺入更多的铅。

与弘历相比，乔治三世面临的情况更为严峻，1760年，英国银币已经完全消失很久了，这对时人来说可不是一件幸事。

黄金是单位价值最高的币材，单位价值越高，小额交易越不方便，到了一定程度就会影响交易。更糟糕的是，1756年以来，欧洲大陆金银比价发生了变化，欧洲大陆黄金不断上涨，虽然还是低于英伦诸岛，但其中的利润差价已经很难促使两者之间发生贸易。

没有贸易，纯靠抢劫也难以保证英国黄金供应。如果来自欧洲大陆的黄金不断减少，英国本土的黄金就会匮乏。黄金匮乏，币材就会匮乏，货币就会减重。

有文献认为，乔治三世登上王位的时候，市面上流通的很多金币都已经残缺不全，减凿金币的现象时有发生。这种观点还是太乐观了，我查阅到的一些资料表明，1760年英国金币流通已经到了必须整顿的时候了。

——和最初的重量比较起来，金币先令为原来的1/6，六便士为原来的1/4。缺损现象如此严重，以至造币厂一发行金币，金币就立刻被熔铸或者出口。

——1771年，英格兰已经注意到黄金开始出口到荷兰，英国国内的金币从来没有像现在这样短缺。

如果不能保证英国国内充足的货币供应，那么后果是很严重的。发展经济学中有一个概念，经济起飞期间必须保证充足的货币供应；甚至一向反对政府调控的理性预期学派、芝加哥学派都认为，必须保证通货以某增长率（学名“自然增长率”）稳定上升，大致相当于经济增长速度，以保证经济增长之下商品有对应货币。

货币学派很多经济学家对这一理论进行了系统阐述。16—18世纪，整个西欧经济起飞的重要原因在于新大陆金银输入。整个16世纪全欧洲的物价上涨了2~3倍，其中法国为2.2倍，英国为2.6倍，价格上涨冲击了原有的“领主－农奴”为主的封建社会生产关系，几乎千年一系的地租未能随之上涨，领主制随之破产。与之相对，在还算温和的通胀之下商业资本迅速获得了大量积累，整个西欧的居民都不自觉地加快了货币流通，货币的时间价值越来越明确，资本主义生产关系就是在这样的温床中诞生的。

货币短缺必然造成流通速度下降，货币流通速度下降对应着货不畅其流，又相应地对应着厂家的生产、销售，资本家的利润，工人的工资……

为防止事态进一步恶化，1773年英国议会出台《防止货币伪造和割损法案》。该法案在序言中明确提出：

> 根据王国的法律，任何人在支付的时候都不得使用伪造和缺损的货币，所有人在支付时都应该拒绝接收此类货币。财政部的税务人员依据他们的责任，必须接收足值的和真实的货币，并且必须既要按照数量又要按照重量来接收。

很明显，在货币短缺的情况下，减凿金币能获得高额收益。与1696年重铸银币失败一样，最严厉的刑罚也不可能挡住人类的贪婪，这种禁止性法令不可能有任何实质性效果，市场依旧我行我素。

残损至此，为何不能再次重铸货币？

1696年重铸银币给英国人留下了巨大的伤痛，现在重铸金币，两者都以良币替代劣币，在格雷欣规律之下，恐怕又要折戟沉沙。

鉴于1696年的重铸事件，议会和王室对重铸货币都采取了很谨慎的态度。然而，事态愈演愈烈，有统计表明，1774年年初，金畿尼缺损率已经接近10%。

任何一次改革都要冒很大风险，改革，改革。改什么，革什么？改掉的、革掉的用什么替代？任何一次改革在开始之前都可以有很多种方案，如同战场一样，真正交战的时候却只有一种结果，胜或者败。要命的是，实施之前没有人知道方案的对错。1774年货币改革要背负改变国运的使命，历史的伤口仍旧流血，要想再次做出整理货币的决策，改革者必须承担巨大的风险。

1696年，英国尚有牛顿这样的金融巨匠擎天，1774年呢？不得不说，英国是幸运的。1774年英国同样出现了一位有魄力的金融领袖——查尔斯·詹金逊。

詹金逊当然无法比肩牛顿的伟大，却同样是金融史上的一个传奇人物，历任英国财政秘书、财政大臣、战争大臣、殖民大臣，生平最重要的功绩之一就是成功主持了1774年金币重铸。牛顿明确了金本位标准，詹金逊让英国在金本位的方向上走出了更加坚定的一步。

1774年，詹金逊向国王写了一封信，这封信在历史上被称为《关于王国货币的讨论》，较为系统地分析了当时英国的通货情况，并提出了货币重铸建议。事实上1774年货币重铸就是按照这个思路进行，并由詹金逊主持的。

同样是良币与劣币的选择，詹金逊却在1774年金币重铸中获得了胜利，所以，《关于王国货币的讨论》才如此有名。

詹金逊在信中提出的解决方法很简单，可以说跟1696年的货币重铸没有实质性区别：所有缺损的金币都应该被召回并重新铸造……如果流通中的金币的缺损程度低于一定的重量，那么这些金币就不再是法偿货币，任何人都有权利拒绝接收……

1696年货币重铸和1774年货币重铸，目标一致、手段一样，为何结果迥然相异？下面，我们来分析其中最重要的三个原因。

首要的原因是，市场主体存在差异。

1696 年与 1774 年最大区别在于，市场主体性质不同。1696 年货币重铸由英国皇家造造币厂主导，整个王国为此支付了不低于 100 万英镑，最后折戟沉沙。相比之下，1774 年的货币重铸就显得宽松多了，除了英国皇家造币厂，英格兰银行等广大银行业也广泛参与其中。

在众多铸造货币的私商中，英格兰银行及整个银行业的参与是关键中的关键，崇高的信誉使得英格兰银行发行银行券的过程畅通无阻，银行券与实物黄金有同等价值。大家都知道，银行券的实际成本与金币根本不是一个概念。商业银行参与其中是 1774 年货币重铸成功的原因之一，在很大程度上，英格兰银行及商业银行的商业信誉承担了 1774 年货币重铸成本。

金融有了信誉，不花钱也能办大事！

第二个原因，目标与环境不同。

洛克、牛顿等人忽略欧洲大陆金银差价，强行推动银币重铸。不是因为他们傻到看不清事实，而是因为心中有一丝执念，在他们心中贵金属才是纯正的货币，历史传统不可改变。随着生产力的发展，没有什么执念不能改变，如果反其道行之，必然让感情而不是理性去推动改革，结果也就只能被市场反噬。这些人始终没有意识到，只要成为日不落帝国，英国就率先进入了不可阻挡的全球化时代，怎么可能不顾忌欧洲大陆金银比价？

相反，詹金逊的目标很单纯，那就是解决金币缺损问题，目标在那里了，手段是什么并不重要。这同样要归功于牛顿，1717 年后牛顿离经叛道，力推金币在英国流通，50 多年来白银已经走下神坛。加之当时英国本土黄金价格与欧洲大陆相差不多，没有黄金流出压力，货币重铸自然要容易很多。

第三个原因，相对宽松的政策。

与1696年不同，1774年货币重铸并未把残损金币赶尽杀绝，不是所有的残损金币都要回炉重铸。议会法案规定，只有在重量上低于面值的1/4的金畿尼才必须召回重铸。除此之外，本应重铸的残损货币可以缴纳英国王室税收或者交给银行，王室和银行不会拒收。

对于普通人来说，非足值货币交易会打一些折扣，用来缴税或交给银行反而成了最佳选择。如此，回收残币的主要途径必然变成银行和王室本身，王室承接的残币最后还是很大一部分要由银行来承担。

在强大的信誉支撑下，1774年货币重铸形成了一个正向循环：……英格兰银行接受的残币越多，发行的货币越多，信誉越强大，接受的残币越多……

我们引用文献来描述1774年货币重铸的结果：从1717年10月开始，到此后的4年时间里，每星期都有大量新的金币被送往英格兰银行。造币厂的官员每星期都会雇人向英格兰银行运输金币。

这是英国迈向金本位的重要一步，从此，英伦诸岛才真正出现了制形统一的金币，有人估计英国3/4的金币会在1774年之后被重铸。否则，私商金币各自为战，在本国都不能统一，更别说让英镑走上世界货币的神坛了。

不仅仅如此，詹金逊此举也是扼杀白银币材的重要步骤。

自1717年牛顿向议会提交《关于欧洲通货中金银价值问题的报告》，白银基本退出了英国市场，牛顿之后的英国皇家造币厂厂长威廉·康杜特曾经说过：在英格兰的交易中，九成都用黄金来支付。

九成交易用黄金支付，也就是说，还有一成用白银支付，而且白银明确是法偿手段，受英国法律保护。只要这种法律还存在，英国就不可能演进出金本位。因为，谁也不能保证英国白银价格永远低于欧洲大陆，也不能保证英国黄金价格比欧洲大陆便宜。

1717 年的情况就是这样，人们纷纷把英国的白银弄到欧洲大陆去卖钱，导致英国银币奇缺，直至银币几乎退出流通。

稀缺必定造成价格上涨，这又导致了另外一个现象，即残损的银币在英国国内也能流通。随着黄金价格上升，欧洲大陆与英国白银差价逐步减小，又有人开始动歪脑筋——既然不能在英国和欧洲大陆之间倒腾金银，那么还可以把残损银币弄到英国本土。反正这里银币很少，残损银币也能花出去。

詹金逊对此有着相当清醒的认识，在一封给乔治三世的信中明确提到了这一点：……应该即刻采取措施限制当前缺损银币的进口……

在詹金逊的呼吁下，1774 年 4 月，英国议会出台《限制缺损银币进口法案》，如果进口含银量、重量低于一定标准的银币，货即充公，人即下狱。更重要的是，《限制缺损银币进口法案》废黜了白银主币的地位，这才是撒手锏。

大概从亚美尼亚文明开始，欧洲人就金银并用，所以，以白银为币在洛克、牛顿等人心中才会如此神圣。1774 年，《限制缺损银币进口法案》规定白银只能出现在 25 英镑以下的交易中，25 英镑以上的交易使用白银被视为非法。

在人类货币史中，《限制缺损银币进口法案》虽然没有直接宣判白银不再是货币，但辅币的地位让白银从此不能再与黄金平起平坐，社会需求量锐减。这一规定极大限制了走私者的利润，注定可以斩断欧陆和英伦诸岛之间的贩运通道。

黄金世界，就在眼前！

第 *6* 章

金融三国志 I

得金融者得天下

18 世纪后半叶是西方历史上的乱世，是世界性大国争霸至关重要的 50 年，第一代世界霸主英国走向巅峰，第二代世界霸主美国发轫。表面上看起来大英帝国工业革命渐入佳境，实际上已然内外交困，不仅发生了美国独立战争，欧洲大陆还发生了法国大革命。

生产力决定生产关系，恰当的生产关系与生产力配比会推动生产力发展，反之则反是。如果从这个角度来说，在 18 世纪后半叶，英、法、美三国都确立了资本主义生产关系，理顺了经济基础和上层建筑之间的关系，英国不具备绝对优势。

让我们用蒸汽机和新的生产工具来衡量英、法、美三国。

——1733 年，英国发明飞梭，1785 年，英国发明织布机；1790 年，美国的威廉 · 阿尔莱、摩西 · 布朗等织布大亨也开始使用织布机，1830 年，近代化棉纺厂已经接近千家。1790 年，法国已经有近千台织布机，飞梭、水力织布机、畜力织布机早就普及，19 世纪中期之前，近代化机器纱锭数量已经达到 350 万。

——1782年，联动式蒸汽机在英国获得专利，机械动力这才真正应用到各行各业。我们无法考证联动式蒸汽机用了多久才得以推广，但可以推测这个时间不会短于10年。资料显示，1803年，美国工厂生产中已经大规模应用联动式蒸汽机，截至1850年，美国蒸汽机总动力168万匹马力，已经超过英国129万匹。

仅仅就蒸汽机和新的生产工具而言，美国完全有可能在更早的时间超越英国；就连法国也并非完全被英国甩在后面。那么，为什么第一代世界性大国争霸，还是英国率先胜出？

在这里，我们给出一个可能的线索：法国金融体系很不完善，美国金融体系跌宕起伏数十年，唯有英格兰银行成为大英帝国最后一张王牌！英国率先胜出，也许并不仅仅因为蒸汽机的轰鸣，还因为金融体系完备！

让我们一起回顾200多年前英、法、美那场荡气回肠的争霸，历史的源流与脉络会顿显舒朗。

1794年法国热月政变，热月党人掌握了法国政权，法国国内局势趋于稳定，经济开始繁荣。热月政变还有一个后果，拿破仑·波拿巴登上了历史舞台，此人在世界历史上是一个毁誉参半的人物，有人称他为“暴君”“妖魔”，也有人称他为“真正的英雄”“历史上最杰出的人物”。

拿破仑走向历史舞台的时间正值近代欧洲封建势力与新兴资本主义势力角逐，也是英法争霸最关键的时期。可以说拿破仑是影响世界历史进程的人物之一，倒不是因为他征服了整个西欧大陆，而是因为他创立的《拿破仑法典》是大陆法系的起源，这种影响世界的创举当然会影响到金融，法律体系对金融效率的影响已经形成了一个经济学流派——法金融学派，在学界颇有影响力。

这段历史，让我们从拿破仑生活的时代说起。

1789年，法国煤炭产量仅有70万吨，1807年增加到500万吨；1790年，钢铁产量为4万吨，1814年增加到11万吨；1812年，全法国机械化纺织厂有200多家，与英美数字基本持平。

不是所有人都希望看到一个强大的法国出现在欧洲大陆，尤其是英国。道理显而易见，英法本来就是欧洲宿敌，1756—1763年，经历了艰苦的七年战争英国才击溃法国，抢占了法国大部分海外殖民地。此后，法国并未一蹶不振，仍旧控制着北美大片殖民地，在北美独立战争中强力支持华盛顿，给英国制造了很大麻烦。

大革命初期，英国人曾经对这个国家又陷入混乱幸灾乐祸，然而它转眼就在欧洲大陆复苏，这对英国来说是难以容忍的。在这段历史中，英国是参加反法战争的最后国家之一，一旦卷入旋涡，就是最坚决地将战争贯彻到底的国家。

1792年12月，英国照会法国革命政府：英格兰不会同意法国逞其所欲——并且假不实之自然权利为借口，自称唯一的审判者。言下之意，法国必须听命于英国，服从英国在欧洲大陆建立的制衡体系。

不用说后来的拿破仑，就算是法国大革命时期的雅各宾派也不可能听命于英国。

1793年，顶着来自整个欧洲的压力，法国议会宣布了路易十六的死刑。法国国王断头，英国立刻纠集西班牙帝国、普鲁士王国、荷兰、萨丁王国等国组织了第一次反法联盟，开始对法作战。在刚刚打完七年战争、美国独立战争之后，英国陷入了又一次长达22年的反法大战。

众所周知，战争需要金钱作为支撑。

反法同盟以英国为核心，英国是海洋国家，强项是海军，在欧洲大陆对法作战需要陆军。问题是，英国没有强大的陆军。没有强大的陆军也没关系，作为反法联盟的主要组织者，英国本着“有钱出钱、有枪出枪”的原则，雇用其他国家陆军冲向战场。

对法战争给英国造成了极大的经济负担，庞大的战争经费使英国不堪重负。仅仅一年后（1794 年），英国对外借款达到 1 000 万英镑，而当年英国王室的全部财政收入只有 1 900 万英镑。1794—1797 年，第一次反法同盟解体，英国先后向盟国发放贷款不少于 5 000 万英镑。

对英国来说，资金来源无非以下几个方面：税收、借款、增发纸币。对于英国政府来说，税收不可能无限制增加，在国际市场借款想都不要想，大家还指望向英国借钱呢，剩下的也就只能是增发纸币了。

英国是金本位制度，发行多少银行券并不是英格兰银行说了算的。英格兰银行必须有足够的黄金储备才可以发行纸币，不然就不能保证黄金与纸币之间的兑换，也就不能维持英镑信誉。

在满足战争经费与恪守金本位之间，英国选择了前者，即悄悄打破了黄金储备与银行券之间的关联。非常之时必有非常之举，英国的做法没有什么错误，后面我们可以看到，在“一战”“二战”时期，政府增发货币补充战争资源是很常见的事情。

很遗憾，这个时候不是虚值货币时代，而是金本位时代。这样做是有风险的，在金本位体系下，公众可以凭借银行券无条件向银行兑换实物黄金，这是金本位的生命所在，也是金本位的软肋。毕竟银行乃至中央银行都不可能保留百分之百的黄金储备，一旦公众挤兑必然面临黄金储备不足的尴尬境况。一旦面临战争、瘟疫、社会动荡等因素，维持金本位的成本就会非常高昂。

没有动荡，还可以人为制造动荡。

制造麻烦的人就是拿破仑，这个时候他还是一名将军。1797 年，法国军队入侵英国一座无足轻重的小镇费什加德，直接导致英国金融体系崩溃，称得上战争配合下的金融战争的经典。

英国大量增发银行券，从1793年开始黄金就源源不断流出英伦诸岛。有证据显示，1795—1796年，英格兰黄金储备持续下降，从600万英镑锐减至200万英镑，实际上金本位已经无法维持。恰恰在此时，拿破仑掌握了法国最高权力，金融战争开始了……

如同今天很少有战争波及美国本土，英法之争也极少波及英伦诸岛（百年战争前英国在欧洲大陆有领地，前文已说明这些土地被查理二世卖了），从英法百年战争开始，英国人对此就没担心过。

1797年元旦刚刚过去，伦敦市面上很平静——反正战争发生在欧洲大陆，与我何干？

2月的某天，突然很多人知道了这样一个消息——一艘法国战舰在英国东南沿海登陆，因为那里没有什么战略价值，英军在那里并未设防。

事情有好的一面，没有战略价值当然不足为虑；事情还有坏的一面，英国本土自遭遇北欧海盗之后就没再经历过几次战争。如今，来自敌国的战舰就在眼前……

对普通人来说，本土发生战事究竟是怎样的状况谁也不知道。因为未知，所以恐惧，尽管事后发现一切只是流言。

在所有的金融危机中，谣言都是至关重要的一个环节，只要制造并传播让普通公众焦虑的消息，让所有人无所适从，羊群效应就能对经济体形成致命打击。坊间传播的英格兰银行黄金储备不足并不仅仅是谣言，是真实的情况。退一步来说，即使英格兰银行黄金储备充足，坊间传闻也足以夸大到让整个英国经济瘫痪的地步。

已经无法考证流言是怎么产生的，结果英国朝野震动。漫天飞舞的谣言不仅让英国公众恐慌，就连王室和军方也坐不住了。虽然英军并未从正式渠道听到战报，但英国海军还是于2月21日从朴次茅斯港赶到传说中的海域，结果什么也没有发现。原本以为这场谣言就这样结束了，但谁也没有想到，谣言成真了！

2 月 22 日，威尔士海岸南部的一个小镇上真的出现了三艘法国军舰，并且有 1 200 名法国士兵真的在英格兰登陆了。

从理论上说，这是不可能的，欧洲大陆双方正准备在意大利决战。拿破仑调兵遣将，军队主力从萨沃纳山谷进入亚平宁山和阿尔卑斯山之间，断然不应该调兵进攻英国本土。威尔士海岸南部远离伦敦，即使控制了此地也不会对英国形成实质性威胁，况且三艘战舰和 1 200 名士兵既无法守住小镇，又无法进入腹地纵深作战，无法实现任何战略意图。鉴于以上原因，很多人认为拿破仑派遣这支军队进攻英国本土的行为过于鲁莽，属于自杀式袭击。

那么，为何拿破仑要拿 1 200 名士兵的生命做赌注？是他心血来潮，做无谓的牺牲吗？仅仅从军事角度来看，我们确实可以这样解读。

除了军事，还有其他视角，比如金融学。与军事和实体经济相比，金融向来都是最脆弱的行业，信誉存则金融存，信誉亡则金融亡。打击军事目标、破坏实体经济总需要明刀明枪地干，毁灭信誉却可以做到无声无息。

也许，拿破仑根本就没有想过靠三艘战舰和 1 200 名士兵去进攻英国本土，从谣言到军事行动都是为了配合一场金融战！

在金本位时代，黄金是本位货币，是一切价值的最终表现形式，无论在英国、欧洲大陆其他国家还是北美洲，都是这样，人们接受英格兰银行发行的银行券，因为他们相信英格兰银行可以兑付黄金。只有黄金才是真正的货币，纸币就是一个货币符号，这是天经地义的事情，是不可辩驳的公理。

那一年，英格兰银行成立已经整整 100 年了，100 年来，英格兰银行的信誉甚至在某种程度上超过了王室信誉。

金融市场永远最看重当下，与那些国家战略乃至战胜战败相比，人类还是活在现世的此岸。船坚炮利之下，信誉毕竟只是信誉，保障毕竟只是保障，不是黄灿灿的真金。信誉一旦丧失，钞票就如同白纸般苍白——如果法国真的攻入英国本土，那么最终的货币只有黄金，英格兰银行的银行券一文不值——谁都知道，拿破仑一定不会承认英格兰银行的银行券！

所有人都知道这是极端情况，很难发生，但毕竟存在可能性。人类的思维弱点是贪婪与恐惧：在看到盈利的时候，贪婪会被无限放大；一旦市场陷入逆境，人们又会率先考虑最糟糕的事情。永远都是这样。

更重要的是，对法战争已经进入第四个年头，人们不知道国家黄金储备流失了多少，却一定知道物价上涨了多少。1793 年以来，伦敦物价持续飙升。伦敦市民看不到发行纸币总量和储备数量，对物价上涨却感同身受。

恐惧之下，挤兑风潮爆发了！

民众涌向私人银行。私人银行没有多少黄金储备，立刻向英格兰银行求助，遗憾的是，英格兰银行也没有足够的黄金储备。

当时的文献这样记载：

> 在距离费什加德 350 英里[①] 远的纽卡斯尔的农场主受某些当地人的谣传的鼓动，纷纷出卖自己的牲畜，购买各种能买到的东西，并且涌到银行的门前要求将银行券兑现为黄金，纽卡斯尔的所有银行私下达成协议停止支付黄金，其他地方的银行也都恳请英格兰银行给予帮助。

① 1 英里≈ 1.609 3 千米。——编者注

搞乱伦敦金融市场，才是拿破仑真实的目标——英国不是向来用金钱支持反法同盟吗？把金融市场彻底搞乱，击溃英国引以为豪的金本位，反法同盟还怎么决战？

再次强调，对于英国来说，费什加德在战略上只是一个无足轻重的小城镇，大部分人只知道伦敦、伯明翰，根本不知道英国的某个乡镇的名称。但是，挤兑从来都是不分大小的，而且极具传染性。

行为金融学已经证明，人类的天性是厌恶损失，且同比例的厌恶与收益相比，人类风险偏好凸显（个别人物除外）。越是令人焦虑和情绪化的谣言，越具备传播力，这个时候根本没有真理、真相、对错，只有恐惧、宣泄和疯狂，贪、嗔、痴、慢、疑，上至公卿下至庶民，红尘万种，将会把非理性演绎到极致。

也许金融市场只能以一种极端的方式展现人类弱点，又以指数的量级来扩大这些弱点带来的损失，却无法磨灭这些人类与生俱来的性格。

任何时代、任何人都对此类风险极其敏感，此类风险一旦发生，人们都会选择个体理性——集体非理性。对于普通人来说，具体的方法就是跑到银行门口排队提取存款，又有谁能容忍一生积蓄与希望化为泡影呢？

千万不要忽视任何一次挤兑，如果一个城镇爆发全面挤兑，风潮也许会以不可思议的速度传播，很快就会形成系统性风险，尤其是在国家面临战争等危机的情况下。

费什加德的挤兑很快就波及了周围城市，纽卡斯尔是第一个被冲击的大城市，当地银行业在当日全部停业。随后，金融恐慌在几天内就波及了包括伦敦在内的英国所有大城市，所有人都冲向了银行！

全英国范围内所有银行黄金储备流失殆尽，全部银行又开始向英格兰银行寻求黄金支持，整个英国国民经济被挤压到了崩溃的边缘！

第一次反法同盟与拿破仑作战，英格兰银行几乎耗尽了黄金储备，银行券早就超发了。此情此景，英格兰银行当如何处置?

很遗憾，英格兰银行的处置非常令人失望，所有处置措施简单到用一句话就可以说清楚：没有任何处置。银行董事会形成的一致决策是：如果实在无法兑现黄金，那就不要兑现好了！王室和政府对此也视而不见，任由金融恐慌在国内蔓延。

当时市面的传言已经大行其道，报纸连篇累牍叙述挤兑的情况，人们取不到足够的黄金，愤懑、恐惧等情绪充斥着英格兰的每一个家庭。

有文献这样描述：小的零售商人拿着银行券去银行兑换黄金，并将硬币储存在家里。佃农看到了报道，也受到了影响，跟风做事。各地的乡村银行越来越焦虑，到处搜罗黄金，偏远地区的民众更容易恐慌，他们常常根据夸张的报道做出判断。

此时的英国政府不知出于何种考虑，或许是慌不择路吧，仅仅为了保住英格兰银行仅存的一点儿储备，就简单而粗暴地公布了如下一项决议——停兑。我们知道，历史上英国王室就有停兑的传统，换句话说就是耍无赖。

仅仅在法军入侵后的第四天，时任英国首相皮特召开枢密院会议，会议宣布了如下决定：为了国家和公共利益，英格兰银行的董事们有必要和有义务停止任何兑换硬币的业务，并且必须为此采取适当的措施，以保证流通方式不受影响，确保王国的公共信用和商业信用在此紧急关头不至于遭受破坏。

从字面意思理解，任何人都知道本项决议意味着英国脱离了金本位，公众手中的银行券再也无法兑付黄金。

果不其然，决议一经公布，2 月 27 日开始，包括英格兰银行在内，全英国所有银行的门口都挤满了挤兑的人，全国性的金融危机终于爆发了，再也没有任何事物可以抵挡！英格兰银行终于意识到了事态的严重性，也使出了最大的力量试图力挽狂澜——买下能买的所有报纸版面刊登公告，宣示自己具备充足的流动性，足以应对所有兑付。公告内容大致如下：

> 昨晚接到枢密院的指令，政府和银行董事认为这是我们的责任，即告知英格兰银行股票的持有者和公众，银行目前有充足的流动性，能够消除人们对于手中银行券的安全的疑虑。

无论实力如何，在危急时刻，都一定要有一副硬汉模样，坚决不能屈服。一定要记住，公众不需要真相，世界只需要最强硬的回答，我们可以做到！人类有软弱的天性，每一个人都需要信心，无论东方西方，最值得信赖的并不是个人英雄主义，而是集体。

与银行相比，家庭是脆弱的；与英格兰银行相比，商业银行又是脆弱的；与金融天道相比，英格兰银行也是脆弱的！金融机构的脆弱性与生俱来，但是，金融市场中的脆弱性不能被人识破，尤其不能被更脆弱的公众识破。无论是区域性的金融危机还是全球性的金融危机，最后的触发点一定都是由公众情绪引爆的，千里之堤必定毁于蚁穴。

有人也许会问，此时此刻，英格兰银行黄金储备已经所剩无几，既然在英国范围内推出这样的公告，那么，要是公众真的来挤兑，该怎么办？

一旦公众发现英格兰银行开出了一张空头支票，所有的信誉就损失殆尽。它总不能食言吧？

其实，正确的问题应该是这样的：不出公告就能阻止公众挤兑了吗？很显然，不能。

只有硬汉降临金融市场才能挽救危机，在硬汉降临之前只能拖延。公告的目标根本不是停止挤兑，而是安抚公众，为处置危机赢得时间。

这个时候，就算硬着头皮也得打肿脸充胖子！

在所有金融危机中，最有效的处置方案都是一字真经——拖，从郁金香泡沫到2008年全球金融海啸莫不如此。放任雷曼破产，美国联邦政府看起来没有干预市场，再这样下去，整个美国乃至整个西方世界都有崩溃的可能。只有用美国联邦政府的信誉先拖住金融机构破产速度，才能为后面从容处置危机赢得足够的时间。所幸，美国联邦政府很快就发现了相对正确的方法。

英格兰银行公告的思路同样如此，公告也不是唯一的处置手段。在发布公告的同时，英格兰银行组织伦敦贵族、大商人、大资本家召开会议，资料显示与会者在4 000人左右，公开表示支持英格兰银行，接受英格兰银行支票及银行券，不再去英格兰银行挤兑黄金。

伦敦商人同意这样做倒不是有多高的爱国情怀，而是因为覆巢之下无完卵，与普通公众相比，他们积累的财富更多，损失更大，也更明白这个道理，决策更为理性。

为今之计，只有刹住挤兑风潮才有可能真正保住自己的黄金，哪怕当下没有足够的黄金，将来还是有很大可能补足的。如果现在直接把英格兰银行挤兑垮了，所有的财富就会立刻化为乌有。

接着，下议院也迅速组织调查组，并高调出具了一份调查报告，声称银行体系目前还有382万英镑黄金储备。很显然，下议院宣布的这个数字令人疑虑，即使考虑下议院统计了全部商业银行体系黄金，也不可能超出英格兰银行三倍之多，否则，就没有必要去英格兰银行挤兑了。

那么，关于统计数字，究竟谁对谁错呢？市场没有人关心真假，这时候人们不需要答案，只需要信心！

随着英格兰银行的声明、伦敦地区富豪的表态以及议会调查的声明，市场情绪得以稳定，伦敦地区挤兑率先平复。随后英国议会颁布《银行限制法案》，储户向英格兰银行提取的黄金只能在20先令以下。

当然，平复金融危机是有成本的，1797年大挤兑对英国造成了严重的打击。仅仅1个多月后，反法联军在欧洲大陆就遭到了惨败。随后，法国与奥地利签订《坎波福米奥和约》，第一次反法联盟解体。

法兰西银行：遥远的智者

由于密西西比泡沫的原因，法国人对金融体系有着刻骨的恐惧，拿破仑就是其中之一。从现有文献来看，拿破仑对银行体系很反感，他痛恨金融投机，极力反对纸币与国债。这位倔强的领袖在建立法兰西银行之前曾经创造10个月不发军饷的纪录，运转经费则全靠战争胜利后的劫掠。

不过，作为一名战略家，拿破仑接受了银行体系，因为他看到银行体系能够带来利益，最终冲破重重阻力，缔造了法兰西银行。1950年，法国发行纪念法兰西银行诞生150周年印章，这枚印章上印有幸运女神和智慧女神。

幸运与智慧，代表当代法国人赋予金融美好寄托。遗憾的是，刚刚成立的法兰西银行既不幸运，又无智慧。

1800年1月18日，法国执政拿破仑建立法兰西银行。与英格兰银行一样，此时的法兰西银行是一家股份制银行，股本3 000万里弗尔，三年后改为3 000万法郎。

英格兰银行的职能法兰西银行大部分都具备，例如发行银行券、经营国债为国家筹资……与英格兰银行由王室提名董事会成员相似，法兰西银行由拿破仑亲自任命总理事会主席及委员。

从组织形式上看，英法这两家银行看起来类似，但有诸多不同，尤其在人力资源方面。大到一个国家，小到一家公司，人力资源都是长期积累的结果，厂房可以盖起来，机器可以买进来，甚至技术也可以引进，唯独人力资本不可能一蹴而就。

形成人力资本一定需要经年累月的培养，一代又一代的传承，仅仅学习是不够的，更需要创造，创造的能力是无法在短时间习得的，必须靠人们的习惯、道德乃至言行等非制度因素点滴积累与酝酿。“二战”之后，英国、西欧其他国家、日本同样变成了一片废墟，情况比东南亚国家好不到哪里去，仅仅数年之后，这些国家就再次成为世界强国，靠的就是人力资本积累。所以，一国人力资源强弱才是衡量一国强弱最根本的指标：有道无术，术尚可求，有术无道，止于术。

人力资本对一个国家如此，对某类产业也是同样的。如果某行业曾经给一个民族带来了灾难，引发了他们骨子里的排斥或抵制，那么历史的伤痛将历久弥坚。无论这个产业可以带来什么，人们的第一反应一定是排斥。后期，即使认识到行业重要性，他们也只能照葫芦画瓢，有其形而无其神，骨子里还是恐惧或者排斥。模仿很难超越原创，最根本的原因还是人力无法超越，一种产品可以被模仿，然而一个行业人力资本的积累不可能在瞬间一蹴而就。

当时的法国就是这样，密西西比泡沫后，法国几乎没有金融机构，除了时任财政部长法兰西斯·尼古拉斯·莫里安等少数人懂点儿银行业务，法兰西银行的管理者几乎全部来自政府的官员。这些人对银行业务和银行体系的运转并不精通，只有一个坚定的目标必须实现，那就是为法兰西第一帝国皇帝拿破仑筹资。

拿破仑要求所有私人银行必须在法兰西银行存够一定金额的准备金，不是应对危机的准备金，而是以备帝国战争使用。同时，所有银行必须向法兰西银行报送业务报表，借此监控社会资金流向。更绝的是，在占领区，拿破仑几乎禁绝了本地金融机构，当地的钱必须存在法兰西银行……

银行的效率在于高效配置资源，引导资金流动，从而提高社会效率。法兰西银行有银行的壳子，没有银行的里子，其所作所为与真正的银行相距甚远。与拿破仑王室扯不清的关系只能使这家银行没有办法发挥金融体系的效力，倒像一家专为敛财而设立的税务局。

关于拿破仑建立的法兰西银行，还存在一个致命的弱点：业务发展好坏与军事胜败息息相关。成也萧何，败也萧何，拿破仑军事胜利的时候法兰西银行在当地劫掠，可以带来源源不断的资金；一旦军事失利，在最需要资金支持的时候，法兰西银行并不能为拿破仑提供太多帮助。

1805 年，拿破仑在奥斯特里茨打败了俄国、奥地利联军，击溃了第三次反法同盟；次年闪电般击溃了普鲁士，几乎占领德国全境。伴随着法兰西帝国疆土的不断开拓，法兰西银行迎来鼎盛时期。

然而，昙花一现，法兰西帝国的辉煌随着一项近乎荒谬的政策——大陆封锁——戛然而止。1806 年 11 月 21 日，拿破仑本人在柏林发布敕令，宣布对英国进行封锁，即“柏林敕令”。拿破仑在因多次胜利而建立帝国以后，就想用法国来制服欧洲大陆，然后用欧洲大陆来制服英国，他要以军事手段征服欧洲大陆，通过大陆封锁政策来驾驭英国。

拿破仑天真地以为，英国是一个工业国，农业不发达，必须依靠粮食进口。只要禁绝英国对外出口，强迫其扩大进口，比如法国的农产品，就会让英国掏出很多现金，结果英国会耗尽银行储备，难以借钱给反法同盟，法国将取得最后的胜利。

如果把人类社会生产比作一条食物链，那么食物链最顶端是技术创新，其他所有应用都无法回避顶端的技术，原创性技术不可能被模仿，也就必然获得最丰厚的利润。当时英国工业革命进行得正如火如荼，站在全世界技术创新的顶端，其他国家只要想提高生产效率就必须与英国交换，它怎么可能缺现金呢？

在拿破仑眼中，只有黄金才是真正的财富，重商主义的印记根深蒂固。所以，柏林敕令的主要意图在于封锁英国对欧洲大陆的贸易，主要是封锁英国向欧洲大陆其他国家的出口，对英国进口却不限制。

在这种思维的左右下，拿破仑犯了极其幼稚的错误。1809—1810 年，在英法贸易战最艰难的时候，英国发生了全国性的粮食歉收，败象历历在目，小麦平均价格高达每夸脱[①] 103 先令。对法国而言，这本来是天赐良机，结果，拿破仑的目标不是禁绝粮食出口，而是拿粮食去换黄金。两年内法国及其盟国向英国出口了 150 万夸脱粮食，换来了价值 140 万英镑的黄金，同时帮助英国渡过了难关。

反观英国，金融经济政策就相当成熟。柏林敕令颁布后，英国立刻实施反报复，法国对外贸易遭到了毁灭性打击。1805 年，法国出口额为 86 700 万法郎；1814 年法兰西第一帝国崩溃时，只剩 58 500 万法郎。

贸易与金融息息相关，银行最初的业务就来自国际贸易，贸易一旦凋敝，民生自然凋敝。对法兰西银行来说，经济总体状况不好，它的业务也跟着下滑。

1811 年是法兰西第一帝国的鼎盛时期，遗憾的是，帝国及其附属国的经济已经很不景气了。当年 5 月 7 日，法兰西银行总裁给拿破仑打了一份报告，这样描述当时的情形：被征服的国家百业凋敝，法国的货物在它们投降以前比投降以后销售得多些；巴黎制造奢侈品的手工业者在挨饿；法国国内外消费都大大减少了……

法国与英国海军实力悬殊，原本法国就无力对英国贸易实现全球封

---

① 1 夸脱 =1.136 5 升。——编者注

锁。大陆封锁政策成了作茧自缚，最终反倒是拿破仑无法得到足够的黄金支撑战争，偏偏又是他自己帮助英国渡过了 1810 年经济危机，解决了英国粮食问题。

这一结果，金德尔伯格在《西欧金融史》中如此描述：法国人企图切断英国人与欧洲大陆的贸易，而英国人则切断了法国与南北美洲的联系。

法国也成为大陆封锁政策最大的输家，经济从此衰败。1812 年，拿破仑侵俄，40 万法军惨败，法兰西第一帝国从此走上了衰亡之路。看起来，学点儿经济学还是有道理的，以免被重商主义这样的伪经济学误导。

黄金世界

1815 年，拿破仑终于在滑铁卢大败，再也没有筹码回到政治舞台。

滑铁卢战争的时候，以英国为首的反法联盟已经组织了整整 6 次。帝国主义争霸世界的战争没有正义可言，长年累月的对法战争同样也拖累了英国经济，严重影响了英镑汇率。1810 年之后，英镑汇率在欧洲大陆的价格较之牛顿给出的规定贬值了 20%。

战争结束，该整理英镑了。早在战时，英国人就意识到了这个问题，1809 年，英国下议院组织黄金委员会，大卫 · 李嘉图于 1810 年向议会提交了世界货币史上著名的《黄金委员会报告》(也被称为《锭金报告》《金属通货报告》)。

在议会答辩的时候，英格兰银行提出，黄金向欧洲大陆流动导致英国本土黄金短缺，而流动的原因是欧洲大陆黄金短缺。因此，通胀不是英格兰银行增发银行券造成的，英格兰银行发行的银行券与经济增长相互配合。

至于通胀的原因，英格兰银行认为是农业歉收。

《黄金委员会报告》提出，这种观点是站不住脚的：首先，如果大陆对黄金的需求真的增加了，那么大陆的黄金价格应该首先上涨……而本委员会却基于各种信息证明，在大陆，以各国货币表示的黄金价格没有相应上涨……无论是阿姆斯特丹还是汉堡，这些地方的黄金价格都没有上涨。

此时，詹姆斯·斯图亚特、亚当·斯密等人已经阐述了西方经济学的供需原理。众所周知，供需决定价格，需求增加价格才会上升，如果价格没有上升，那么需求一定没有上升，反之则反是。

如果不是欧洲大陆黄金需求上升导致英国黄金储备下降，那么，又是什么原因导致了当前这种情况呢？

黄金委员会在报告中明确了这个问题的答案——很简单，货币增发，罪魁祸首则是英格兰银行。有时候，理解货币现象很简单，只需要常识就可以了，根本不需要什么高深的经济学知识。

战争期间，英格兰银行发行了太多的银行券，在《银行限制法案》背景之下，公众不得提取某个限额以上的黄金，英格兰银行货币增发看起来没有得到应有的惩罚，但是，市场仍然会有自己惩罚的手段。

错误的货币政策，需要整个国家来买单。

> 当前黄金价格上涨和汇率不利局面的造成，都是银行滥发纸币的后果，银行对滥发纸币失去了控制和监督，停止硬币支付政策助长了这一后果。除非恢复硬币兑换，否则不可能安全、可靠和连续地防止纸币泛滥。

1797年，出台《银行限制法案》处于战时，实属无奈，此一时彼一时，到了改弦更张的时候了。

此时，洛克与朗兹的争论已经过去100多年了，经历了工业革命和无数次战争，英国已经成为全球翘楚、名副其实的日不落帝国。经济起飞之前需要保证充足的货币供应量，经济起飞之后保证良好的经济增长环境便是政策重点，从古至今，货币政策有一条亘古不变的原则——不能出现超量货币增发。

英格兰银行具备货币发行权，背后是王室信誉，在金融市场中几乎无所不能。如何才能给它套上规则之枷？

答：实行金本位。

金本位下，无论银行还是王室都不可能作伪。

只有黄金才是真正的货币，无人可以更改货币发行量，无论哪个人、哪一家银行、哪国政府甚至王室都不具备这个能力，货币发行量必须限制在黄金储备之内。正如大卫·李嘉图慨叹：只有黄金才是真正的硬通货！

为了稳定物价，必须在法律上明确货币本位——黄金。

就如同公认的道德一样——尽管每个人都知道，不被确认为法律，是不能用来施加惩罚的。黄金为币，一旦经过法律确认，就等于在币信之上加了双保险！ 1810年正值拿破仑帝国鼎盛时代，英国时刻面临战争威胁，不太可能推行这个法案。1815年，拿破仑已经成为阶下囚，推行金本位正当其时。

接下来的一段时间，英国政坛有人提出整理货币、明确金本位的想法，并且很快进入实际操作层面。

毫无阻力，议会通过了一项法案《银币重铸和管理王国内金币和银币法案》，该法案即国际金融史上大名鼎鼎的《金本位制度法案》。《金本位制度法案》以法律的形式明确了金本位，影响了世界100多年。

该法案明确了货币制度以下几项内容：一是银币在英国只是辅币；二是英国金币开始以沙弗林为面值，1沙弗林就是1英镑。

金本位的基本制度清晰、简单，因此也就成为最具备可操作性的货币原则。直至 1972 年确立牙买加体系，金本位始终是主要资本主义国家的货币制度。库珀、多恩布什和霍尔等人对此做过详细论述，可以概括为简单的三条原则：以国家的名义明确任何人都可以以某兑换比例用纸币兑换黄金实物；任何人都可以按照一定标准铸造金币；放开黄金进出口。

其中，黄金自由进出口是对金本位制度最严格的约束，这一因素的存在使得国家发行纸币必须有所约束。

这里面有一个黄金输送点（gold point）的问题，如果某国发行了太多银行券，汇价与黄金实物之间出现利差，自由进出口条件下黄金就会在国与国之间流动，从而使得一国汇率上升或者下降，纠正汇率失衡。

《黄金委员会报告》这样论述：黄金仍然是当前衡量财富的标准，是所有价值交换的度量标准，也是所有货币价格的参考尺度……在环境许可的情况下，我们的流通媒介应该再次与其真实和法定的标准——黄金相吻合。

与之对应，1819 年，英国政府通过了一条法令，明确提出一条原则，在央行历史上具有里程碑一般的意义：英格兰银行不经议会授权，不再为政府垫支，但可以购买国库券，或者凭借国库券向政府贷款。

在金融史中，不得不说，这是一条革命性的纪律。

从欧洲信贷体系出现的第一天起，它最重要的作用就是为各国王室战争融资，就连英格兰银行、法兰西银行也缘起于此。毋庸置疑，王室战争或者各种开销是难以用纪律约束的，最终往往是债务积重难返，欧洲大陆第一代借贷市场、威尼斯银行体系的覆亡莫不与此相关，后期的英格兰银行同样多次因为王室融资出现危机。不同的是，英格兰银行把危机扩展到整个货币体系乃至整个国民经济。

不用说刚刚发轫的英格兰银行，当代所有机构（不仅仅是金融机构）

都要遵循“资产＝负债＋所有者权益”，无论是央行向财政垫资，还是金融机构把负债视为自身现金流无节制挥霍，最终它们都将受到惩罚。虽然在这一点上，金融机构能撑得长一些，毕竟它们可以拿到现金。任何信用都不能无限透支，对应到现实，一国增发货币必将引发通货膨胀，一家金融机构则会信誉尽失、面临破产清算。1793—1815年英法争霸中，在前期的英国、后期的法国，国家和金融机构都得到了这样的结果。

《金本位制度法案》对整顿国民经济起到了良好的作用，1815年之后，通胀指数就始终处于下降趋势。更为重要的是，《金本位制度法案》为英镑登顶第一代国际货币铺平了道路，英镑成为全球范围内最主要的结算货币，余威至今仍在。

必须提出的是，英镑成为第一代世界货币凭借的不仅仅是剑法，更重要的是强大的创新能力，也就是第一次工业革命。

我们经常说，帝国主义把殖民地作为原材料产地和工业品倾销地，所以，出现这样的情况，很大程度上是因为殖民地没有形成工业品生产能力。在产业链中，既然只有英国才能生产物美价廉的工业品，那么只能把英镑作为支付货币和国际借贷货币。第一代世界货币——英镑——诞生了。关于这个体系，彼得 · L. 伯恩斯坦曾经这样形象地描述：

> 它衍生出了一整套完整的宗教模式：共同的信仰，高级牧师，严格的行为规范、信条和信念。它的教义是由法案确立的。供这个宗教成员礼拜的祭坛，则是小心翼翼地堆砌在银行地窖中的金块，高级牧师则是货币当局，大多数情况下，由英格兰银行扮演。

第 7 章

金融三国志 II

美国金融教父

是时候让美国登场了。

美国独立战争向来以伟大的面目示人，我们不否认美国独立战争的伟大，只想陈述一个大家忽略的事实：战争已经把美国联邦政府逼到了山穷水尽的地步。伟大固然很好，但开门七件事，柴米油盐酱醋茶，联邦政府过日子也要钱。

> 1783—1789 年，联邦从各州征得的税收不过 200 万美元，加上没收的英国财产不过 750 万美元，却需要支付 950 万美元左右的费用；此外还有向法国、西班牙和荷兰等国借的外债和各州内债，总计 7 712 万美元……

此时此刻，亚历山大·汉密尔顿（1755—1804 年）登上了历史的舞台，挽狂澜于既倒，扶大厦之将倾。然而，无论在欧洲还是美国本土，汉密尔顿都是一个颇具争议的人物，关于他的争论莫衷一是，200 多年来几经沉浮，未有定论。

用一句话来概括汉密尔顿的经济理念——这是一个崇尚集权的人物，虽然后来被尊为“国父”，但在新大陆无疑会被视为异类。正是这位亚历山大·汉密尔顿，在历史上第一个系统提出国家银行理论，促成大陆会议批准成立“美国第一银行”(Bank of the North American，有文献将之直译为“北美银行”，但更多的将之称为“美国第一银行”)。

汉密尔顿一生都在追求强化联邦政府权威，设立美国第一银行也是出于这个目标。英格兰银行是大英帝国的“最后一张王牌”，汉密尔顿则是华盛顿手中的“王牌”，对华盛顿来说“是极其重要的”。

今人在纸面上争论汉密尔顿的是是非非，设身处地想一想，如果没有华盛顿、汉密尔顿、富兰克林这样的强势人物在战后反对“州权至上”，十三州就连《宪法》都未必能被批准。如果是如此结局，那么美国将不复存在，更不用说什么今天的世界格局了。

历史无法假设，我们提出的命题无法证伪：如果汉密尔顿的金融思想得以贯彻，那么美国将更加强大，世界货币也许从一开始就是美元。未敢掠美，我们并不是这个命题的唯一提出者，乔纳森·休斯在《美国经济史》中就强调这是一个由来已久的疑问：如果没有这两家银行，那么美国经济史会有显著不同吗？（两家银行指美国第一银行和后来的美国第二银行）。

汉密尔顿是美国金融之父，很有趣，这位金融之父不是他所创立的美国第一银行行长，甚至不是一位银行家，而是联邦政府财政部长（1789年9月—1795年1月），其对金融系统的改造从国债市场开始。直到今天，美国财政部对金融市场都有强大的话语权，甚至在某种程度上超过了美联储。这种传统从汉密尔顿而来。

汉密尔顿上任之时，北美大陆的金融秩序一片混乱，各州竞相超发货币，新任财政部长被狠狠教育了一番：1790 年 1 月，一元大陆券可以换得铸币的 1/8，5 月这一数据为 1/24，10 月为 1/40……

币既不为币，国必将不国，将安处之？

身为财政部长，汉密尔顿提出的解决方法是建立一家更强大的银行，以金融信誉整理国家债务与货币。

1790 年及之后一段时间，汉密尔顿连续向美国国会递交了三份通货信用报告，即《关于公共信用的报告》、《关于国家银行的报告》和《关于制造业的报告》。主要诉求只有一个——成立一家强大的银行，授予该银行 20 年发行美元的特许权，由联邦政府统一美国国债市场。

1790 年 12 月，汉密尔顿公布了国家银行的计划——《关于国家银行的报告》，这也是最早系统阐述国家金融管理职能的文献之一。

在这份文献中，汉密尔顿提出，国家银行必须在金融市场有至高无上的信誉，方法就是控制流通中的货币：对于一个国家来说，建立良好的公共信用是最根本的。请注意，鉴于当时自由竞争的银行制度，汉密尔顿当时并未提出统一货币发行权，而是强调国家银行对金融市场的控制权。

约翰·罗的某种思想在汉密尔顿身上复活了，汉密尔顿希望国家银行必须可以调节流通中的货币数量，进而为联邦政府筹资。简单地说，就是建立一个国债市场，以联邦政府关税为还款保证发行新债券，由国家银行发行货币收购各州债务。在汉密尔顿眼中，此举必定将使政府获得新的财政来源，建立有活力的行政机构，而且可以使美国建立巩固的联邦。

今天看来，这仍旧是一个非常伟大的构想，今天呼吸之间就能撼动全球金融业的美国国债体系从这那时起便“应该”出现在世人面前（请注意“应该”二字，然而，当时并没有出现）。后人对这种构想有如此评价：按照当时的标准，汉密尔顿的政策让美国很早就拥有了“世界级”

的金融体系。他强调，这种体系在银行系统与其他金融市场之间创造了密切协作的纽带。美国的经济增长是否如塞拉所说的“由金融引领”仍是一个争论中的问题，但这些政策很显然在很早的时候就为经济增长提供了便利。

由于历史的局限性，伟大的人、伟大的设想往往不被当世理解，其伟大之处只能由后人诠释。

要知道，在很长一段时间里（一直持续到19世纪30年代中期），美国人在流通中没有自己的金属货币，只能回归殖民时期的做法，使用外国硬币……

一开始，美国国会就是一个各方势力博弈的场所。果不其然，汉密尔顿的提案遭到了激烈的反对。所幸，1791年2月，美国国会批准了财政部的提案，成立合众国银行，股本1 000万美元，共计25 000股，对应25位董事，其中5 000股由财政部持有，对应5位联邦政府任命的董事，其余为私人股份。

美国第一银行总部设在费城，在8个州设立分行，特许经营权20年。

作为向对手的妥协，汉密尔顿同意各州成立各自的银行，美国州立银行、联邦银行的区分就是从这个时候开始的。这种方案相对完美地融合了汉密尔顿的联邦主义与杰斐逊的州权主义：美国第一银行具备集权能力，该银行董事会席位分别来自政府和私人部门，没有过分集中权力；各州可以设立自己的银行，是一种集权下的分权。

由此，金融业在刚刚建立的美国进入了一个飞速发展的时代，1790—1800年，美国已经有马萨诸塞银行、纽约银行等29家州立银行出现。如果这样继续下去，那么未尝不是一件好事。

关键时刻，汉密尔顿出昏着了……

桃花源里无金融

国家经济政策的真谛并不全都在于发展经济、促进资源有效流动、提高社会总体福利，更在于均衡各方利益、平衡国家和民族长短期利益。西方经济学所谓“个人经济理性”以利润最大化为公理性假设，从社会整体福利来看，个体理性的东西往往是集体非理性，尤其在金融市场。

举一个例子，金融除了投资实业，还可以实现资金自我循环：把资金融入实体经济，要研究市场、选择企业、研判风险，还要面临烦琐的手续，最重要的是还要承担风险；相反，金融机构的信誉一般来说总比实体企业高，即使有风险一般也不在当期。

对金融来说，同样是一块钱，从泡沫里赚来的、从实体经济赚来的，有区别吗？

对金融机构来说是没有区别的，钱就是钱，资金自我循环一样能产生收益。仅从银行个体来看，实体经济收益确实不高，但风险又挺高，个体经济理性有错吗？答案显而易见。一旦资金陷入自我循环就会难以自拔，实体经济就会失血，在个体理性引导之下，最终丧失集体理性。

极端情况下，金融业如果利用资金占有的先发优势做出仅具备个体理性的决策，结果必然是：钱从实体经济中来，到金融中去，最赚钱的行业变为玄学。此时，泡沫一旦形成，人们就只听故事，不看现实，投资者就只看现金流，其中的道理很简单：故事里想赚多少钱就有多少钱，实体经济却需要实实在在赚到钱。

当人们想要多少钱就有多少钱时，泡沫的盈利逻辑就会变成钱从公众兜里来，到骗子手中去。看起来绚丽的泡沫最终一定会破灭。从郁金香泡沫到全球金融海啸，所有金融危机都是这样开始的，又都是这样结束的。

天下之财，止有此数，不在金融，便在实体。

公共政策的关注点就是遏制集体非理性，这才是国家权力存在的真谛。在美国建国的时代，新兴工业部门属于先进生产力，传统农业相对缺乏效率。汉密尔顿偏执地认为，银行就应该支持最有效率的部门——工商业，至于农业，靠天吃饭足矣，根本用不着找银行贷款。

他这样描述道：一旦制造业建立起来，并在我们中生根，就会给美国的未来开辟一条伟大光明的道路，并能对付任何暴君的干涉……

汉密尔顿不仅这样想，还这样做，而且确实做到了。1792 年，汉密尔顿提出并运作美国国会通过《铸币法案》，该法案以联邦政府的名义规定了美国金币、银币的铸造标准。这本无可厚非，自由铸币时代也是有规矩可寻的，问题是汉密尔顿在其中偷偷埋下了一颗地雷——各州银行可以按联邦标准铸造金币和银币，但禁止各州银行发行纸币，只有美国第一银行才有权这样做！

美国第一银行发行的货币就是最初的美元。不过，美元此时还不是世界货币，诞生时以西班牙元为基准，两者的官方比价是 1∶15。

当时的人们可不会为美元的诞生而欢呼，只是觉得授予美国第一银行独家纸币发行权太过分了。美国第一银行垄断纸币发行，今天看来天经地义的事情在当时是行不通的。美国第一银行牌照已经涉及全国性业务，为什么还要垄断货币发行权？同样是经营货币的企业，凭什么美国第一银行能获得特许权？

不要说金融这样关系国计民生的行业，在任何一次资源分配中，任何一方想独霸天下，把大部分蛋糕切走都会出事。何况，美国第一银行真的很不厚道。

美国财政部在董事会中只占 5 个席位，无法左右美国第一银行。汉密尔顿希望美国第一银行稳定金融市场、支持工商业发展，谁也没有想到，美国第一银行什么都没做，其存在本身就引发了市场混乱。

1791年7月4日，美国第一银行股票开始上市交易。所有股票在几个小时内被认购一空，当时的报纸这样描述这个独立日：一些为拯救公众自由甘愿在战争中牺牲、抛弃家财的人惊奇地站在一旁，注视着这令人诧异和意想不到的场面。

仅仅一个月，美国第一银行股价就从25美元（发行价）飙升到325美元。宛如半个多世纪前的南海泡沫和密西西比泡沫，13家殖民地，所有人，无论商人、店员、技工、学徒还是政府公务人员，纷纷倾囊而出，推动着股价的飙升。之后，市场开始流行各种传言：第一银行即将收购纽约银行，纽约百万银行即将和纽约银行合并……

一批股票经纪人开始租用固定交易场所交易股票，1792年，24名经纪人在纽约华尔街68号的一棵梧桐树下签订协议，史称《梧桐树协议》，组成了一个有价证券交易联盟，即纽约交易所的前身。

华尔街诞生了，从出生之日起华尔街就是如此：消息漫天飞，所有银行股价都在狂飙，整个市场为之疯狂……

似曾相识，是吗？

恐惧与贪婪在人性中与生俱来，贪、嗔、痴、慢、疑，或许人类永远无法摆脱金融天道的惩罚，这个轮回将永远存在，所以金融业才需要国家强力治理。

这个时候的美国第一银行真的非常不厚道，手段也让人难以接受。联邦政府给美国第一银行的任务是防止货币混乱，而美国第一银行的主要工作是制造混乱。

第一银行经常收集州立银行的银行券，达到一定数量时，突然要求银行兑付黄金、制造挤兑。这种做法很快在货币市场形成了一种恐怖气氛，各银行纷纷收缩业务，回收贷款，日利率很快飙升到1%。

纽约证券市场刚刚兴起第一波牛市，大家投资兴致正浓，也就难免贷点儿款、融点儿资。货币市场利率飙升对股市来说从来都是重大利空，这个道理在今天任何一个金融市场都一样。于是，华尔街刚刚兴起的牛市马上经历了一场下跌，整整 500 万美元资产蒸发了。

必须说明的是，美国第一银行这么做根本不是为了遏制市场泡沫，它只有一个目标，就是多赚钱、盈利最大化。

面对突如其来的货币收缩，汉密尔顿果断出手，命令美国财政部收购第一银行股票，支持市场，同时劝告普通银行不要收缩贷款。商人可以用短期票据缴纳关税，而在此之前关税只能用黄金或者联邦票据支付。

美国金融市场在美国财政部的支持下，平稳度过了美国建国后的第一次波动，没有发生南海泡沫或密西西比泡沫一样的悲剧。

原本这是一件很了不起的事情，可在很多人眼中美国第一银行带来的只有疯狂、贪婪、混乱，汉密尔顿不过是在为一群赌徒撑腰。在“很多人”中，托马斯·杰斐逊（1743—1826 年）——美利坚合众国第三任总统（1801 — 1809 年）——就是其中最坚决的人之一，此人将成为汉密尔顿一生中最强大的对手。

1743 年，杰斐逊出生于弗吉尼亚州阿尔贝马郡的一个种植园，自幼受到了良好的教育，主要包括拉丁文、古希腊文、古典政治经济学……

杰斐逊生活的时代正是重农学派最流行的时代，在重农主义者看来：唯有农业才是“生产性”行业，商业和工业都不能制造剩余产品。

顺便说一句，有资料说明杰斐逊 13 岁之前从未离开家族的种植园，活动范围局限于周围 20 个村庄，毋庸置疑，儿时的田园生活定然对杰斐逊产生了深远的影响，他一定是热爱农庄的！

如果用华夏史籍脸谱式的描述，杰斐逊可以被定义为清流派，自幼就有了孟子中华式小国寡民的理想——百亩之田、五亩之宅。

这位美国总统在《弗吉尼亚纪事》一书中系统阐述了自己的理想：

> 在土地上劳作的人们是上帝的选民，如果他曾讴歌选民的话；上帝有意使这样的选民的胸怀成为特别贮藏他那丰富纯真的道德的地方。这里才是上帝保持神圣之火旺盛地燃烧的中心……耕种土地的广大群众道德浮华的例子在任何时代、任何国家都没有过。为了维持自己的生活，不像农民那样尊重上苍，尊重自己的土地和自己的劳动，而是依靠偶然性和顾客的反复无常的性格，走向道德腐化……

在杰斐逊心里，唯其如此，国家才能成为世外桃源：

> ……
>
> 我们的人民将尽可能早日回到原料品（农业原料品）的栽培中来，并且用这些原料品去交换比他们自己生产得更为精美的制造品……当我们有土地可耕的时候，我们不希望看到我们的公民在工作椅上工作或摇动一个卷线杆……对于制造业的一般运行来讲，让我们的工厂留在欧洲吧！
>
> ……

建国初期，美国是一个以农业为主的国家。尤其是在南方，很多人都过着一种恬淡的田园生活，风靡世界的小说《飘》对此有过深入的描写，前半部分女主角斯佳丽的庄园聚会就是当时的写照。人们对货币或财富的渴望不是那么强烈，正如塞勒所言：弗吉尼亚不那么喜欢钱。

杰斐逊一心建立日出而作、日落而息的桃花源，这时候汉密尔顿要建立美国第一银行，还要垄断货币发行权？说不通啊！

此时此刻，杰斐逊已经是美国的精神领袖，他是《独立宣言》的起草者，曾写下那些震撼全人类的篇章：

> ……我们认为下述真理是不言而喻的：人人生而平等，造物主赋予他们若干不可让与的权利，其中包括生存权、自由权和追求幸福的权利……

《独立宣言》的内容明显受到了资产阶级思想启蒙者洛克的影响，洛克是最早的货币数量论追随者之一，我们说过洛克曾经在1696年与英国财政大臣朗兹有过一场货币大辩论。在金融领域，杰斐逊全盘接受了洛克的货币数量论，在他畅想的桃花源里，不可能给银行留下足够的位置。

美国第一银行即使有联邦特许权，所发行的银行券也只是一种票据。在杰斐逊眼中，这玩意儿就是一张废纸，怎么能成为货币。更重要的是，通过银行代理国债和税收，无疑将使得联邦政府受制于私人资本。

还有一点更重要，杰斐逊本身就是一个农场主，商业化经营的农场主有资金需求很正常，也就难免干点儿抵押之类的活儿。不正常的地方在于，杰斐逊是政治上的伟人，根本不是一个合格的企业家，最终搞得资不抵债，近乎破产，儿时梦幻般的庄园差点儿被银行没收。

家产被银行没收显然不是什么愉快的经历，杰斐逊对银行的痛恨便源于此。在杰斐逊眼里，银行是完全的食利阶层，凭什么收走庄园？什么都不干，静等着吃利息，这种人跟骗子没什么区别，与“农业”真正的价值差距太大了。

由此，伟大的杰斐逊在任何一部美国历史书中都被描述成汉密尔的生死冤家。汉密尔顿号称“美国金融之父”，杰斐逊则是个地地道道的

“商业农民主义者”，一心干掉美国第一银行。

汉密尔顿终其一生都在和杰斐逊对抗，所幸，汉密尔顿在最后时刻与杰斐逊达成了某种程度上的妥协。我们要说，这仍旧是一场伟大的碰撞，虽然二人观点截然相反，所代表的利益集团也各不相同，在众多领域——上至国体政体、经济制度，下至思想文化、产业政策——都无法取得共识。为了联邦的利益，二人最终又不得不互相妥协。这两位伟人之争的重要性超过了美国历史上任何人之争，因为它关系着美国的过去与未来。

更有意思的是，无论是汉密尔顿还是杰斐逊，都不仅仅是理论家，他们都曾是手握重权、能左右国家走向的人，在各自权力范围内尝试着自己的主张，最终走向了融合，也为金融学提供了一次最好的试错。

巅峰之辩

汉密尔顿和杰斐逊第一次公开交手是在1790年，与《关于国家银行的报告》有关。当时，汉密尔顿担任美国财政部长，杰斐逊则是美国国务卿，两位国父级的人物之间展开了一场声势浩大的辩论。

美国宪法历来被美国人视为最神圣的法律，双方的争论便从宪法依据开始。同样一部宪法，在财政部长、国务卿口中出现了两种解释：

——汉密尔顿认为，联邦宪法规定：……如果目的已在任何特定权力范围内得到明确的了解，并且，如果具体措施与该目的有一种明显的关系，而又没有为宪法的任何特别规定所禁止，它就可以毫不含糊地被认为是属于国家当局权限以内的……所以，联邦政府设立银行是合法的。

——杰斐逊认为汉密尔顿在玩弄文字游戏，针锋相对地向华盛顿总统表示明确反对：美国宪法只是提及联邦政府可以制定“必须的”和“适当的”法律，并未提及可以借此牟利，其中就包括组建国家银行。联邦政府根本不能与私人联合成立银行，因为，银行是不被需要的。因此，不能根据此宪法授权成立银行。

据一位法律专业的朋友说，杰斐逊的解释更可靠，汉密尔顿有点儿牵强。但是，可靠的杰斐逊忽略了一个不可靠的问题——不组建强大的银行，联邦政府靠什么还钱？否决汉密尔顿很容易，反正财政部长是汉密尔顿，负责为联邦政府筹款的是汉密尔顿，又不是杰斐逊，杰斐逊只负责花钱！

杰斐逊根本不顾及汉密尔顿的感受，近乎偏执地想尽一切方法为美国第一银行设置障碍，还找到了一个很好的联盟——詹姆斯·麦迪逊（1751—1836年）共同反对汉密尔顿，还为此组建了一个政党——民主共和党，今天美国共和党的前身。

——1791年4月，杰斐逊动用国务卿的权力，在汉密尔顿不知情的情况下任命了一名财政部监察官——财政部二把手。当时美国第一银行尚未正常运转，这位监察官上任，后果可想而知。大概是华盛顿总统认为杰斐逊做得太过分了，否决了此项任命，才避免了美国第一银行直接夭折的命运。

——一计不成，还有一计。1793年，杰斐逊再次出招，向众议院提出肢解财政部的提案。根据内外分离的原理，财政部应该被拆分为海关总署和国家税务局。杰斐逊原本希望借助众议院议长麦迪逊的影响力，但议员对麦迪逊不买账，关税占美国联邦政府9成收入以上，如果把关税从财政部分出去，那么欠下的债谁来还？

——杰斐逊公开揭发汉密尔顿和联邦党人的一系列腐败行为，这一点确实是汉密尔顿不地道。在国债整理方案之前，国债在很多州严重贬值，只有原价的1/2~1/12。很多人以极低的价格出售国债，恰恰这个时候，联邦党人大肆低价收购，因为他们知道国债整理方案。在当时一个熟练技工月收入不足10美元的情况下，有资料统计这些人获益达到千万美元的级别。所谓“很多人”以汉密尔顿的亲信为主，消息一出舆论哗然，也给汉密尔顿在历史上留下了极不光彩的一笔。从当代来看，这属于典型的内幕消息案，获利的人应该被判刑。不公平的是，当时汉密尔顿财政部长的位置丝毫没有被撼动。

杰斐逊和麦迪逊都是大思想家，能执笔《独立宣言》，文采肯定不差，既然不能在政坛取得优势，干脆就用笔杆子与汉密尔顿开始辩论。先在舆论上占领阵地，然后发动攻击！

1791年10月，杰斐逊、麦迪逊等人创办《国民报》，以此为阵地攻击汉密尔顿的财政部。在杰斐逊笔下，汉密尔顿和他执掌的美国财政部是“侵害我们人民并吸光他们财富的成堆的官僚蜂群”，支持汉密尔顿的国会议员则是“一伙腐化的商人”“立法机关中很多变成了股票买卖经纪人的人”……

除了痛骂，《国民报》的一系列文章还把战火引到了整个银行业：银行将吸纳农业资金并将之转移到工商业，这就是一群吸血鬼；城市居民可以方便地将纸币换为金银，农场则不可能，一旦银行倒闭，纸币就是一堆废纸；各家银行中又以美国第一银行为甚，他将吞并各州银行，培养一批效忠于货币利益的集团；金融业不创造真正的财富，只会助长投机和不劳而获的行为，使官员腐化；东篱和南山的牧笛将被奔驰的铁马撕破，农业将因此衰落，最终动摇合众国的根基……

总之，以美国第一银行为代表的银行制度不过是“一伙骗子在发财”！

汉密尔顿久历枢庭，自然不会坐以待毙。1792年，汉密尔顿在一份叫作《合众国报》的报纸上用一系列文章阐释了金融体系基本理论，顺便对杰斐逊先生进行了一点儿人身攻击。汉密尔顿亲自撰文，这样描述杰斐逊：

> 政府一个主要部门的首脑杰斐逊先生成了以诽谤政府及其措施为明显宗旨的一家报纸的保护人……他既在这个政府中担任公职，又利用官场势力反对政府……他既在那个政府中任职，同时又协助污蔑经国会两院多数通过，又经联邦总统批准的措施……

双方剑拔弩张，矛盾看起来根本不可调和。

美国本土历史学家有这样的观点，华盛顿总统没有连任而隐退，很大原因是无法调和汉密尔顿和杰斐逊之间的矛盾。二人本是华盛顿总统的左膀右臂，本应荣辱与共，二人却来了个左右互搏，吵得华盛顿焦头烂额，一刻不得安生，没法子只能辞职。之前，华盛顿总统曾亲自给二人写信要求休战，要求“各方都抛弃伤人的指责”，但是，华盛顿所有的努力都成为泡影，二人分别给华盛顿回信说对方是“始终反对的目标”。

华盛顿的担心多余了，在这个名义上信仰上帝的国家，最大的信仰永远只有一个，那就是钱。所谓政敌，大家求财不求气，只要有钱，一切好商量。

汉密尔顿和杰斐逊的斗争只是表象，其根本是共和党和联邦党的争斗，一方希望集中资源发展工商业，一方希望继续发展大种植园。以汉密尔顿为首的联邦党人希望组建强势联邦政府，并与英国和好；以杰斐逊、麦迪逊为首的共和党人则希望各州自治并尽量远离英国。

政治势力角逐的本意从来都不是对抗，而是双方根据实力妥协，取得各自的收益，没有人希望双输。杰斐逊与汉密尔顿的矛盾是公怨而非私仇。用影视剧台词来说，就是“如果你一枪打不死我，我又活过来了，咱俩还能做生意，只要价格公道”，这才是资产阶级政治家应该有的觉悟。

资本主义制度下的农场并不是自给自足的小农经济，要依靠市场销售农产品。杰斐逊之所以倡导农业，并非因为单纯酷爱田园生活，更重要的是因为在他的少年时期全球都处于经济短缺时代，农产品是不愁销路的。

工业化同样给农业带来了翻天覆地的变化，美国本土农业也面临着来自全世界的竞争，无论作为国务卿还是作为农场主，杰斐逊和他背后的利益集团都需要寻找出路。1793 年，杰斐逊发表了一份重要的文件——《关于商业特权和对它的限制的报告》，报告中这样说：

> 美国与任何国家进行自由贸易，是明智的选择。因为它可以使美利坚民族得到实惠，进而逐步扩展到所有人。

杰斐逊相关研究认同如下观点：这份报告标志着杰斐逊从农本思想转变为重视工商业，只有适当发展工商业才能使美国获得与欧洲列强相抗衡的资本。

关于银行，杰斐逊最终也改变了自己的观点：不管怎样，我们还是从银行中得到了实惠。但如何健全我们的银行体制，完善股权分配，保证银行的运营不被私人控制，尽可能降低存款风险，使国家经济利益不受损失，是我们关注的焦点……

从这些评价中我们可以看出，此时的杰斐逊对美国国家银行体系仍然不满意，但已经谈不上深恶痛绝，也许是因为杰斐逊没有办法吧。之所以不满意，是因为汉密尔顿设置的美国第一银行联邦政府所占股份太少，他大概忘记了，最初这个制度设计是杰斐逊本人的意见，目标是恰恰就是反对第一银行过于集权。

1800 年，华盛顿已经逝世，没有看到曾经让他头疼的二人终于走到一起的场面。在汉密尔顿的鼎力支持下，杰斐逊就任美国总统，此时汉密尔顿已经不是财政部长。投桃报李，让所有共和党人意想不到的是，杰斐逊选择全盘保留汉密尔顿留下的金融体系，坚决维护了美国第一银行的货币发行权，并且鼓励商业银行积极从事贴现、贷款等业务。很多人甚至认为，杰斐逊，这位最坚决的共和党人居然变成了一个“汉密尔顿分子”。

当家才知柴米贵，8 000万美元的国债压到总统身上，昔日的对手开始推崇汉密尔顿建立的财政金融体系——“偿债基金、国家银行和税收体制”，其中，银行体系是最为关键的一环。没有美国第一银行，联邦政府的财务实力根本无法支撑如此庞大的债务，华盛顿的难题，杰斐逊同样要面对，他怎么可能反对美国第一银行?

1805年，杰斐逊连任总统，很快就遇到了更为严峻的挑战。

1807年，英美关系交恶，英国对美国实行了工业品禁运。美国还是一个农业国，工业品禁运逼迫杰斐逊政府不得不采取鼓励工商业和银行业的做法。也许不会有人想到，恰恰是英国对美禁运造就了强大的美国制造业，也彻底扭转了杰斐逊对银行的态度。禁运之下，曾经泛滥于美国市场的英国工业品彻底消失了，杰斐逊所倡导的农业必须向工业制造业让位，在银行的引领下，资本如潮水一般涌向了制造业。

从1807年开始，纺织、造纸、钢铁在美国中南部一些州如雨后春笋般涌现，以新英格兰州为例，1808年纱锭从8 000锭猛增至31 000锭，纺织厂从15家增加到87家。有人这样描述费城的景象：

> 无论谁在费城街上走一趟都会发现，尽管这里经历了12个月的贸易萧条，但几百座结实而漂亮的厂房还在施工，劳工们被雇用而且工资优厚，他们在街道的每一个角落都能读到工厂招雇工人的广告……

在银行体系的支持下，此时的美国已经走上了工业化的快车道，世界上第一艘蒸汽轮船“克莱蒙特”号诞生于美国；商业又借助工业、银行业实现了大爆发，1805年美国贸易额已经占全球1/3，到1810年杰斐逊离任后，全美工业产值已经突破1 000万美元，将英国与法国甩在了后面。

杰斐逊在一篇文章中这样写道：

> 我们现在必须使工业品制造者和农产品生产者并驾齐驱。试问，我们是应该自己制造我们享用的物品，还是仰承外国的鼻息，样样都用舶来品呢？经验已经让我知道，目前各项制造业对于我们的享用和对于我国的独立来说是同样必要的……

遗憾的是，汉密尔顿永远无法看到老对手如何维护美国第一银行了。在美国历史上，汉密尔顿与华盛顿、杰斐逊并称为“开国三元勋”，这位同样是国父级别的人物的死亡原因令人非常费解——死于时任副总统阿伦·伯尔的枪下。

阿伦·伯尔与杰斐逊同为共和党总统候选人，却在党内获得了一样的票数，同为73票，联邦党人的选票就成为决胜因素。汉密尔顿明显支持杰斐逊，伯尔落选总统，成为副总统。1804年，卸任之前伯尔希望竞选纽约州州长，在汉密尔顿的强势干预之下，计划再次流产。

可以这样说，汉密尔顿简直就是伯尔政坛上的克星，每一步都被汉密尔顿否定。一怒之下，堂堂在任副总统居然拿出了最原始的方式——暴力杀人来解决问题。1804年7月12日，伯尔开枪杀了汉密尔顿，然后逃之夭夭，美国金融之父以一种谁也没有想到的方式结束了生命。为此，阿伦·伯尔是迄今为止美国历史上唯一一个因叛国罪被通缉的在任副总统。

第 *8* 章

市场生死劫

没有银行的日子

1809 年，詹姆斯 · 麦迪逊成为美国第四任总统。与杰斐逊一样，麦迪逊也出生于弗吉尼亚农场主家庭。除了相似的出身，麦迪逊还是杰斐逊的亲密战友，杰斐逊任总统时的国务卿。

两任总统一脉相承，对银行的态度都经历了“否定之否定”的过程，只不过麦迪逊与杰斐逊相反，从支持银行转向了反对银行。麦迪逊接任总统的时候不再是反汉密尔顿主义者。相反，他认为银行有存在的必要，但是美国第一银行的制度有待改进。

所以，美国第一银行应该改良，最重要的理由有两条：

——联邦行政及司法权力不应该把手伸向金融，同样，金融的边界也不应该延伸到行政或司法。美国第一银行成立的最重要的任务是整理国债，美国联邦政府欠的钱太多了，不应该由国家银行体系偿还，而是应该把责任交还财政部。麦迪逊这种金融直觉无疑是正确的，金融不得向财政透支已经是当代常识，更何况第一银行是商业银行，就更不应该向财政部融资。麦迪逊这样描述自己的观点：如果美国国会有权仅仅因为需要钱就成立银行，那么，它可以成立任何一种形式的商业主体。这样下去，联邦的权力将会无远弗届。

——美国的国家银行不应为私人牟利。为避免美国第一银行权力过于集中，在杰斐逊的斡旋下，联邦政府在美国第一银行中仅有5%的股份，其他股份的主要持有者居然是殖民地宗主国的中央银行英格兰银行以及其他欧洲投资者。此时独立战争刚刚结束，美英势同水火，大英帝国与原殖民地之间的矛盾几乎不可调和，美国第一银行的股东居然是敌人！

按照麦迪逊的思路，美国第一银行并非罪大恶极，诸多弊端慢慢改正即可。如果真的是这样，那么后面的美国历史可能会平和很多，遗憾的是，真实的世界没有给麦迪逊留出足够的时间。

从杰斐逊任总统开始，英美矛盾就不断升级，麦迪逊刚刚接任总统，英国人就在美国北方边境不断惹是生非。1810年前后，英国人利用印第安人失去土地的悲痛鼓动并武装印第安人，印第安人在五大湖地区不断袭击平民，成为英军进攻美国的先锋。

外敌当前，共和党和联邦党人第一次在一个问题上没有产生任何分歧——对英国作战，攻入加拿大，一劳永逸解决后患，打垮加拿大的英国人！就这样，工业品获得了巨大的市场，南方奴隶制庄园也会有更广阔的空间。

就在全美同仇敌忾的时候，美国第一银行作为获得全美特许经营权的银行，其大股东居然是英格兰银行……

如果仅从投资者稳定性和商业可持续性来说，英格兰银行也许是当时美国第一银行股东的最佳选择之一。可在民族大义面前，美国最强大的银行为英格兰银行赚钱，确实有点儿说不过去。匹兹堡一居民组织给美国国会写信称：我们成千上万的居民成为美国银行的奴隶，他们由于害怕冒犯英国股东和联邦董事而不敢凭自己的良心行事。

在这件事成为社会焦点的背景下，1811 年，美国第一银行专营特许状到期，向国会申请延期。这是一场近乎白热化的争斗，在众议院，赞成派和反对派的票数以 17∶17 打平，在参议院则是 64∶63，仅仅以一票之差否决了美国第一银行特许状。

人们对美国第一银行的态度耐人寻味，原来反对银行的共和党人态度相对温和，原来支持银行的联邦党人反而成了反对势力。

朋友一旦变成敌人，就会比敌人更危险，因为曾经的朋友知道你的一切，甚至本身就是银行出身。州立银行在联邦党人中的势力远比在共和党人中强大，州立银行最痛恨的莫过于强大的美国第一银行。对中小银行来说，美国第一银行是天然的敌人——大家都是商业银行，凭什么你挡我财路？

股东结构成为联邦党人攻击美国第一银行的最佳托词：美国第一银行的大股东怎么能是敌人的英格兰银行？还想延期？巴不得你关门大吉！

1811 年 3 月 3 日，美国第一银行失去了特许状（未停业清算，后来美国第一银行的主要业务并入波士顿银行）。

乔纳森·休斯在《美国经济史》中对美国第一银行给出了盖棺定论的评价：

> 历史学家非常同意，在第一银行的生涯中，其中央银行的工作完成得很出色。它高效地完成了联邦政府的大部分财政工作，为州银行的扩张安装了一把安全阀……事实上，这正是其矛盾所在。第一银行并不是以调控机构的身份获得特许状的，虽然这些央行控制的举动被现代历史学家赞许，但在当时的人们看来，那是篡权。

联邦党人或许没有想过，如果有一天战争降临新大陆，国家没有强大的银行体系，那么联邦政府应该如何为自己融资？这些不是联邦党人考虑的事情，反正麦迪逊总统是共和党人。

不幸的是，美国第一银行消失后不足两年，战争真的降临在新大陆。1812 年 6 月，美国对英国宣战，新大陆本土陷入战火。

原本这场战争应该没有悬念，美国从上到下都信心满满，早在杰斐逊时代美国主战派众议院议长亨利 · 克莱就曾放出狠话：征服加拿大是我们力所能及之事。我确信光是肯塔基州的民兵就足以把蒙特利尔从加拿大版图上拿下来。甚至一向奉行“孤立主义的”杰斐逊本人也这样认为：与加拿大英军作战，只不过是向前进军罢了。

美国人的信心是有理由的。当时，英国刚刚结束了对法战争，国力疲敝，驻扎北美的军事力量跟新大陆不在一个量级上。开战之前英国在加拿大只有大约 5 000 名士兵，而美国在战争之初动员了几万人的军队，其中正规军 7 000 人，另外还有 10 艘军舰。

开战之初，美国人斗志昂扬，兵分三路直接攻入加拿大，趾高气扬，火焚多伦多。仅仅数月之后，气势汹汹的美国军队就丧失了锐气，被英军反攻进入美国本土，这是美国建国以来也是历史上唯一一次被敌人攻入本土。

1813 年，美国在战争中丧失了制海权，海运、渔业全部中断，到 1815 年战争结束，出口额从 1.08 亿美元下降到 1 000 万美元。更糟糕的是，1814 年 8 月，英军进攻华盛顿，战争过程与结果非常令人费解：美利坚合众国的首都有多达数千人的正规军驻守，居然败在了 300 名英军手中，然后，白宫被英军焚烧……

美国第二次独立战争，美国为何会败得如此狼狈？我们研究的视角是金融，具体来说就是金融发展对战争的影响。分析敌对双方，英国有强大的英格兰银行，美国正好在这个时段关闭了美国第一银行，或许这从一开始就注定了失败。乔纳森 · 休斯在《美国经济史》中赞同这种观点，对美国失利的原因做出了如下解释：之所以战争打得“狼狈不堪”，完全是因为没有银行体系筹资，当时的情况是“政府在筹集战争资金方面遇到了很大的困难……由于没有银行，政府损失了 4 600 万美元，因为他们不能以平价出售债券……”

第一银行解体，美国虽然失去了一家全国性大银行，却收获了诸多新建立的州立银行和纸币。

——1811—1816 年，美国的银行数量从 88 家激增到 250 家。

——银行拥有的铸币总量从 1811 年的 1 490 万美元缩减为 1815 年的 1 350 万美元。然而，在铸币总量减少 9.4% 的情况下，纸币和支票账户余额的总和却从 1811 年的 4 220 万美元增长到 4 年后的 7 900 万美元，增长了 87.2%。

市场原教旨主义者认为，自由竞争的金融体系效率最高，美国第一银行解体后美国的实践为我们提供了最佳的试错机会。

原本按照汉密尔顿设定的金融体系，州立银行是无权发行纸币的。美国第一银行解体，这条联邦层面的法律在很多州被直接无视。在金本位时代，银行自由发行银行券并没有问题，只要限制在能保证兑付的范围之内即可。如果银行超量发行银行券，这家银行破产就是了。

遗憾的是，金融体系里没有“如果”二字。当时的美国政府不敢让银行体系破产，战事忽起，联邦政府没有军费，只能依靠这些乱发纸币的商业银行筹资。美利坚合众国刚刚建立的时候，工业集中于新英格兰地区的马萨诸塞等 6 个州，联邦政府这些借来的银行券大多被用在这 6 个州的军需采购上。

一开始，新大陆的世界就不看重联邦政府的权威，在新英格兰地区，厂家接受了纸币，当地银行却要求存入铸币，也就是真金白银。也就是说，新钞很大一部分都会向发行银行提现，这就要求有充足的铸币储备——显然这是不可能的事情。

很快，联邦政府就无以为继了，一是银行券采购不到军火，二是花出去的银行券搞得美国国内银行纷纷倒闭。

1814 年，除了新英格兰银行等少数几家银行，全美银行业开始大面积停止兑付铸币。有人这样描述当时的情况：不兑现的纸币发行过多，贬值剧烈，有的甚至成为废纸，联邦政府由于接受贬值的和没有价值的银行券而遭受了大约 500 万美元的损失。

现代商业银行从诞生的第一天起就属于自负盈亏的企业，与实体企业不同的是，它具备更强大的信用和负债能力，可以掌握现金流。按照我们提出的金融第一定理，本金比利息更重要，某种条件下金融机构可以把本金当资本金用，不仅仅是金融机构，任何一家企业，只要掌握现金流，便可以生存下去，可以不破产；不破产就会消耗现金，此时就不会侵蚀股东，而是会凭借信誉吞噬社会资源。

正因如此，金融业破产对社会经济体系循环的伤害是巨大的。

金本位时代，银行超量发行货币本应由兑付机制自动调节。禁绝市场调节，等于让银行免去了经营风险和债务契约。既然不在乎风险，那么谁又怕自己利润更多呢？货币超发便成为常态，商业银行经常发行过量货币，根本不顾及自身黄金储备，结果显而易见，必然是全美国范围的超级通货膨胀。1811—1815 年，新大陆批发价格指数增长了近 90%，零售物价指数应该更高，可见通胀之惨烈。

1814 年，英国在欧洲大陆打败了拿破仑。经历了 11 年的对法战争，英国无力再远涉重洋打一场征服北美新大陆的战争。实际上，是拿破仑而不是美国自己拯救了这个国家的命运，如果没有对法战争，曾经征服了全球的日不落帝国，还能怕一个 13 个州的殖民地？这段时间英国的情况是这样的：英镑汇率贬值，英格兰银行也停止了兑付（我们曾在第 6

章做了说明)。在军事优势明显的情况下，英国放弃了对新大陆的再次征服，英美双方在比利时根特签订了《根特条约》。

《根特条约》没什么实质内容，只是规定双方军队回到开战前的位置，换句话说，英美双方又回到了起点。美方谈判代表约翰·昆西·亚当斯（1767—1848 年，美国第六任总统）如此评价这场战争：除了和平，什么也没有得到。

美国真的什么也没得到吗？

回光返照

第二次美英战争并非没有结果，最实在的结果是给新大陆带来了无穷的金融灾难——看不到尽头的通货膨胀、日复一日的银行挤兑、几乎崩溃的金融体系、天文数字般的联邦债务……

人们终于厌倦了金融危机，想到了汉密尔顿和当年的美国第一银行。1815 年，时任美国财政部长亚历山大·达拉斯倡议建立一家新的银行。这也是无奈之举，面对日益严重的通货膨胀，国会必须做出决策。

最具讽刺意味的是，还是当年那些联邦党人——跟着汉密尔顿发财的那些人，也是当年美国第一银行的获益者、如今的大银行家，几乎一致反对麦迪逊的建议。他们中有人这样说：共和党要设立的是一个随时都可能破产的银行，它的存在是不光彩的，它将苟延残喘地存活。

反对当然是无效的，联邦党人没法为联邦政府筹资，美国总统和国会不得不解决现实问题。1816 年 4 月，麦迪逊总统在即将卸任的时候签署了《国家第二银行法案》，决定成立美国第二银行，特许期限 20 年。

1817 年 1 月，美国第二银行正式成立，总股本 3 500 万美元。同样是为了防止集权，第二银行延续了第一银行的传统，联邦政府在总股份中仅占20%，按股权结构总统可以任命1/5的董事（共计25名董事）。正是这样一个原因，为第二银行将来的败亡埋下了伏笔。

美国第二银行具备发行纸币的特许权力，特许权年限即指代此项。为了有利于纸币流通，联邦政府规定欢迎使用第二银行纸钞纳税，允许第二银行自行在联邦地界内设立分支机构。很遗憾，美国第二银行首任行长威廉·琼斯把金融生意干得热火朝天，这位行长在任职期间对向联邦政府贷款没什么兴趣，倒是热衷于投机，在金融市场呼风唤雨、撒豆成兵、空手捞钱。

美利坚合众国第五任总统是詹姆斯·门罗（1758—1831年），琼斯的任期与门罗重合。

“门罗主义”是门罗总统的施政主旨，也就是今天孤立主义的源头之一。要想禁止欧洲列强涉足北美事务，不让美国走出北美，只要垄断北美话语权就可以了。当时，“门罗主义”还有一个常被提及的方面，美国在北美大陆扩展疆土，驱逐和屠杀印第安人。疆土的扩展，加上对印第安人疯狂的屠杀再次刺激了美国的土地投机，美国第二银行开门伊始就主要针对土地炒作放贷。

琼斯不愧为危机制造者，当西部土地价格被炒作成天文数字时，琼斯和美国第二银行开始大谈“泡沫”风险。接着，琼斯突然收缩银根，砸低土地市场价格，自己再伺机杀入。

琼斯治理泡沫的方式正确吗？答案显然是否定的。众所周知，泡沫越疯狂越难以治理，因为，泡沫越疯狂，它使银行体系陷得越深。对待疯狂的泡沫，犹如看中医，需要对症下药，徐徐调理，不能用虎狼之药。

每个人都知道泡沫很绚丽，每个人也都知道泡沫一定会破灭，但是，每个人又都期待自己不是最后一个大傻瓜。泡沫因“大傻瓜”而形成，泡沫治理也利用了人们的“大傻瓜”心理，留给人们希望，以时间换取空间。

治理危机必须恢复公众对宏观经济的信心，而恢复信心只能靠时间。在这个世界上，只有时间可以让人忘记伤痛，如果人们不能忘记伤痛，那么时间连伤痛者本人都将忘记，因为时间无限，伤痛或者损失有限。其实还是我们前面已经多次阐述的道理，治理危机就应遵循一字真经——拖。

反其道而行之，想一劳永逸地解决问题，釜底抽薪只能造成断崖式暴跌，甚至导致经济崩溃。琼斯的玩法根本不是治理泡沫，而是制造危机。

此时，真正的超级炒家早已离场，等待下一个轮回。有文献记载，美国第二银行的贷款由1818年秋天时的2 200万美元减为1820年年初的1 000万美元，土地和房产价格暴跌在所难免。

仅仅在美国第二银行成立后两年，1819年，美国人第一次在现实中见到了经济危机——工人失业、商品滞销、银行挤兑，就连美国第二银行的一些分支机构也在危机中倒闭……有文献这样描述当时的形势："悲观，满眼都是悲观……""家中一贫如洗……寒冷的冬天，孩子们只能挨冻……孩子的父亲没有棉衣和棉鞋"。

琼斯也许不会想到，他的所作所为在美国催生了一个新的政党——民主党，民主党最初成立的宗旨之一就是对抗美国第二银行，由此可见，美国历来就是一个建立在金融业上的国家，国家行为在很大程度上遵循金融定理。几十年内，民主党从一个小党派迅速成长为对抗共和党、联邦党的大党派。这绝非偶然，它从成立之初就抓住了美国政党政治的本质——对国家命脉金融业有足够的影响力。

《美国民主党史》是研究美国民主党的扛鼎之作，作者小阿瑟·施莱辛格毫不隐讳地提到：

1819年的经济恐慌以及随之而来的萧条，第一次使这种开始形成的反银行情绪明朗化，而且同反东部的思想偏见一道促进了杰克逊运动，这一运动形成了民主党。

美国民主党，主要成员是农民、都市劳工，自称杰斐逊、麦迪逊思想真正的继承人，而现有的共和党人已经异化为原来的联邦党人。他们认为，建国道路应当遵循杰斐逊从政初期所设定的理想，联邦应该成为田园牧歌的典范，而不是让一群人依靠银行成为超级富豪。他们强烈反对商业银行，反对金融，甚至反对工业和商业发展。

此后，民主党带来的思潮将在美国第二银行去留之间起到决定性作用。在提及这些之前，我们还是沿着时间顺序回顾美国第二银行自己的救亡吧。

不得不说，门罗是一位英明的总统，在众多人选之中，他选中了尼古拉斯·比德尔。1822年，比德尔成为美国第二银行行长。很有趣，这位尼古拉斯·比德尔深谙银行之道，正是因为对银行太熟悉，他才很不情愿地坐上这个位置。总统门罗威逼利诱，最后打着爱国主义的旗号才让比德尔就范。

比德尔就任美国第二银行行长，这才围绕第二银行的存废上演了一段更惨烈的政商大战。

十三从军征

谈及美国第二银行的存废，安德鲁·杰克逊（1767—1845年）是一个绕不过去的人物。美国第二次独立战争的时候，杰克逊是一名民兵少将，在战争末期起到了关键性作用。这场战争中有一场著名战役——新奥尔良战役，美方主将就是杰克逊。此役是美国坐在谈判桌前的最大的筹码，杰克逊身先士卒率众击溃了英军，人们记住了他喊出的一句口号：要让新奥尔良变成英国人的硬核桃。

从此，杰克逊得到了一个“老核桃木”的绰号，意思是此人非常硬气——对英军作战硬气，取消美国第二银行特许权也毫不手软。

有人说，当一个人过了20岁，就已经过了半生。人在5岁的时候，觉得一年是一生的1/4，20岁的时候，觉得一年是一生的5%，按经济学递减的边际规律，20岁后的日子虽然很漫长，人类却对它根本没有感觉。

或许这只是心理学上的一种假设，但人类童年、少年时代的经历将对一生产生重大影响，在杰克逊身上，这一点体现得特别明显。

要想理解19世纪30年代美国第二银行存废之争，我们必须对杰克逊的少年故事有所知晓，否则很多事情难以单纯地从金融学甚至正常的角度来解释。这或许就是今天经济学已经出现的和心理学融合的趋势，相关流派被称为行为经济（金融）学。

杰克逊是美国第七任总统，是第一位真正的贫民总统。1767年，杰克逊出生于美国西部一个小木屋中，他是一个遗腹子，母亲抱着他的时候只在想着明天的早餐，根本没有意识到襁褓里的孩子将成为后来的美国总统、美国第二银行的刽子手。

杰克逊的家庭很不幸，独立战争中，他的母亲病逝，两个哥哥一位战死，一位病逝，13岁的杰克逊成了孤儿。中国古代有首乐府诗叫《十五从军征》，杰克逊入伍要早于这个年龄，即13岁。这位童子军从军一年之后被英军俘虏，因为拒绝给英国军官擦皮鞋，脸上被划了一刀，幸亏不是致命伤。

总之，杰克逊的少年时代充满了各种不幸，他甚至没有上过几天正规的学校，直到成为总统时连文法拼写都成问题。杰克逊的传记作者巴西特教授曾经说过：在我们的历届总统当中，大概没有一个比杰克逊读书读得更少，并且在读过的书中懂得更少的了。

参军之前，杰克逊还是一个不知所措的少年，艰苦的战争环境造就了这个男孩坚韧不拔、宁折不弯的性格——只要认为是真理，就必须坚持。也许正是这种性格塑造了杰克逊的人生。

对杰克逊来说，还有什么是不可失去的呢？

失去了亲人，失去了家园，失去了一切，甚至在被俘生涯中差点儿失去生命。我们有理由相信，正是这种人生经历塑造了杰克逊的自信，让他相信自己可以战胜一切强大的敌人，还有什么比失去以上种种更痛苦的呢？杰克逊在当上总统之后曾经这样描述自己：我对一切问题都有自己的见解，见解一旦形成，我就公开加以推行，不管谁跟我走都一样。

成人之后，杰克逊最强大的敌人不再是拿着滑膛枪的英国军人，而是在他眼中穷凶极恶的美国第二银行。青年杰克逊开始与银行产生交集，很遗憾，在交集中银行完全是反面角色。

从军时代，杰克逊是一名民兵少将。所谓民兵是没有联邦政府拨付军费的，部署战役、调动军队、寄养配给都要自己凑钱。杰克逊没有钱，为了打赢新奥尔良那场决定美国命运的战役，杰克逊不得不央求时任国务卿詹姆斯·门罗，门罗向银行抵押了个人财产才筹措到了军费。

为了民族大义、祖国独立，将士们连性命都不顾，银行居然对我如此盘剥，在钱上斤斤计较，青年总统焉能对银行有好印象？

这不是杰克逊对银行产生坏印象的唯一原因。被银行坑惨了之后，杰克逊直接走到了银行的对立面。1788年，杰克逊移居田纳西地区纳什维尔镇，为一位律师服务。这位律师专门接与借贷相关的案子，遗憾的是，总统的雇主站在了银行的对立面——专门为债务人提供法律服务，击垮债权人，让债务变得没有法律依据。

这门生意看起来很赚钱，为杰克逊掘到了第一桶金。在田纳西地区，杰克逊开始拥有自己的庄园、奴隶、马车。据说，当他出现在田纳西的琼斯伯勒时，他已经拥有两匹马、一群猎狐犬以及一名黑奴少女。这美好的田园生活，最终毁在了银行的手中。

西进运动推动美国领土大幅扩张，在这场如火如荼的运动中，按照门罗总统的政策，联邦政府以很便宜的价格把土地出售给移民。例如，1820年，西部80英亩[①] 土地售价只有1.25美元。由于农场面积一般都很大，西进运动的拓荒者支付不起这笔费用，大部分人还要向银行贷款。

农场主的扩张是螺旋式的，一旦扩大经营就必须向银行借贷，银行借贷又需要通过扩大经营来还款，农场主的资产越来越多，债务雪球也越滚越大。

杰克逊恰好生活在这段历史之中，未能免俗，也想在西进运动中实现财务自由。糟糕的是，这位未来的总统判断能力太差，最终折腾到血本无归。杰克逊出售了自己的农场，换回来一堆纸币，就在杰克逊兴冲冲地准备进军西部的时候，发行纸币的那家银行破产了，银行券变得一文不值。

可想而知，杰克逊对银行会痛恨到怎样的地步。从此，杰克逊更加坚信杰斐逊主义，他认为：私人银行（第二银行，因为第二银行的股权分配仍然是私人持股多于政府持股，具有明显的私人性质，所以杰克逊称美国第二银行为私人银行）牟取了不正当的官方支持，僭越了不应有的特权，是货币利益集团与政府的勾结，是私人利益对公共权力的控制。

接下来的事肯定更令杰克逊刻骨铭心，在先后三次总统竞选中，美国第二银行都起到了反向作用，为杰克逊当选制造障碍，为杰克逊的对手摇旗呐喊。

---

① 1英亩≈4 046.856平方米。——编者注

1824年，杰克逊作为总统候选人参加竞选，民主党也第一次在美国政治舞台崭露头角，他们的主要对手是约翰·昆西·亚当斯。亚当斯出身名门，按常理说，当选应该毫无悬念，结果却让人大跌眼镜，杰克逊和亚当斯都没有获得半数票，亚当斯依靠众议院的支持才登上总统宝座，这一过程与美国第二银行不无关系。杰克逊无奈落选，将之称为“腐败的交易”。

在任期间，亚当斯提出了一个对于大多数人来说匪夷所思的“美式体系”（American System），核心是在银行金融体制上，主张恢复联邦政府对全国货币银行体系的控制，为经济快速发展营造良好的金融环境。公平地说，这是一个很好的设想，缺点是有点儿乌托邦。

亚当斯想借助金融的力量瞬间超越英国，建立国家工业体系、国家福利体系、国家商业体系……仅靠美国薄弱的市场化力量无法完成，只能借助国家力量，而国家又只能借助银行的力量。很遗憾，“美式体系”的核心——美国第二银行未能完成这个使命，也不具备这样的实力。

或许是缔造“美式体系”的原因，时任美国第二银行行长比德尔与亚当斯家族的关系越来越密切，与杰克逊的矛盾越来越深。最终，二人的斗争演变为一场意气之争，直接导致美国第二银行的特许状被收回。

剑斩银行，保壮丽联邦

> 19世纪早期的银行基本上投资俱乐部，认识到这一点非常重要。银行股份的出售使得小储蓄者可以购买多样化的投资组合的股份，各个银行的投资组合非常不同，而大家也都知道这一点。因此，它使得小投资者可以参与他们喜欢的当地企业的活动。
>
> ——乔纳森·休斯《美国经济史》

亚当斯希望美国第二银行普惠于国人，第二银行却成了富豪俱乐部，各路权贵大显神通，取得了巨额贷款。《比德尔文件集》记载：时任美国财政部长阿莫斯·肯德尔从美国第二银行借款 5 375 美元，参议员丹尼尔·韦伯斯借款 17 782.86 美元……

在 80 英亩土地只值 1.25 美元的时代，几千几万美元堪称天文数字。在金融市场上，先发优势无比重要，同样的 1 万美元，在不同时期拥有控制权会产生完全不同的结果，哪怕只有一两个月的时间，投资收益的差别都会很大，如此大的资金量能给市场带来什么便可想而知了。

美国第二银行嫌贫爱富，对普通公民悭吝不出，只服务于上层社会。普通人反对第二银行，因为大家都无法获得贷款；工商企业主反对美国第二银行，该行成立以来经常以清洗的手法操纵西部土地价格，顺带让企业主丢掉了原有的抵押物；州立银行也反对美国第二银行，理由很合理：金融市场怎么能由他们一家说了算……

所有这些不满汇集到一起，最终导致了一场声势浩大的反银行运动，主要目标就是美国第二银行。

面对汹涌而来的反对浪潮，美国第二银行觉得自己非常无辜。银行做的是生意，不是慈善，当然要贷款给有钱人，否则，对方不还钱怎么办；至于抵押、质押则是企业主贷款时自愿的，如今还不上钱，银行取消赎回权更是天经地义。银行也没有余钱，贷款放出去，拿不回钱来，让银行喝西北风吗？

美国第二银行根本不为所动，比德尔认为经营决策不应被舆论左右，必须对经济形势有自己的判断并提出相应政策。比德尔的想法比汉密尔顿更进步一些：作为美国第二银行，必须要有独立经营的权力——管你联邦政府大浪滔天！

在任期间，比德尔不遗余力地推进这两项权力——将美国第二银行垄断货币发行权法制化，并要求对商业银行体系拥有管理权。实际上，比德尔在试图建立一家中央银行，留下了很多无论在当时还是现在看来都很狂妄的言论：

> ——在权力上，它（美国第二银行）丝毫也不低于创立它的国家；
>
> ——中央银行应牢固掌握统一货币的权力，不能将财政金融权力让给数百家独立、不负责任而又危险的银行（州银行）。
>
> ——这个政府的管理的符咒，是完全与银行官员的特征和精神不协调的。他们应该只考虑银行的权力和那些管理它的人们的指示，并且，他们应该时刻准备着执行董事会的命令；如有必要，应公开反对总统和任何政府官员的个人利益和要求。

现在大家应该知道为何美国第二银行遭到如此强烈的反对了吧？无论公众、联邦政府，还是商业银行，除了比德尔，没有一方喜欢美国第二银行。

比德尔和美国第二银行激烈的行为让人们想起了1824年杰克逊落选。“美式体系”的倡导者们在幕后做了很多工作才让亚当斯赢得众议院支持，此时，阴谋论呼之欲出，报纸上出现了连篇累牍的报道，上届总统选举，最大的幕后黑手就是比德尔。

> 在俄亥俄州，美国第二银行成了众矢之的。憎恨这家银行、憎恨东部、憎恨看来有利于东部的美国制度，在（19世纪）20年代的密苏里州是很普遍的。在肯塔基州，政治斗争是围绕着对债务人免除债务这些问题进行的……在田纳西州，反银行的情绪强烈到颇有打倒那些拥有州银行的政治家之势。

公众情绪通常会同情失败者，人们把期望寄托在杰克逊身上，尤其是西部拓荒者。杰克逊不可避免地成为美国不满情绪的受惠者，并以人们所寻求的领袖身份出现。过去认为“老核桃木”在新奥尔良表现了爱国主义的坚定性，现在又把他视为政治上公正的象征，能将政府还给人民，使之恢复正常状态，这种看法是合乎情理的。

很多人都希望杰克逊完成终结美国第二银行的使命，恰在此时，1828 年总统大选开始了，杰克逊毫无悬念地胜出，这是民主党在美国历史上第一次获得总统职位。每个人都理所当然地以为，杰克逊会立刻对美国第二银行进行清算，很有可能收回第二银行货币发行特许权。

剧情却意外地反转了……

杰斐逊反对银行，这是众所周知的事实。也许杰克逊疑惑过，为何杰斐逊、麦迪逊就任总统之后仍旧放任美国第一银行胡作非为。

当杰克逊自己坐到总统位置的时候，他开始理解这一切了。美国第二次独立战争给新大陆带来了无穷的灾难，战争结束、百废待兴，任何一个国家在经济起飞的时候都必须有足够的、具备一定信誉的货币，美国第一银行的兴衰完整地证明了这一切。美国第二银行纵有千般不是，也能保证联邦货币信誉，保证联邦货币发行，保证商业银行体系不至于过分扩张。公平地讲，美国第二银行的存在对联邦经济起飞还是有积极作用的，仅仅国家银行的存在就是对州立银行的威慑，“第二银行事实上创造了一种统一的通货，而这正是私人银行所害怕的”。

杰克逊在就职演讲中丝毫未提及银行体系改革，反而在就职总统后不久开始肯定美国第二银行的作用：第二银行在许多方面还是对人民和政府有积极作用的，对于这个观点，我相信且留下了深刻印象。

杰克逊第一次总统任期内，基本没有提及美国第二银行存废问题。有文献认为，因为美国第二银行特许期为 20 年，本届总统任期内不可能解决这个问题，所以杰克逊置之不理。我却认为，一个成熟的政治家，在美国第二银行存废问题上一定会有先手布局，不可能等待最后一击。杰克逊采取这样的态度，美国第二银行也许不会有什么风险。

历史无法假设，新旧交替之际，美国第二银行行长比德尔出了昏着。直到1831年总统任期届满之前，杰克逊也没在国情咨文中提及任何银行体系相关改革。杰克逊的沉默让比德尔和他的支持者过于自信，甚至可以说有些狂妄，开始深度参与总统竞选。

很遗憾，不知出于何种原因，比德尔没有支持曾经支持过自己的杰克逊总统，可能是对总统青年时代的敌对银行有根深蒂固的成见吧。得陇望蜀，比德尔要的不仅仅是支持，还有特权，所以，他希望杰克逊总统下台。他理所当然地认为，就算杰克逊连任，也不能把美国第二银行怎么样，毕竟联邦政府要花钱。

杰克逊的竞争者是亨利·克莱，此人在1824年大选时是亚当斯竞选班底的核心人物，美国第二银行则为克莱的活动提供经费。在克莱的建议下，比德尔和第二银行在1832年就提出了特许状延期申请，实际上，特许状在1836年才到期。

如果杰克逊连任，那么特许权展期问题将在他任期最后一年进行讨论。众所周知，美国总统经常把棘手的问题放到任期最后一年解决。如果在特许权到期的时候第二银行申请延期，那么获批的可能性极大，历任总统实际上对大银行都多少有些依赖。

比德尔提前4年申请延期，当时正处于大选交替之时，这完全是挑衅。这一行为的潜台词是这样的：美国第二银行是否延期，与杰克逊当不当总统无关！

杰克逊虽然没有把矛头直接对准美国第二银行，却对商界插手公共管理极其警惕。他在就职演讲时就曾经提出：纠正那些给联邦政府赞助与选举自由之间带来矛盾的恶习，以及抵消那些扰乱正当的任命程序和把权力给予或保留在不忠之力手中的因素。

1832 年 1 月 9 日，美国国会收到美国第二银行申请特许权展期提案。比德尔和他的支持者没有一丝恐惧，反而变本加厉。亨利·克莱甚至在国会辩论之前公开宣称：假如杰克逊胆敢否决此议案，我就要否决他！

比德尔的信心是有理由的。1832 年 6 月 11 日，参议院以 28∶20 的票数通过该议案，7 月 3 日又以 107∶85 的票数在众议院获得通过。当比德尔微笑着出现在众议院时，议员们争先恐后地向他涌去，人们纷纷与胜利者握手攀谈。

7 月 3 日当晚，比德尔在家中举行了盛大的庆贺宴会，一直持续到深夜。比德尔确信，杰克逊已经无力回天了——这就不是挑衅总统权威了，而是完全无视总统。

就在比德尔忘情庆贺的 7 月 3 日晚上，杰克逊也拿到了提案。当晚，杰克逊对一位来访的朋友放出一句影视剧式的狠话台词：有你没我，有我没你！（原文如下：有我杰克逊，这银行就不能存在！有这个银行，也就没有我杰克逊！）

按照美国宪法，杰克逊可以签署参众两院通过的议案，也可以否决。总统如果否决参众两院通过的议案，那么必须要有充足的理由。杰克逊立即指示手下炮制了一份《合众国银行续期法案否决咨文》，明确提出美国第二银行特许期是非法的，不可能获得批准！

> 第二银行拥有的一些权力和特权是宪法不曾赋予的，是对州权的侵犯和对人民自由的威胁……特许状赋予它的特权及优惠，使其股票的价值远远超过了其正常的价值，从而把数百万美元赐给了它的股东。

杰克逊抛出的问题具有很强的杀伤力，第一银行也曾面临同样的问题。联邦政府只占20%的股份，其他股份在普通投资者手中，而且这些普通投资者主要来自欧洲。美国第一、第二银行都已经权倾天下，怎么能让来自欧洲的投资者进行控制？又怎么能成为股东牟利的工具？这不是把新大陆的鲜血输送给欧洲吗？

更重要的是，杰克逊在国情咨文中提到了一个全社会痛恨的弊端，也是美国第二银行确实没有解决的问题——当下的美国，贫者愈贫而富者愈富。这是一份被传颂全美的国情咨文之一，没什么文化的杰克逊以雄浑的文笔对美国第二银行提出了质问！

> 令人感到遗憾的是，有钱有势的人们无时无刻不想强使政府的一切法案服从于他们自私的目的。社会的差别在任何公正的政府之下总是存在着，才能、教育和财富之平等不能为人类制度所产生。
>
> 在充分享受上天所赐的福泽和优越的工业、经济活动和美德的一切成果方面，每一个人都同样有权得到法律的保护，但如果法律在这些天赋的和正当的利益之外，还要加上一种人为的区别，去授予衔称、恩惠和特权，使得富者更富，有权势者更加炙手可热，那么，社会的下层成员——小农、技工和劳工们——彼辈既无时间又无像受惠者那样为自己谋取利益的手段，便有权抱怨他们政府的不公正。政府里没有必需的邪恶，邪恶只是来自政府的弊端。

第二银行，凭什么你只眷顾富人？

第二银行，凭什么你要涉足政治？

第二银行，凭什么你可以超越法律？

此时此刻，杰克逊与比德尔之争已经超出了正常政策博弈的范围，演变为一场对资金使用权的公平之争。杰克逊动用否决权，通过咨文行使立法倡议权。对刚刚走上崛起道路的美国来说，这无疑值得讨论。

得知杰克逊发出国情咨文后，比德尔暴跳如雷，他吼道：这简直是一个无政府主义宣言，就像马拉或罗伯斯庇尔圣安东尼堡的暴民所讲过的那样。

1832 年总统大选，杰克逊以绝对优势当选总统，与克莱的票数对比是 219：49，选民票数也比克莱多 15 万张，究其根本原因，就是其反对美国第二银行的立场获得了底层民众的支持。有文献如此描述反对美国第二银行给杰克逊带来的声誉：在美国人民、自由职业者和小工业家以及工人阶级中备受爱戴。

美国第二银行的特许经营期在 1836 年才到期，第二银行还有 4 年的生命。此情此景，比德尔发起了最后的反击。

为了让第二银行能够续存，比德尔疯狂了。他下令让第二银行采取强力紧缩政策：收回对州立银行再贷款、减少直至停止再贴现……试图掣肘美国经济发展。

以一人、一家机构之力挑战整个市场甚至国家，在任何时候都是自取灭亡的节奏，一家银行再强大，也不可能与天下为敌。

原本总统否决议院议案的程序非常复杂，若议院再次投票通过则不需要总统再次签署。虽然这种事情极少发生，但毕竟是有可能的，比德尔所作所为把自己推入了绝境。强力紧缩给社会经济带来的伤害有目共睹，信贷紧缩、工厂倒闭、商业萧条、人民失业……

这个时候，谁又会去帮助成为众矢之的的美国第二银行？

1832 年，杰克逊总统展开了反击，在内阁会议上公开提出美国第二银行经营不善，为了避免联邦财政遭受损失，总统下令联邦存款将不再存放在第二银行。为了贯彻这个指令，杰克逊甚至在一年内连续撤换了两任财政部长。

众所周知，财政性存款历来是最稳定的存款，没有了联邦存款资金，第二银行实力呈指数级数下降，比德尔在特许权到期前已经没有可能与总统放手一搏了。1836 年，美国第二银行特许状到期，该银行只在宾夕法尼亚州获得了一个地方牌照，此后，美国第二银行试图操纵原棉市场，结果失败了，它在 1841 年迅速被关停。

关于美国第二银行的是是非非，已经有了很多辩论，也许，格林顿·范森的评价更为中肯："（美国第二）银行的建立和兴盛，表明它是一个很有价值的机构……它所发行的货币币值稳定，兑换方法健全，有助于州银行货币的公共信誉。"

1845 年 6 月 8 日，安德鲁·杰克逊因病逝世，留给子孙一把佩剑，上面写着：兹以此长保我壮丽联邦。

旧金山金矿的悲剧

美国第二银行销声匿迹，就连联邦存款也被杰克逊转到了被称为"宠儿"的州立银行，自此，美国银行业失去了教父。

金融江湖失去教父是好事吗？人们很快就看到了答案。

众所周知，美国是联邦体制，各州都别出心裁地拟定政策：1836 年之后，有的州（比如得克萨斯州和阿肯色州）禁止一切形式的银行存在；有的州（比如印第安纳州和密苏里州）放开了银行牌照审批；有的州（比如新英格兰地区各州）则一事一议，一家一家地批准银行牌照；有的州（比如纽约州、密歇根州）则批准了自由银行立法，把银行作为普通企业对待，只要筹集到一定资本就可以组建银行，不需要银行特许牌照……

经济学，或者说金融学，不同于自然科学，因为金融不能放在实验室里得出结论，一种金融理论无论说得多么天花乱坠，都必须经过经济实践的检验，试错成本异常高昂。所幸，19 世纪 30—40 年代的美国银行体系为银行体制发展提供了一次绝佳的试错机会。

总体看来，1836 年后的美国银行体系相对自由，以纽约州、密歇根州为代表，不需要准入核准，只需依靠市场自我调节。相对宽松的准入体制催生了一批银行，有的银行因实力太差被戏称为“野猫银行”。

这段时间美国产生了多少家银行，我没有查到特别精确的数字，但有一件事可以肯定：随着银行数量的增加，银行券必然随之增加。不发行银行券，银行无以为生，银行券多了，货币就会骤然增多，通胀必将如约而至。

失去了货币当局的约束，商业银行终于拥有了货币发行权。1832—1836 年，短短 4 年间，流通中的货币从 6 000 万美元猛增至 1.7 亿美元，货币增发像一匹脱缰的野马，在市场上任意驰骋。

在英美文学中，这个时期被称为“镀铜时代”，这是一个“没有资本的信贷和没有诚实的企业的时代”，金银让位于“无价值的纸币”，“各州银行正用纸片发行货币，就像一架蒸汽印刷母机。申请贷款时，不需要出示什么，只要说急需用钱就行……价格像青烟一般扶摇直上”。

货币增发，资金会流入实体经济，会创造更多利润。问题是，实体经济与金融业互动有个过程，不可能立竿见影。偏偏人类的金融本性更看重眼前，不看将来，如果缺乏规制，那么，在更为巨大的利润面前，蓬勃而出的货币不仅会流入实体经济，还会流入投机领域，具体来说就是美国西部土地和大城市房产，进而又对后续资金产生示范作用。正是这个原因，信贷扩张往往与资产泡沫关联性很强，1836—1839 年的美国便是如此，芝加哥、纽约等大城市房价涨幅高达 3~6 倍。

危机的经济学内涵永恒不变，那就是一旦货币资金不能顺畅流入实体经济，投资品价格就必将被扭曲，飞翔的货币总要寻找去处。实体经济资金失血越来越严重，1837 年，年轻的美国经历了有史以来第一次全面性危机。原本西进运动创造了巨大的市场，根本不应该在经济起飞时刻出现这样的危机。

19 世纪是金本位时代，面对货币扩张，总有人率先挤兑黄金。这场银行界盛宴，不足一年就无法支撑下去了，1836 年，整个美国已经找不到可以兑换黄金的银行了。恰在此时，1837 年 1 月 2 日，美国财政部在银行体系提取了 900 万美元现金，整个市场立即在当月崩溃。

原本炙手可热的房地产已经找不到买家了，接着，流通中的货币也出了问题，人们不再接受绝大部分银行券，而黄金又变得奇缺。

接下来就是经济危机了，全美国房产、土地、股票暴跌，90% 以上的工厂破产、商店关门，失业率奇高无比；接下来，危机席卷了全球，英国宣布禁止对美国运输黄金，同时停止对美的棉花贸易。

危机状态在美国整整持续了 11 年，危机的拯救者——瑞士人苏特尔变成了一个不折不扣的倒霉蛋。

1848 年，一名工人在苏特尔的农场中发现了金沙，这是一个巨大的金矿。毋庸置疑，有金矿自然就有与货币对应的黄金，后来，苏特尔的农场有了一个新的名字——旧金山。旧时，这里确实曾有金子。

巨大的金矿含量迅速弥补了流通中黄金的不足。有了充足的黄金供应，美国金融和整个经济体系才会恢复元气，否则，整个新大陆体系都有可能因为货币匮乏而失去生机。

这一过程对于苏特尔来说却是一场噩梦。1848 年，他的农场被全国各地涌来的淘金者践踏。人们一遍又一遍地翻找金沙，他的三个儿子为了保卫农场，被蜂拥而至的淘金者杀死，苏特尔自己则成了旧金山的流浪汉。

在冷血的黄金世界，苏特尔在流浪 25 年之后猝死在美国国会大厦之前，临死前怀里还揣着要求法院保护他个人财产、返还金矿的诉讼状。

第 9 章

金融造物主

爱迪生没说出来的话：灵感不是最重要的

托马斯·阿尔瓦·爱迪生因为发明电灯而被世人记住，他曾经说过一句话：天才是1%的灵感，加上99%的汗水，但那1%的灵感才是最重要的。

最初很多人知道前半句，不知道后半句。后来有人认为后半句才是最重要的，再后来，很多自诩既有灵感又舍得流汗的人还是无法成为天才。

这是为什么？我来告诉大家，伟大的爱迪生擅长藏拙，他仍旧没把这句话说完，那些没被说出来的往往才是要紧的成功秘诀。甚至不需要什么高深的理论，仅靠常识也能知道，就算是天才也要先找到机会挥洒汗水和灵感，有机会才能成为天才。很简单，“汗水+灵感”的催化剂是最普通的东西——资本，也就是人们常说的钱。

灵感比汗水重要，没有那1%的灵感，汗水就可能白白流淌；资本比灵感重要，没有资本，根本就没有机会挥洒汗水，更不要说触动灵感。

爱迪生不缺汗水和灵感，只是缺钱，否则小时候就用不着去卖报，也不会被老板打聋一只耳朵了。一句话，就算是天才如爱迪生，没钱也是万万不能的。

要想成为这个世界的天才，爱迪生必须遇到那个给他“三颗痣”的人，这个人将成就爱迪生一世功业，也将毁掉爱迪生的一切。爱迪生终究还是遇到了他，这个人的名字叫约翰·皮尔庞特·摩根，爱迪生发明了电灯，电灯里燃烧的不仅仅是爱迪生的智慧，还有皮尔庞特的美元。

现在，我隆重推出金融史上的神级人物、重组美国的金融之神——约翰·皮尔庞特·摩根。有了皮尔庞特·摩根和他的投资银行，电能才开始推动世界运转。

皮尔庞特·摩根的一生是传奇的一生，改变了金融，改变了美国，在某种程度上也改变了世界。

1878 年，爱迪生开始研究电灯。众所周知，任何工程实验的耗费都非常大，买材料、雇员工、租场地……需要很多很多钱，据估算，每天花费大概在 800 美元左右。这笔钱就算放到今天仍然是一笔巨款，爱迪生从哪里拿到的钱，又如何能在没有正常收入的情况下养活自己？

答案是皮尔庞特·摩根，他在爱迪生脚底板上印下三颗痣，替爱迪生承担了所有的实验费用和生活费用。如此，爱迪生才能安心发明电灯。

爱迪生的实验室就在皮尔庞特·摩根的家中，这是纽约哈得孙河畔的一栋豪宅，院子里有网球场，还有游艇码头。爱迪生没有在这个诗情画意的地方休养生息，而是把摩根先生的家弄得千疮百孔，总共在这栋房子里铺设了 4 000 多米电线，今天邻里装修产生的噪声让我们极其厌烦，真不知道皮尔庞特·摩根是怎么熬过那些家里终日叮叮当当的日子的。

不知经过了多少次试验，不知花费了多少个 800 美元，1879 年 10 月 22 日晚，皮尔庞特·摩根在家中举办了一个盛大的仪式，点亮了住宅中的所有电灯，与亲友共同见证了人类点亮黑夜的奇迹[①]。

当年圣诞节，皮尔庞特·摩根在纽约门罗公园点燃了60盏电灯。当时，普通人根本无法理解电能，目睹黑夜犹如魔法般被点亮，人们高喊“爱迪生万岁”，殊不知点亮万家灯火的不仅仅是电流，还有摩根源源不断的金钱。

皮尔庞特·摩根不是慈善家，他是一个商人，商人有任何举动都不会仅考虑慈善。门罗公园的表演不仅仅是为了庆祝圣诞节，也是为了开创一个新市场。

从东海岸到西海岸，从美洲、欧洲再到亚洲，当全人类的黑夜被点亮，将创造多大一个市场，又将带来多少利润？百年之交，砸烂一个黑色的旧世界，点亮一个新世界，皮尔庞特·摩根将掌握全世界的财富！

更重要的是，皮尔庞特·摩根认识到电能既然可以点燃电灯，也一定可以作为动力推动世界，从此，无须火焰、木炭，无须石油，无须瓦斯灯、煤气，就连工业革命的代表蒸汽机车也将彻底成为历史，只有一种看不到的能量在流动！

爱迪生很幸运，那个给他三颗痣的人是皮尔庞特·摩根。所以，爱迪生猜到了故事的开头。实验成功后，皮尔庞特·摩根对爱迪生投资1 000万美元，二人合伙注册了爱迪生电灯公司，希望把电灯推广到全世界。

1889年，巴黎世界博览会，爱迪生电灯公司为博览会提供了1 000盏电灯，亮度从几十烛到上万烛[②]，其中埃菲尔铁塔上的电灯直径长达150厘米，亮度为6万烛，埃菲尔铁塔第一次在夜晚闪耀。

① 1854年，旅居美国的德国钟表匠亨利·戈贝尔在真空玻璃瓶里放了一根碳化竹丝，制成了首个有实际效用的电灯，但是这种电灯寿命太短，真空玻璃瓶也无法投入大规模生产。此后世界上很多人都在改造电灯，但始终未能实现量产。爱迪生并非发明了电灯，而是改进了电灯中的灯丝，使之变得更实用。

② “烛”为电灯最初出现时亮度单位，意思是一支蜡烛的光亮。

巴黎世界博览会给爱迪生电灯公司带来了巨大的成功，电灯为全世界所知，看起来电灯中的光芒即将化为皮尔庞特·摩根兜里的美元。然而，并没有。

任何创新都会触及既得利益者，就连电灯这样的创新也不例外。明明可以点亮世界，爱迪生电灯公司却遇到了巨大的阻力，而且，爱迪生的电灯本身也遇到了不可克服的困难。

爱迪生电灯公司提供的电灯依靠直流电，直流电有一个致命的问题：输送效率太低，发电站到终端不能超过1公里，从经济成本来看甚至不如家用发电机。显然，在一个城市中，每隔几公里就建一个发电站是不可能的。

那么，为什么不能选择家用发电机？此时，纽约市民使用煤气灯已经半个多世纪了。纽约城的煤气管道铺设到每家每户，又连到煤气灯上。家喻户晓的故事《小王子》中就有这样的情节：一到天黑就有人专门点亮路灯（煤气灯）。煤气在纽约乃至欧美都是一个很大的产业，即使电灯能点亮黑夜，煤气供应商也不会将蛋糕拱手让人。在纽约，市政府直接拒绝给爱迪生颁发营业执照；在英国，议会组织了一个顶级物理学家听证会，结论是电灯商用完全不可能实现，爱迪生电灯公司这么做只是因为对电力与动力学原理有着最狂妄的无知。非但如此，媒体还充斥着“电线杀人”之类的报道，总制造噱头说电线可以在不经意间将人勒死。

爱迪生和皮尔庞特·摩根都是很世故的人，为了让人们接受电灯，爱迪生电灯公司采用了昂贵的集中供电方式——也是唯一被市政府接受的方式。为了消除公众愚蠢的电线杀人的质疑，他们把电线和煤气管道一样埋在地下，而且使用了和煤气一样的读表的方式计费（事实证明，这些确实有利于城市建设与美观）。

剩下的事情就是输电效率了，爱迪生电灯公司必须突破这一难题。

历史并非没有给爱迪生机会，但是很遗憾，这位既有天赋又肯挥洒汗水的天才并没有抓住，问题的钥匙就是另一位拥有汗水、灵感的天才——尼古拉·特斯拉。

1884年，爱迪生电灯公司中出现了一名年轻的员工，他的名字叫特斯拉，人类历史上公认的科学天才。与卖报纸出身的爱迪生相比，特斯拉接受过正规大学教育，在科学创造上更富有灵感，也从不吝惜汗水。据说，特斯拉从来不用图纸、模型，甚至很少做实验，仅凭想象和理论推导就能完成整个设计。换句话说，这是一位不世出的奇才。一生中共获得112项专利，除了因被爱迪生算计而被收回的收音机专利，特斯拉为人类开创了一个前所未见的世界：交流发电机、交流电传输、水电站、无线电、电话、雷达、X光……

特斯拉刚进入爱迪生电灯公司的时候还是一个激情澎湃的小伙子，对爱迪生也很崇拜。进入爱迪生电灯公司之前，特斯拉就已经发明了交流电发电机，但技术还不成熟。在爱迪生电灯公司，特斯拉开创了24项直流电发电技术，极大节约了成本，最初深受爱迪生赏识。特斯拉这样的天才人物，马上就看到了直流电的弱点，怀着一腔热忱向爱迪生陈述了自己的观点：希望爱迪生用交流电替代直流电，交流电可以用高压输送，与直流电相比，电损失几乎可以忽略不计。

令特斯拉没想到的是，爱迪生对交流电根本没有兴趣，后人觉得，爱迪生固执地认为世界不需要交流电，有直流电足够了。对此，或许作为当事人的特斯拉更有发言权，他给出的解释是：爱迪生仅上过三个月的学，要懂得交流电原理，必须懂得高等数学，爱迪生根本不懂，他（爱迪生）的方法效率非常低，经常做一些事倍功半的事情，他如果知道一些起码的理论和计算方法，就能省掉90%的力气，他无视初等教育和数学知识，完全信任发明家的直觉和建立在经验上的感觉。

有时，如果老板喜欢你，缺点就会变成优点，反之亦反是。另一个天才特斯拉恰恰没有被老板喜欢。爱迪生开始嫉妒特斯拉的天赋，作为公司总经理，无端排挤作为员工的特斯拉，尤其对特斯拉从来不做实验进行了抨击。最过分的是，当特斯拉向爱迪生索要直流电机改进报酬5万美元时，爱迪生居然回答：年轻人，你还不懂我们美国人的幽默。

特斯拉再一次退让，要求将周工资从18美元涨到25美元，爱迪生对此嗤之以鼻，非但没有答应，还把特斯拉赶出了爱迪生电灯公司。

错把平台当能力！没有大公司的舞台，灵感和汗水有什么用？离开爱迪生，离开公司，你什么都不是！

任何天才、汗水在得到金融支持之前，都很可能无法绽放光芒，特斯拉当时的情况确实是这样。离开爱迪生电灯公司，特斯拉的工作真的没了灵感，只剩下了汗水，他从一位工程师变成建筑工人，在市政工地上挖水沟，真可谓明珠暗投。

灵感、汗水、金融，哪个重要？

我们给出的答案是：毫无疑问，天才更重要！

世界上，这个值钱，那个值钱，但最值钱的东西唯有人类智慧，一切财富都是人类智慧创造的，也只有人类智慧才能创造财富。世界上，万事万物都可以被替代，唯独人类智慧无法替代，所有智慧都是独一无二的，尤其是对那种拥有超凡智慧的人来说。

金鳞岂是池中物，一遇金融便化龙！特斯拉确实不懂美国式幽默，但世界上只有一个特斯拉，他才是真正的垄断者。很快，特斯拉就迎来了自己的机遇——乔治·威斯汀豪斯。与摩根不同，乔治·威斯汀豪斯是一位实业家，并不擅长金融；与爱迪生不同，乔治·威斯汀豪斯是一位科学家；所以，威斯汀豪斯能看清楚电能发展的技术路线，也不会意气用事，做出非理性举动。

特斯拉与威斯汀豪斯同样一拍即合，成立了西屋电气公司。当天才遇到钱，特斯拉立刻完善了交流电体系设计，1886年春，西屋电气公司输电系统在纽约州布法罗市诞生了，每当夜幕降临，布法罗市都会真正上演一幕“华灯初上”，成为美国一幅壮丽景观。

至此，摩根最致命的敌人出现了——不是为纽约提供煤气照明的洛克菲勒财团，而是同样挥洒汗水、有才华、又懂得现代科学的人——特斯拉。我们进一步思考，如果洛克菲勒财团率先一步找到特斯拉，并与之合作，电能世界也许就没有摩根先生的份了！

金融点亮世界

交流电还没有被大规模应用，到底选择直流电还是交流电，暂时还没有标准答案。对摩根来说，这是一道无法做错的选择题，如果错了，那么他将输掉整个世界！商场如战场，一个行业的先驱往往会成为先烈，摩根肯定不想当先烈。

摩根确实不懂电能，但他会数兜里的美元。巨大的利润前景让摩根下定决心用交流电取代直流电，爱迪生却一次又一次拒绝了摩根的要求，固执地在直流电的路上越走越远，甚至与特斯拉展开了一场旷日持久的“电流大战”。爱迪生不止一次雇小学生抓来流浪狗和流浪猫，将之放到一块儿与1 500 V电相连的铁皮上当众表演。后来甚至发展到电人，据说电椅死刑就是为了打压交流电发明出来的，目的就是搞臭交流电。据说，为了增加痛苦效果，第一次用电椅执行死刑的电压不足，大大折腾了一番。

爱迪生不再醉心于发明创造，反而专注于黑特斯拉，为此，他亲自撰文写了一本小册子《当心》，结论如下：西屋电气公司的产品可以在6

个月里杀死他们的顾客，无论你的块头有多大。交流电确实存在危险，不过，谁没事会把自己放在跟高压电相连的铁板上呢？

人们向往黑夜中的光明，摩根向往美元，是时候清除爱迪生了。在爱迪生毫不知情的情况下，摩根开始收购爱迪生电灯公司股票。在获得董事会控制权之后的某天，爱迪生办公室迎来一群不速之客——摩根派来的。他们向爱迪生宣布，根据董事席位及决策，爱迪生必须马上离开办公室，并交出爱迪生电灯公司的控制权。

爱迪生的执着是好的，科学家只有抱着信仰般的执着才能取得好的成绩。但是，科学家的执着又存在严重的问题，这是以牺牲某位科学家的事业为代价的。在某种理论或技术成熟之前，没有人知道哪个方向是正确的，一位科学家或者发明家认准的方向可能从最开始就是错误的，穷尽毕生之精力也不可能有结果。

一将功成万骨枯，毁灭型创新同样要科学家付出“万骨枯”的代价。历史记住的只是最后的成功者，还有无数无名英雄默默奉献。

自人类出现以来，开天辟地的创新不过那么几次，已经没有人知道到底是谁最初在火上烤食物，也没有人记得是谁发明的金属工具。数千年的田园牧歌之后，瓦特的蒸汽机把人类带入了机器时代，再后来便是电气化。顺便说一句，你所知道的瓦特的蒸汽机、爱迪生的电灯都不是原创性技术，只是技术改良的产物，之前已经不知道有多少人为之前仆后继，而人类只记住了这两个商业化推广人。

现实是残酷的，原本就是如此。毁灭型创新不知要经过多少次试错才能实现，成千上万次尝试更不知要耗费多少财富和机会才能成功，人们根本不可能把希望寄托在一个人的身上。

近代以来，站在历史的十字路口，如何选择关键的节点，选择权就留给了金融家，具体到此时便是摩根。与科学相比，金融家也有信仰，同样异常专一，那就是赚取最高利润。只要能赚钱，就可以毫不犹豫地调整技术路线，事实证明，只有能赚钱的技术才是真正的好技术，只有实现商业化才能普惠于万众生灵。

爱迪生做错了选择题，摩根却不会做错。

1892 年，摩根主导并购汤姆森－休斯敦电气公司、爱迪生电灯公司，合并后的公司叫“通用电气”。爱迪生将不再是通用电气总经理，只是按照持股比例做一个股东。顺便说一句，通用电气自道琼斯指数创立起就在其中，是最初 12 家公司中硕果仅存的公司。

商场如战场，但是，商战的结果不一定是打败对手，还有可能是双赢或双输。摩根家族并不擅长在竞争中击溃对手，相反，摩根家族始终擅长与对手联合，进而控制（垄断）整个市场，获取最大利润，也就是现在所说的投资银行业务——并购。对此，摩根的信条是：竞争是浪费时间，联合和合作才是繁荣和稳定之道。

经济学中有一个重要的概念叫作规模效应，一家企业只有达到一定规模才可能有更高利润。有的行业天然具备垄断性，电力供电在这一点上应将“规模效应”体现得淋漓尽致——供电需要庞大的输电网络，网络越大单位输送成本越低，企业越有效率，事实上，任何一个国家的电网都是垄断的。石油、铁路、钢铁……电气化时代的行业大多如此。

尽管交流电给西屋电气公司创造了很多利润，但建设输电网络的成本更高。通用电气的日子不好过，西屋电气公司同样灯枯油尽。如此，何必非要击溃西屋电气公司？

摩根马上向特斯拉伸出了橄榄枝，如果西屋电气公司愿意跟摩根共享交流电专利，那么，将由通用电气负责电力网络建设，特斯拉负责技术革新，这将是一对梦幻组合。

面对如此前景，摩根原以为特斯拉和威斯汀豪斯会毫不犹豫地答应，万万没有想到，西屋电气公司拒绝了摩根。特斯拉不是一个商人，相反，他一方面淡泊名利，另一方面爱憎分明，通俗地说就是钻牛角尖，赚钱不赚钱无所谓，必须跟爱迪生斗到底！

敌人的朋友就是敌人！比如，摩根。如果不是摩根资助爱迪生，直流电根本就不可能与交流电分庭抗礼，怎么能向曾经的对手送出玫瑰？何况摩根根本不懂电能和交流电，不过是一个铜臭满身的银行家罢了。

特斯拉不答应，摩根就没有办法了吗？在金融江湖呼风唤雨，摩根从来不是什么善茬，面对富可敌国的财富，不可能有一丝手软。于是，摩根立即拿出了金融的狼性：给，我们就合作；不给，就消灭你！

在发明电灯之前，摩根就已经主导了美国国债市场，在华尔街是一位具有巨大影响力的人物，创立通用电气更是为摩根在全美赢得了至高无上的声誉，在金融市场上可谓一言可兴邦，一言可丧邦。

金融与恋爱有很多相似之处，暧昧阶段最美好，在这个阶段，男女双方会把最优秀的一面展现给对方，令人神魂俱醉。一旦相恋或者结婚，柴米油盐酱醋茶，没什么可隐瞒，戳破那层窗户纸反而没什么神秘的了。

金融市场也需要暧昧，暧昧最具备力量，无论成败。金融市场上，消息未落地之前最能激发想象力，摩根深谙此道。箭在弦上，引而不发，这个时候最有威慑力，没人知道未来是什么结果。真的事到临头，一切都很清晰，人类对确定的损失（收益）的感受远不如对未知的恐惧（贪婪）深刻。好消息则能吹上天，坏消息则砸入地，所谓“利好出尽是利空”就是这个道理。

在一次新闻媒体发布会上，摩根不经意间提到一件事：扩张迅速的公司将会面临破产威胁，陷入财务困境。摩根没有指明自己说的是西屋电气公司，他所说的也只是一个常识，只不过这件事从摩根嘴里说出来就变得完全不一样了。

硬币的一面，是西屋电气公司交流电市场前景巨大，扩张非常快，市场占有率迅速增加；硬币的另一面，是西屋电气公司负债率非常高，现金周转不灵。在摩根的口中，大家只看到硬币的一面，负面前景被无限放大，人们的理解就变成了这样：西屋电气公司将立刻陷入财务困境，面临破产威胁！

众口铄金，积毁销骨。在金融市场上，如果大家都这么认为，那么这件事就一定会发生，这就是所谓“预期自我强化”。

果不其然，西屋电气公司股票应声被抛售，从前顾客盈门，如今债主堵门，立刻陷入濒临破产的边缘。

此时此刻，特斯拉显示了高贵的人格，他对公众宣布：为支持西屋电气公司，他将放弃交流电的巨额专利使用费。人们都知道西屋电气公司最值钱的不是那些发电机器，不是办公楼，不是账上的现金，而是特斯拉的交流电专利！拥有这项专利使用权，西屋电气公司和威斯汀豪斯仍将拥有全世界，而摩根什么都没有！

1893年，世界博览会主场转移到美国芝加哥，意义非凡。世博会主办权是一种标志，谁占领了世界科技的制高点，谁将拥有世界，谁才最有资格举办这场世界盛会。

> 世博会是人类进步的计时员，每届世博会，不论大小，都有助于文明提升。
>
> ——美国第25任总统威廉·麦金莱

芝加哥主办方希望世博会向世人展示最先进的科技成果——电能，整个博览会将采用电灯供给夜间照明，人类夜晚将亮如白昼！

由此，采用直流电还是交流电便成为关注的焦点，结果，西屋电气公司的报价仅为40万美元，直流电方案即使亏损也不可能低到这个程度。除此之外，所有发电设备将建设于距离世博会几十公里以外的地方。

毫无疑问，西屋电气公司拿下了世博会供电权。世博会当晚，美国总统亲手按下了点亮电灯的按钮，20万只使用交流电的电灯（15万盏白炽灯、5万盏弧光灯）在夜幕下闪烁着光芒，原来人类真的可以点亮黑夜！所有人都以为，芝加哥博览会后，西屋电气公司的订单会如雪片般飞来，而电气化的先驱摩根先生将一蹶不振。

上届世博此门中，直流电灯相映红。爱迪生不知何处去，特斯拉反倒成英雄。如果摩根接受这样的结局，那么摩根将不再是摩根。

相反，摩根的神来之笔扭转了败局。尚未在世博会的喜悦中清醒，西屋电气公司就与摩根先生不期而遇——以置西屋电气公司于死地的方式。

摩根对西屋电气公司提起诉讼，原因是西屋电气公司盗取了通用电气最核心的技术——交流电专利，摩根提出，交流电是特斯拉在爱迪生电灯公司的职务发明，所以，他和通用电气才是交流电专利的真正拥有者。

这是一场很无厘头的诉讼，因为事实上交流电专利并不是特斯拉创立的，而是特斯拉于1882年从别人手中买过来的，特斯拉只是改进了这项专利而已。拿到这项专利的时候，特斯拉还在布达佩斯一家电报公司工作，跟摩根、爱迪生、通用电气根本没有关系。换一个角度来看，特斯拉倒是想在通用电气（当时的爱迪生电灯公司）对交流电发电输电技术进行改造，而恰恰是这个原因，他被踢出了爱迪生电灯公司。

这场争斗早在爱迪生毫不间断的口水中传遍了美国，人们都知道摩根此举意在打压对手，西屋电气公司最后肯定会赢得诉讼。

可是，美国的司法效率人尽皆知，直到今天还是这样，一场商业诉讼拖个两三年不在话下。更何况提起诉讼的人是摩根，不用想，无论取证还是审判都将是一个漫长的过程。西屋电气公司大概率会赢得诉讼，但是在此期间，西屋电气公司所有的业务都将陷入停滞。

在强大的摩根财团面前，西屋电气公司被迫签订城下之盟，将交流电技术专利卖给摩根。1895 年，皮尔庞特 · 摩根以德雷克塞尔 · 摩根公司为班底主导成立 J.P. 摩根公司，就是后来的摩根财团，拉开了摩登时代的大幕。

沉没的泰坦尼克号

美国南北战争之后，美国经济出现了跨越式增长，1860—1880 年，20 年间，美国工业投资由 10.90 亿美元增至到 27.90 亿美元，产值则从 18.85 亿美元增加到 53.69 亿美元，接近原来的三倍。1862 年，美国 GDP 占全球的比例只比 10% 多一点儿；仅仅 10 多年，美国 GDP 总值就超过了英国，一举跃居世界第一；19 世纪的最后 30 年，美国制造业增长率为 84%，到 1894 年中日甲午战争的时候，美国已经成为世界第一经济大国，工业品产量相当于英、法、德三国总和，工业品产值占全球的 1/3。

这种令人目眩神迷的变化始终让经济学家和历史学家分外着迷。如果能够穿越时空，那么将看到一种怎样的场景，让一个农业国家一跃成为工业国家？在那个令人目眩神迷的摩登时代，金融扮演着怎样的角色？崛起之路可能被复制吗？

在这个令人目眩神迷的摩登时代，代表人物便是皮尔庞特 · 摩根。1892 年，摩根主导并购汤姆森—休斯敦电气公司和爱迪生电灯公司；1895 年，以德雷克塞尔 · 摩根公司为班底主导成立 J.P. 摩根；1901 年，组建美国钢铁公司，仅此一家公司的资本就占全美国制造业资本的

15%；1912年，摩根一手创立的摩根财团在美国排前120名的公司中占341个董事席位，总资产合计220亿美元，是密西西比河以西22个州全部不动产的总和。

在摩根及投资银行业的主导之下，1898—1904年，美国兴起了第一波并购热潮，美国钢铁公司、通用电气公司、美孚石油公司、宝洁公司、国际收割机公司、美国烟草公司、杜邦公司……一大批巨无霸屹立于新大陆。到了1904年，美国各经济部门的托拉斯有440个，全国托拉斯拥有全部工业资本额的60%。

硬币永远有两个面：

——有这么多富可敌国的大企业无疑是美国之幸，托拉斯造就了美国的辉煌，巨型托拉斯有着世界上最低的人力成本、最大的销售市场、最先进的技术和设备。此时，美国已经是地地道道的江湖霸主。

——有这么多富可敌国的大企业又是美国之不幸，托拉斯的出现意味着垄断，意味着没有竞争，意味着社会将承受无尽痛苦。一旦形成垄断，任何强势方都会极度压榨弱势方，既可以切割所有消费者剩余，又可以极度剥削工人，“泰勒工作制”就是最鲜活的证明。

一方面，垄断企业富可敌国；一方面，垄断企业在利润驱使下做尽坏事——只要能降低成本，什么都敢做！

针对托拉斯的命运，洛克菲勒有一句名言：当红色蔷薇含苞待放时，唯有剪去四周的枝叶，它才能在日后一枝独秀，艳丽绽放。

20世纪初，美国曾经流行一本畅销书《屠场》，作者厄普顿·辛克莱是当代美国政治小说家的代表人物。如同《汤姆叔叔的小屋》引发了南北战争，《屠场》则引发了全美对托拉斯的反思，最后导致了托拉斯的肢解。

1904年，辛克莱应一家杂志社之邀去往芝加哥进行工人生活情况报道。没有想到，辛克莱不但看到了穷苦的工人，还看到了食品生产中的黑幕，肉类加工厂的运作过程令人触目惊心：

> 洗过手的水被配制成调料；工人们在肉上走来走去，随地吐痰，播下成亿的细菌；毒死的老鼠被一同铲进香肠搅拌机；各种病牛被送到屠宰台上，像其他牲口一样被宰割，同其他的肉一并被放进冷藏间；凡是已经腐烂得再也不能派上任何用场的肉，就拿来制成罐头……

辛克莱笔下，工人与被屠宰的牲畜有着同样的命运，尤其是像主人公尤吉斯这样的海外移民。牛羊被“利用身上的一切，除了叫声”，人又何尝不是如此？梦中的新大陆，可以“不分贫富，人人都是自由的”“可以当上富翁”。在真实的屠宰场，人们就像“掉进笼子里的老鼠”，只见到了污秽、肮脏、恶臭，牛羊被赶上死路，被赶入死亡的河流，“这景象也正是人类命运的缩影”。

小说曾在杂志连载，出版之前就已经名声大噪，西奥多·罗斯福总统特意订购了一本。拿到书的那个早晨，总统想必很开心，边吃早饭边读书，书读到一半，早饭也吃到了一半，总统实在忍受不了，打开窗户就把手中的香肠扔了出去，边扔边喊：“我中毒了！”就算在白宫，就算是总统，高空抛物也不是什么好习惯，抛出去的香肠正好砸到了一位参议员，参议员很惊恐，以为总统正在被谋杀。

罗斯福总统不太相信美国会有这样的肉食品加工厂，便秘密派去调查组，得到的结论是：芝加哥真实的状况比书中的描写还要糟糕！总统听完后当场被气昏迷，据说醒来第一个问题是：我们中午吃的是猪肉吗？

人们蓦然发现，托拉斯垄断的不仅仅是生产和销售，而是一切社会资源、每一个社会环节，托拉斯可以垄断全部资源，当然也可以扼杀所有创新，使世界尽在彀中了！不是“人人生而平等”吗，托拉斯控制者只是极少数人，极少数人把钱都赚走了，其他人何以处之？

美国移民文化曾经连中央银行都搞掉了两次，还怕托拉斯？何况托拉斯并非没有强大的敌人，最大的敌人便是州政府。托拉斯在联邦注册，在美国甚至全球范围内避税，说到底还是降低了州政府收入，同时降低了工人、农民的收入，顺便又降低了个税。州政府毕竟是一级政府，他们号召工会抵抗托拉斯，立法宣布垄断托拉斯违法，甚至送给托拉斯一个响亮的绰号：“Evil”（邪恶）。

由此，整个社会都开始反思和讨论：个人财富追求是否可以损害社会公共福利？答案显而易见，不可以。保护个人、公司财产必须以保护社会整体福利为先决条件，以损害社会整体福利为代价谋得利益则必然非法。限制一家企业的贪婪就能换来社会整体福利的提高，无疑，这才是正义。

> 我们正面临着财产对人类福利的新看法。有人错误地认为，一切人权同利润相比都是次要的。现在，这样的人必须给那些维护人类福利的人民让步了。每个人拥有的财产都要服从社会的整体权利，按公共福利的要求来规定使用到什么程度。
>
> ——西奥多·罗斯福

人们都知道泰坦尼克号，这是一艘豪华游轮，被称为“永不沉没的客轮”。根据泰坦尼克号演绎的故事层出不穷，电影《泰坦尼克号》于1998年获得奥斯卡金像奖。然而，很少有人知道泰坦尼克号的主人正是大名鼎鼎的皮尔庞特·摩根，摩根财团是泰坦尼克号的大股东，泰坦尼克号首航也为自己的主人摩根准备了一间头等舱。

1912年4月14日，这艘“永不沉没的客轮”沉没在北冰洋，很幸运，摩根由于种种原因取消了行程，没有登上这艘客轮。托拉斯就没有这么幸运了，1914年，时任美国总统威尔逊主导国会通过《克莱顿反托拉斯法》，该法规定凡能导致削弱竞争的价格上的差别对待均属非法。通俗地说，《克莱顿反托拉斯法》认为，任何可以在市场上自行定价的公司都属于垄断组织，就要被解体！

根据《克莱顿反托拉斯法》，J.P. 摩根、洛克菲勒财团、美国制糖公司等一批托拉斯被肢解。1933年，根据《格拉斯—斯蒂格尔法案》，J.P. 摩根公司被肢解为 J.P. 摩根和摩根士丹利……

托拉斯的陨落确保了后来美国在新一代科技创新中继续崛起，只有这样，金融与创新的传奇才能永恒。

谁是金融救世主

大清光绪三十三年，公元1907年，西方世界经历了第一次全球性金融危机。这原本不应该是一场危机，最后却因为几个事件突然引发了崩溃，此次危机对立法框架的影响却远远超过了1893年以及更早的几次危机。

大海风平浪静的时候却暗流涌动，每一次金融危机降临人世时总是无声无息，又让人避无可避。

1907年10月16日，原本很普通的一个日子，华尔街两个投机商在这一天做了一笔交易，做空联合铜业公司，进而收购该公司。依靠做空来收购一家公司，从现在的市场规则来看是违规的，在当时却司空见惯。谁也没有想到，做空行为引发了潜藏已久的市场空头情绪，联合铜业公司股价在两个小时内从 60 美元直降到 10 美元，该公司很快宣布破产，两位投机者奥古斯塔斯 · 海因兹和查尔斯 · W. 莫尔斯也损失惨重。

在以并购著称的摩登时代，做空、暴跌、破产，这些都算不了什么，问题是海因兹、莫尔斯在金融市场具有举足轻重的地位，两人是很多银行、信托公司、股票交易所的股东或者董事。

联合铜业的暴跌暴露在所有公众视线之内，本就不是秘密的消息，但这刺激了投资者脆弱的神经：每个人都知道海因兹、莫尔斯肯定在参股金融机构中有融资行为，接下来的推论则是，如果这两个人破产，就会影响这些机构，进而影响对公众兑付……

猜疑链有一定道理，但是，猜疑不一定是事实。如果公众一致对此进行猜疑，麻烦就大了，猜疑将会成真。

不要奇怪公众情绪爆发的原因，金融市场因杠杆而变得有生命力，也因杠杆而变得异常脆弱。可以这样说，脆弱性是金融市场不可弥补的先天特征，任何一个消息都可能打破平衡，进而导致极端情绪。其实，导致市场崩溃的原因并不是这样或者那样一个消息，而是积累已久的负面情绪。

仅仅两天之后，储户就开始挤兑尼克博克信托公司。该公司是美国第三大信托公司。尼克博克并没有被储户击垮，而是始终如一地兑付存款。即使如此，市场上仍然突然出现了谣言，说该公司即将破产。挤兑风潮开始蔓延，很快就遍及整个纽约银行体系，隔夜拆借利率高达 150%。

在不足 10 天的时间里，危机传导链条变得明晰起来：储户挤兑银行→银行逼迫信托公司还款→信托公司抛售股票→股市崩盘……

10 月 24 日，纽约股票交易几乎变成了一潭死水，再也找不到买家，2 000 多家股票经纪所破产，无数投资者血本无归……当时，电报已经在全球主要国家金融市场普及，危机迅速波及伦敦、东京、上海……

金融中的所谓信用本就是一个虚无缥缈的东西，任何时候，危机中最珍贵的莫过于信心，信心若在，一切便都在；信心若丧失，要么等待信心恢复，忍受痛苦的经济倒退，要么依靠神一般的人物挽救信心。

1907 年的美国是幸运的，一个神一般的人物出现了。这个人正是皮尔庞特 · 摩根，摩根也将是全球金融业永远的传说。

皮尔庞特 · 摩根的事迹已经众所周知。主导公司并购；化解 1894 年美国联邦政府黄金储备危机；个人总资产一度高达 220 亿美元，是密西西比河以西 22 个州不动产价值的总和。有这样一个人主持大局，善莫大焉！

10 月 20 日，皮尔庞特 · 摩根按原定旅行计划返回纽约。他早已得知纽约金融市场动荡的消息，也得到了纽约当局请他主持大局的邀请。但是，皮尔庞特 · 摩根没有改变原计划，更没有表现出焦虑，事后人们才知道此举是为了避免市场产生更大猜疑。

皮尔庞特 · 摩根不是神，处置危机也需要钱。10 月 23 日，皮尔庞特 · 摩根依靠个人魅力从第一国民银行、国民城市银行和摩根财团调集了 2 500 万美元资金；同时，美国财政部承诺，将对危机处置给予更大支持。

接下来，摩根的第一个动作，就是开动宣传机器，安抚公众情绪。当日，纽约所有报纸的头条都是类似的消息，《纽约时报》有《摩根的银行联盟将承担信托公司的票据兑现》，摩根自己称：如果公众知道我们银行机构的真正实力，那么他们的信心会很快恢复。

很遗憾，宣传没有取得立竿见影的效果。10 月 22 日，纽约国民商业银行被迫停业；美洲信托公司、西屋电气公司、林肯信托公司的挤兑者纷至沓来，匹斯堡证券交易所已经停止营业……

“既然国家信用体系已经岌岌可危，那么，就从这家公司开始制止这场麻烦吧！”皮尔庞特·摩根所说的“这家公司”名为“美洲信托公司”，是当时纽约州最大的信托公司，资产状况良好却无端被金融危机波及。10月23日下午，该公司总裁奥科雷·索恩电话求助皮尔庞特·摩根，称本公司只剩下120万美元现金，按照现在的挤兑速度无法拖延至下班时间。

下午2点，摩根的300万美元现金准时运送到了美洲信托公司，维持了该公司当日兑付。晚上，摩根再次迅速筹集了825万美元，并承诺自己负担175万美元；次日，在摩根的协调下，约翰·D. 洛克菲勒（1839—1937年）也拿出1 000万元支持美洲信托公司。有了如此重大的支持，美洲信托公司终于渡过了难关。

皮尔庞特·摩根，别着急，接下来的任务将更加艰巨！

10月24日，纽约证券交易所告急，交易所主席托马斯向摩根财团求援：股票抵押贷款短期拆借利率已经上涨至90%，这在金融市场上简直是天方夜谭，经纪人已经没有任何子弹。托马斯提到，若没有2 500万美元救市，当日至少会有50家经纪商破产，纽约证券交易所也得提前关门上板。

摩根的回应是：“今天，关门时间一分钟都不能提前！”随即，摩根召集主要商业银行总裁集会，再次筹集了2 500万美元，要求纽交所主席兰森·H. 托马斯立即列明借款清单并对外公布，宣布获得2 500万美元融资的消息。

消息传出，整个交易场内马甲乱飞，“摩根万岁”响彻整个大厅。尽管如此，皮尔庞特·摩根神一般的能力未能使得情势好转，10月25日晨，短期拆借利率飙升至150%。尽管摩根又筹集了1 000万美元，还是缓解不了整个纽约货币市场的紧张。此后，一个星期之内有8家银行倒闭，再这样下去，摩根财团自己恐怕也会被拖垮。

皮尔庞特·摩根马上就想到了一个新的法子：信用货币，放在金本位时代，要说这是耍无赖也未尝不可。10 月 25 日上午，摩根财团、第一国民银行、国民城市银行联合发行 1 亿元债券，财政部特准这 1 亿元债券可以当作现金。注明一下，这 1 亿元被当作现金的债券没有任何储备。这么做等于皮尔庞特 · 摩根自己印刷了一堆纸币，然后交给市场，说：这就是钱，您用吧。

之后，皮尔庞特 · 摩根推出了组合拳。

——几乎所有纽约媒体都反复报道摩根筹集了约 2 000 万美元黄金运往美洲（实际上是假的）；

——成立宗教委员会，由牧师出面抚慰公众情绪，让大家从银行门口回到教堂（精神安慰）；

——成立公共关系委员会，专门封杀不利于市场的消息传播（涉嫌封杀新闻自由，不过好像已经不是涉嫌了）；

——对官方储备水平过低的质疑，摩根的回答是咆哮："资金储备要是没低于法定水平才羞耻，你的储备金现在不用，还等到什么时候呢！"（违法，而且理直气壮）

为了推销这 1 亿元"现金"，皮尔庞特 · 摩根玩了点儿阴招，他先骗不肯接受债券的信托公司老总来谈判，然后将其锁进图书馆的一个空房间，直到这些人就范。

有文献描述了一些近乎戏剧化的场景：凌晨 4 点 15 分，皮尔庞特 · 摩根才露面，威严地说："先生们，你们看着办吧。"看到大家无动于衷，皮尔庞特 · 摩根走到联合信托公司总裁爱德华 · 金的面前，拉了把椅子，逼迫他签字：金，这是你的位子，这是笔！

不知金融大佬被赤裸裸威胁是什么感觉，最后，这些被非法拘禁的金融大佬一个个被迫签字。

……

此后，美国钢铁集团入市，收购经纪商手中的股票，为市场提供流动性支持；健在的信托公司表示将自行筹款维持市场稳定；罗斯福总统表示，为避免市场灾难，此时的市场收购不适用于《反托拉斯法》。

……

11月6日，为避免全球性崩盘，伦敦向纽约发出明确信号，支持纽约700万美元黄金；11月15日，道琼斯指数开盘飘红，危机阴影逐渐淡去。

1907年的金融危机来去倏忽，却是1879年以来美国历史上最严重的五六次紧缩之一，300多家金融机构在此次危机中破产。

危机处置全靠皮尔庞特·摩根在市场上积累起来的个人信誉，据说，这位金融奇才一天工作19个小时，抽20支雪茄，而他的私人医生则不时地给他喉咙里喷些含漱剂，仿佛这位金融家是位上了年纪的拳击冠军，在比赛回合之间休息片刻，恢复精力。

到了这个时候，问题的原因已经很清楚了，金融体系存在明显的“顺周期”问题。所谓“顺周期”，以银行体系为例，就是指在繁荣时期对前景过度乐观，对企业过度放贷；反之则反是。仅就银行业行业理性看来没什么问题，企业资产负债，现金流蒸蒸日上，为什么不可以贷款呢？

企业经营现金流不足，为何要给它放贷？我们继续强调：从商业化原则来说，金融喜欢锦上添花，不喜欢雪中送炭！

金融业与实体经济不同，实体经济一旦完成销售，就立即灭失了商品风险，而如果金融业出售一笔贷款，那么风险才刚刚开始，贷款不但存在于繁荣时期，还存在于萧条时期。众所周知，企业现金流、外部环境在萧条时期与繁荣时期根本不能相提并论。在繁荣时期，金融机构所作所为使得经济更热；在萧条时期，金融体系过度压缩信用又使得复苏更加艰难。结果经常是繁荣时期放贷，萧条时期滋生不良又会收缩贷款。

这种看似理性的行为给经济运行和金融业自身带来了很多问题，必须加以控制（不可能禁绝）。如果商业性银行做不到，就交给公共管理部门；如果银行不能做，就交给财政。20 世纪兴起的凯恩斯主义就是一种逆周期调节工具，在萧条时期扩大财政投入。对于银行业来说，也存在“逆周期”监管问题，以防止金融机构过分扩张或者收缩。

从 1929 年大危机到 2008 年全球金融海啸再到今天，关于“逆周期”的研究仍在继续，核心精神已经非常明晰——依靠监管政策对金融业“顺周期”进行纠偏，对金融危机起到预防作用。

1907 年在动荡中过去了，每一个美国人都在问，1907 年凭着神一般的皮尔庞特 · 摩根可以逃出生天，下一次呢？一个国家的命运难道就维系在同为人类的救世主身上吗？如果这个人抛弃国家和民族的利益，那么又该如何？

1907 年后，一种阴谋论传遍美国——1907 年危机是皮尔庞特 · 摩根自编自导的一场大阴谋。正是在这场危机中，摩根财团旗下的美国钢铁公司并购了田纳西煤铁公司，正常情况下《反垄断法》不会允许他这么做。1907 年危机就是皮尔庞特 · 摩根欺骗罗斯福总统的诡计，目标则是以田纳西煤铁公司并购为起点推翻《反垄断法》。

阴谋论一直都有市场，因此个人无能便可以归咎于别人。阴谋论的腔调我们难以苟同，整个金融体系命悬一线，没有人知道明天是怎样的。皮尔庞特 · 摩根不可能为了一次并购冒这么大风险，没有人具备精准操控整个市场的能力。无论如何猜测 1907 年的危机成因，一个极其现实的问题还是摆在了美国人面前：一个垄断的公共管理机构不被公众允许，一个垄断的个人就能被允许了吗？

就算皮尔庞特 · 摩根可以成为救世主，但他毕竟是人类，难以逃脱生老病死的循环。皮尔庞特 · 摩根在世时，人们可以依靠这个老头儿，如果皮尔庞特 · 摩根不在了呢？谁又能在下一次危机中站出来拯救美利坚？

除了担心，还有恐惧。

换一个角度来看，皮尔庞特·摩根既然能拯救一次全国性的金融危机，自然也有能力去制造一场全国性的金融危机。对美利坚合众国来说，皮尔庞特·摩根居然成了公众的敌人、一个妖魔的代名词、一个再适合不过的反面主角。

这种担心不无道理，一个未经选举的非公职人员竟然对一个民主国家的公共资产有这样的控制力，如何不令人惊诧和怀疑？

1913年3月31日，皮尔庞特·摩根溘然长逝。即使再有金融危机，也找不到皮尔庞特·摩根这样能在各种势力之间纵横捭阖的人了。

> 无论政府的情况如何，像巨人一样驾驭这个国家的金融家再也不会出现了……人们也再也不会允许一个人对他们的财富施加那么大的支配力量，不管是出于好意还是恶意，不管他具有多少才干，多大势力，以及多少天赋。

美联储是私有机构吗

惊恐、怀疑、惧怕，在各种情绪的左右之下，美国各界迅速就成立中央银行达成了共识——我们需要一家强有力的金融管理机构。

经过长时间的酝酿，美国国会在奥尔德里奇计划的基础上形成了《联邦储备法案》。1913年，伍德罗·威尔逊总统签署该法案，美国联邦储备系统（美联储，the Federal Reserve System，美国联邦储备委员会是它的核心管理机构）诞生了。

什么是美联储？

《联邦储备法案》开宗明义：这个法案规定建立联邦储备银行，提供弹性货币，提供商业票据再贴现手段，实现美国银行更有效的监督、管理，以及其他目的。

罗伯特·莱瑟姆·欧文是该法案的主要起草者，他曾明言，国民经济会遭遇周而复始的金融恐慌，尤其是农忙时节对资金需求量会骤然上升，法案目标是“让美国不再频发周期性金融恐慌”，手段则是提供“弹性货币”（elastic currency）。否则，周期性金融循环会“对整个美国造成沉重打击，甚至动摇国家的根基”。

关于美联储，前几年有一种流行观点，说这是一家被全球顶级财团控制的机构。这种观点惊世骇俗，也很卖座儿。出现这一论断，可能与美联储最初的股权结构有关，阴谋论自来有人愿意相信，不是因为正确，而是这玩意儿能为弱者失败找到理由，为吸引眼球再演绎一下，错误观点就成了流行品种。

抽丝剥茧，分析美联储，我们也从股权结构入手。

按照《联邦储备法案》，美国共有12个联邦储备大区，每区设定一家联邦储备银行，该区域内所有国民银行都有法定义务成为会员，其他州立银行和信托公司如果符合一定条件也可以加入，所有成员机构必须认购相当于其资本额和余额1/6的联邦储备银行的股本。

有了国民银行的股份，美联储就是一家私人机构吗？答案显然是否定的。《联邦储备法》明确规定，美联储的运行不受私人股东或者商业银行左右，董事会9名成员，其中6名通过选举产生，另外3名由联邦储备委员会任命。不要说来自地方联储的6名董事可以控制董事会，他们的任命是要经美联储批准的。

退一步说，即使股权机构可以影响董事会，全球所有的董事会也只能停留在战略层面，更重要的是实际操作层面，即联邦公开市场委员会（FOMC）。FOMC有12位委员，其中7位执行委员由总统提名，经国会批准，另外5位由地区联邦储备银行主席构成。在FOMC会议上，来自政府的执行委员占绝对优势，5位地区联邦储备银行代表，也在州级政府选举中产生，并不代表商业银行或者金融机构。

如果打一个不太恰当的比喻，大家就容易理解这个问题了。

美联储股权结构有点儿类似于今天我们的行业体系，或者说协会：所有的行业管理组织都是由各家企业出钱供养的，但是，能让行业管理组织听会员的吗？答案显然是不可能的。

实际上，即使在最信奉自由经济的美国也是这样。所谓股权，起不到教科书那么大作用，股权分散条件下股东权力能否落实存疑，否则就不存在“内部人控制”的概念了（内部人控制指企业公司高管层完全控制了公司运营，股东无所作为）。商事公司尚且如此，指望交点儿会费就去指挥美联储是不可能的。

美国建立联邦储备系统是多元集团利益调和的结果，在现有框架内平衡了联邦与州权、东部与西部、工商业与农业等多个利益主体的诉求。所以，众议院银行货币委员会主席帕特曼这样评论美联储：它也是一个古怪的机构，因为你再也不能想象出一个更笨拙、更复杂的混合体，它既是私人的，又是政府的，既是行政的，又是立法的，既是全国性的，又是地区性的。

从今天的视角来看，初生时期的美联储在货币政策操作方面还显得很稚嫩，从最初10年来看，施政方针存在着严重的谬误：在经济繁荣时加大货币供应，经济萧条时期又减少货币供应，理由是经济繁荣时期农场主、工商业主需要资金，反之则反是。也就是说，美联储的货币政策完全是“顺周期”的，整个经济周期，只有复苏阶段能刺激经济，繁荣、萧条、衰退期间都会加剧经济和物价波动。

长此以往，一场新的危机就在所难免了。

第 *10* 章

渡劫

血腥的开端

治史者必须要有历史的纵深感和横向的时代感，金融史当然不例外。

为何美国成为世界第一强国，美元如何超越英镑成为世界货币……这些问题离开“一战”的背景很难做出符合逻辑的回答。唯有把金融发展放在历史联系和世界格局中来研究，才能揭示其本质与地位，就金融谈金融、就历史谈历史是不完整的，如果把金融当作历史决定因素，那么这既不是研究历史也不是研究金融，而是哗众取宠。

“一战”是全球政治、经济、金融等各种矛盾的集中爆发，深刻影响了其后世界历史进程。战争中共有 2 080 亿美元的军费支出，相当于战前英国、德国、法国的国民财富总和。

这场战争是一场世界性灾难，却成为美国崛起的契机。这个向来以正义自我标榜的国家历来如此。1907—1911 年，美国国民生产总值为 289 亿美元，1917—1921 年，这一数字高达 703 亿美元。

1914 年，美国并未参战，发生在欧洲的战争距离美国本土很遥远，但是，美国国内市场已经嗅到了血腥的商机，商界和金融界欣喜若狂。

一场欧洲大战似乎可以保证世界经济的未来是属于美洲大陆的，尤其属于北美；欧洲战争对于美国制造业获取世界市场来说是一次极大的机会；这是一个世纪性的机会，一个潜在性的世纪性机会。

美国抓住了这次绝好的机会。

——“一战”前，美国的工业品生产能力就已经达到了世界巅峰，战争为工业品创造了市场，也使得美国出口额急剧增长：这一数字从1914年的8.25亿跃增至1916年的32.14亿。

——除军火工业外，汽车、造船、铁路、化工都取得了飞跃式进步。从1914年开始，交战双方均在美国订购汽车、拖拉机，客车的产量从1913年的46万辆猛增到1917的175万辆；战前美国化工原料原本从德国进口，战争期间德国进口原料价格上涨了10倍以上，国内化工产业从此腾飞，杜威公司等一批化工巨头就是这个时候诞生的。

——最关键的是军火工业。1914年，战争刚刚开始，订单就如潮水般涌入美国。虽然美国的军火主要输出给协约国，但数量令人咋舌。截至9月底，业余选手伯利恒钢铁公司接到价值5 000万美元的军火订单，职业选手温彻斯特军火公司则接到10万支来复枪和1亿颗子弹的订单。

……

如此红火的买卖，怎么能少了金融业呢？托马斯·伍德罗·威尔逊在第一次世界大战期间担任美国第28任总统。1914年8月，威尔逊向银行家呼吁，联邦政府不赞同国民银行体系向交战国贷款，美国银行家向任何作战的国家贷款都是不符合中立的真正精神的。

在威尔逊看来，贷款是买美国的东西，钱从美国流出又流入美国，意义不大。这个逻辑如果在企业、家庭微观层面看来确实如此，借钱给别人买自己的东西，不等于把东西白白送人吗？相关行为在宏观层面却有着完全不同的含义，产出扩大伴随着经济繁荣、对外债权扩张，而且金本位时代的规则是借出美元，收回黄金！

总统没有看懂，华尔街却看懂了。

1914年10月，花旗银行副总裁公开表态：国际关系中，今后三四个月是美国金融业的关键时刻，如果我们允许协约国到其他国家购买，那么我们将在最需要和最佳的时机忽视了我们的贸易。言下之意，这生意我们不做有人会做，最后吃亏的还是美利坚合众国。

威尔逊很快就明白了其中的含义。1915年3月，国务卿布赖恩在讲话中明确了美国联邦政府的真实态度：对于美国银行业给予外国贷款，既不表示赞成也不表示不赞成，用威尔逊的话说，就是应当为我们自己的利益而允许借款。

自此，美元开始源源不断地流出新大陆，当然，借出去的是美元，换回来的是黄金。至1917年4月美国参战，欧洲各国运往美国的黄金在10亿美元以上。攫取了国际金融业的暴利，威尔逊才有底气在1916年说出这样一番话：

> 最近一两年来，我们已经从债务国变成债权国；我们所掌握的黄金储备数量，比我们过去任何时期都要多；从现在起，我们的事业就是放债，帮助各个国际企业，推动它们向前发展。我们必须向全世界提供大量款项，谁对全世界提供贷款，谁就应当认识和了解这个世界，并且要善于靠自己的精神和意志来统治这个世界。

戴着王冠的强盗重新瓜分世界，无论成败，战争后果对参战各方都是灾难性的。各国10%~20%的劳动力从普通人变为战士，经济更是一落千丈，1918年英国工业产值比1913年倒退了20%，德国则倒退了一半以上。

即使是战胜国也负债累累，1917 年美国参战后，欧洲协约国开始大量从美国联邦政府借贷，战争结束的时候协约国共欠美国 100 亿美元的债务——在当时可是天文数字，1917 年英国一年的 GDP 也不过 203 亿美元。

获益者只有美国一家，美国从债务国一跃成为全世界最大的债权国、最大的黄金储备国。相反，英国、法国、德国、俄国，无论胜败，都债务连连，黄金储备始终处于净流出状态。在金本位时代，谁有黄金，谁的货币就是硬通货，从此，曾经的全球金融中心伦敦只能远远地看着高高在上的金融新贵——“新约克”（New York，即纽约），英镑也开始在世界贸易中退居第二位。

资本主义世界，变成了美国一家独大。

上帝没有保佑美国

从“一战”结束，到“二战”之前，整个美国都洋溢着一片喜庆，财富冲击着每一个美国人的生活。1928 年 12 月 4 日，柯立芝总统在国会发表国情咨文，他这样表述美国人的信心：“美国从未遇到比现在更加鼓舞人的繁荣。在国内，人民安居乐业；在国际方面，和平是主流，可以乐观地展望未来。”

“五月花”号的梦想似乎在这一刻实现了，无疑是爆发于美国的第二次工业革命创造了无比的机遇。但是，同样源于“五月花”号的冒险精神，美国人的财富还有另外一种来源：投机。

20 世纪 20 年代末期，美国经济繁荣已经出现了疲态。1925 年年底，《纽约时报》工业指数为 181 点，1926 年 1 月、2 月连续下滑到 172 点。

如果这个时候美国祈求上帝保佑，也许就不会折腾出一个 1929 年世界经济危机来。

上帝没有保佑美国，美国反而来了三位不速之客。1927 年年初，英、法、德三国尊贵的客人访美，历史记录了他们的名字：英格兰银行行长蒙塔古 · 诺曼、德意志银行行长雅尔玛 · 沙赫特和法兰西银行副行长查尔斯 · 李斯特。三位央行行长此行的目的：游说美联储放松银根、降低利率，说穿了就是让美联储多印美元。

黄鼠狼给鸡拜年，良心大大的坏！此时的欧洲经济很不景气，又以英、法、德为最。凯恩斯说过，经济不景气的时候可以增发货币，问题是金本位时代国家不能增发货币，欧洲各国需要阻止黄金流入美国，维持自己的货币发行量，进而刺激经济。

英、法、德打的算盘很好，美国增发货币，既进一步刺激了美国经济，又把货币留在了国内。也许是对当前形势的判断过于乐观，也许是为了攫取世界金融“制高点”，也许是觉得此时自己已经是世界老大了，美国答应了英、法、德三国的请求，多年之后，美联储将此次行动称为“75 年来联邦储备系统或其他银行系统所犯的代价最为昂贵的错误”。

原本美国货币政策已经相对宽松，经此一事变成了绝对宽松。不是每个人都有投入生产的经验和决心，所以，容易得到的贷款通常只有两个去处，一个是房地产，另一个就是股市，只有这两个地方才能激发全民的金融热情。

宽松货币政策向来都是金融市场的兴奋剂，果不其然，道琼斯指数一飞冲天，1927 年全年都在暴涨，最高曾涨到 380 点。从经济数据来看，1926—1927 年美国汽车产量年增速超过 10%，实业增长支撑了华尔街的繁荣，无论投机者、厂商还是政客，都对经济前景充满信心。

中国有句古话，“一叶落知天下秋”，任何一次金融危机都有先兆；

中国还有一句古话，“冰冻三尺，非一日之寒”，一场大危机不可能突然在健康肌体内爆发，其先决条件必定是逐渐积累下来的，。

1928 年，市场显出疲态，变得非常敏感，稍有风吹草动便反应过度。3 月 12 日，道琼斯指数因为一只无线电新股股价飙升而上涨 18 个点，次日开盘又上攻 22 个点位。尽管纽约交易所及时公布消息，准备调查这只股票，仍未彻底遏制市场飙升，整个 3 月市场仍旧处于高位。

投资者不是傻瓜，相反，在泡沫中不置身其中的人才是真正的“大傻瓜”——在击鼓传花的游戏中，只要能传到下一个人，自己就不会是最后一个“大傻瓜”。只要能把球传出去，管他身后是不是大浪滔天！此时此刻，人们不再谈论上市公司的投资价值，市场上流传着各种离谱的传闻。这才是金融市场最恐惧的地方，所谓“金字塔式投资”，就是最初不敢投入太多钱，后期看到赚钱了就开始加大投入，即投资额度从小到大、越来越多，这样一来，“球”就始终在手里，根本传不出去。正确的投资原则正好相反，应该是“倒金字塔”，即一开始投入大量资金，随着市场的上涨，后期投入越来越少。唯有这样才能留住盈利，否则就算在平时的市场里也会输得精光。

——1928 年 3 月 23 日，通用汽车公司董事拉斯科布预测，该年度汽车销售量将飙升，通用汽车公司的股价应该不低于 12 倍的市盈率（达到这个价格，通用股价至少要上升 30% 左右）。接下来的一个星期，通用股票真的上涨了 30%。

——市场盛传，威廉 · 杜兰特（通用汽车公司的创始人之一）将携巨资进入股市；

——加拿大谷物投机大腕 W. 卡腾将在年内投资美国市场。

总之，这些传闻归结起来只有一个结论：有神秘的大人物将冲入股市，以这些大鳄的手腕，必然要把道琼斯指数顶到天上去，发财的时机来了！

市场中确实有机构投资者，有所谓“庄家”，这些人确实有资金实力，部分人对市场有着非凡的领悟能力，他们曾经在市场中毫无节制地搏杀，或者联手自买自卖做高股价，或者把卖空数量做到超出股票实际数量，或者毫不犹豫地把对手置于死地。

侵染市场多年，我深知一个道理，希望大家能理解：金融市场只有一个神，那就是市场自身！只有市场永远是对的，市场才是道！市场永远都没有大人物，过去没有，现在没有，将来也不会有，如果真有万能的大人物，就没有市场！

所谓“大人物”可能确实在某段时间内控制一两只股票的走势，不可能操纵整个市场，任何一个市场的指数走势都是千万个投资者的共同信念形成的图形，在市场之道面前，任何“大人物”都微不足道。

在金融市场，判断对了大势，你就是大人物。

实际情况是，拉斯科布作为通用汽车公司董事，理所当然看好自己的公司，当然也会对销售行情做出乐观预测；

杜兰特确实是通用汽车公司创始人之一，但他此时已经被公司扫地出门；

卡腾确实曾经笑傲全球谷物市场，但此时，他已经是行将就木的老人，国会听证会证明卡腾有着严重的失忆症和听力障碍……

金融市场上的通病，是人们悲喜过度，乐观时喜欢听虚幻的神话，不喜欢骨感的现实。哪怕眼前只有皇帝的新装，也宁愿自己被贪婪迷住眼睛；哪怕只有点滴虚幻，投资者的市场认知也会不断自我强化，1928年的每一天都是好日子。

1928 年也是美国总统大选之年，当选者胡佛就是忠实的多方，他在竞选演说中已经清楚说明了联邦政府的态度。有这样一位总统，市场还怕什么？

11 月 7 日，胡佛当选的第二天，纽约证券交易所创造了 489 万股。1929 年年初，人们不再谈论自己有多少钱，只需要琢磨能在经纪人那里融多少钱，能借到钱就一定能赚到钱（这就是所谓“金字塔式投资”，赚了还想再赚，投入更多才能更赚）！

此时的华尔街已经疯了。面对危局，美联储终于拿出了勇气。

1929 年 2 月 2 日，美联储函告银行界：商业银行可以向美联储融资，但如果被美联储发现这种融资用于市场投机，就必须“承担严重的责任”。

2 月 7 日，美联储致函投资者：投机性信贷等于利用联储货币政策透支国家的未来，建议公众检举揭发此类行为，联储将竭尽全力调查。

整个 3 月，美联储开始连续召开会议，却不对外透露任何消息。人们明明知道这些会议与市场有关，记者却无法从美联储官员口中获得只言片语。市场调控有很多手段，不一定掏出真金白银，甚至不一定表态，暧昧同样是态度：尽管没有提高资金成本，美联储的暧昧被市场理解为严重的警告，银根即将收紧，货币市场不会再这么宽松。

面对无声的威胁，整个 3 月，货币市场都在紧缩银根，银行开始提前收回贷款，尤其是经纪人保证金贷款。此情此景，银行业一致判断联邦储备将造成短期利率持续高位，肯定不能放过这样的赚钱的好机会。资金拆借市场应声而起，很快，证券经纪人贷款的年化利率就上涨到了 14%。

股票市场对短期资金拆借利率最为敏感，资金成本一旦提高，流入市场的资金就会减少。果不其然，华尔街闻声而动：3 月 25 日美联储会议结束，道琼斯指数单日最高跌幅甚至达到20%；3月26日，市场出现了天量抛盘，纽约证券交易所竟然出现了单日824.674万股的换手量，远远高于以往任何一天的交易纪录。当日，几乎所有投机者都接到了经纪人措辞强硬的电报，要求他们追加保证金。

胜利就在眼前！如果美联储能继续这种强硬的态度，或许1929年大危机不会如此惨烈，不过，真实的历史跟美国开了个玩笑。

或许是不愿意承担引发衰退的责任，3月26日，美联储以官方名义公开发表了一篇类似散文的文章，以春秋笔法暗示当前货币市场拆借利率偏高，收回经纪人贷款是不理智的。另一个原因是，美联储已经有心无力。

1929年年初，美联储联邦债券仅剩2亿，要知道，美联储调控利息的方法不是直接指定利率，而是要货币市场通过买卖债券调控市场利率。联邦债券就是美联储的子弹，卖出债券，收回流动性（反之则反是），当时美联储每次在货币市场上仅仅能放出几百万美元的债券，巧妇难为无米之炊。

3月27日，纽约国民城市银行宣布向短期拆借市场投放2 500万美元，然后，以持续低一个百分点的利率依次追加贷款，以确保利率保持在“合理”的水平。货币市场拆借利率应声大幅下滑，华尔街心领神会。

疯狂的时候没有人能保持清醒，再伟大的人也可能被贪婪蒙住双眼。

1929年6月，布朗大学、哥伦比亚大学、康奈尔大学、哈佛大学、普林斯顿大学、宾夕法尼亚大学和耶鲁大学等几所常春藤大学联名发表了一篇在历史上臭名昭著的声明：“数百万投资者的评价对纽约证券交易所这个令人赞叹的市场产生了作用，他们的一致判断说明，现在的股票价格并没有被高估……股价将达到并维持在一个永久高位。”

这个世界上存在“永久高位”之类的玩意儿吗？恐怕大学一年级本

科生都知道金融市场不可能单边上扬的道理。但是，所谓常春藤大学居然说出了如此愚蠢的话：道琼斯指数将只有更高，没有最高！

8 月，经纪人贷款已经达到了 170 亿美元，华尔街似乎还没有看到尽头。没有尽头的是风险，也正因为风险未知，所以才最可怕。该来的终究会来，只是事前人们不知道它会以怎样的方式到来罢了。

9 月 5 日，美国非著名“统计学家”巴布森在全美商业联合年会上发表演讲：崩盘迟早会发生，而且难以遏制。

犹如魔咒一般，当天下午 2 点，纽约证券交易所放巨量下挫。

今天人们把巴布森当作预言家。实际上，巴布森根本不是什么著名的股评人士，他的职业很多，有教育工作者、哲学爱好者、教徒、统计工作者……其中最重要的是占星者，归结到一点，这人的话对市场根本不应该有影响力。

然而，就是这样一个无足轻重的人引发了市场暴跌。10 月，美国联邦工业指数、钢铁指数全线下滑，很明显，美国经济走入了下滑期。此时，几乎已经是一边倒地看空了，市场不停小幅下挫，没有一次像样的反弹。

1929 年 10 月 24 日，是二十四节气之一的霜降。对西方金融市场来说，这一天真可谓“霜降”，纽约市场经历了有史以来最惨淡的时刻，当天创出了 1 290 万股的天量交易纪录，上午 11 点后，纽约证券市场终于出现恐慌性抛盘，顾盼之间已经银河落九天。

没有人能想到 1929 年 10 月 24 日纽约证券市场会闪崩，10 月 29 日，道琼斯指数创下了 22% 的跌幅和 1 641 万股天量交易纪录，自动报价机打出的纸带超过 1.5 万英里，直到闭市后 4 个小时才打完。人们将这一天形容为“纽约交易所 112 年历史上‘最糟糕的一天’”。

纽约证券市场暴跌，并不是最糟糕的，接下来的情况震惊了所有人。一旦市场信心丧失，原本顺畅的经济就好像被人诅咒了一样，企业倒闭、工人失业、银行破产、贸易萎缩、信用系统瘫痪……危机像瘟疫一样席卷全球，英、法、德、日……就连当时的中国也未能幸免。德国达姆斯塔特银行等大银行率先破产，接着银行破产潮席卷法国、英国和整个欧洲，金本位体系几乎在全世界崩溃。

危机对世界经济造成的伤害丝毫不逊于第一次世界大战，成千上万人流离失所，不知多少人以自杀的极端方式结束了生命。据说，宾馆服务员总要问顾客一个问题：“您是要一个房间睡觉，还是要一个房间自杀？”

关于这场危机的成因，人们有很多讨论：

——凯恩斯在《就业、利息与货币通论》中提出，大萧条的产生是总需求萎缩造成的，总需求萎缩又是因为人们预期悲观，厂家和居民对投资回报率、未来收入均持悲观态度，从而导致消费、投资均不足；这一过程又呈螺旋状态，进而使经济萧条加剧。

——弗里德曼在1963年著成的《美国货币史：1867—1960》中则给出了货币主义学派的解释。1929年大萧条的起因很简单，因为美联储缩减了货币供给，直接导致市场崩盘，这是一场外生变量引来的灾难。

两者分别代表凯恩斯主义和货币主义给大危机开出的药方，在经济学中，所谓科学化的结论是不存在的，任何一个孤立的事件都不可能穷尽一切去解释一个社会问题。相比之下，凯恩斯的解释则有些抽象，预期悲观、消费不足、投资不足，最终导致了大危机。至于弗里德曼的解释，他最有力度的支持数据是1929年8月—1933年美国货币供应量降低了1/3。

那么，我们又会对大危机做出什么解释？要想洞悉眼前的陷阱，必须拨开历史的迷雾，一场让全球经济陷入动荡的大危机，其成因显然不仅仅在危机本身。

事情总有原因，不过不是华尔街。

以电气化为特征的第二次工业革命发生在19世纪末、20世纪初。1924年，美国电力消费达到650亿千瓦，是全世界其他地区的总和。

这是一个所有人都始料不及的时代，汽车、收音机、电冰箱、电熨斗、洗衣机、电影对于普通人来说已经不再是奢侈品，人们突然发现世界如此美好……

一种工业品从基础理论到实验、试点、量产，再到普及到整个市场，其间有一个漫长的过程。基础理论在几十年甚至上百年前就已经出现，从实验品转到商品销售，产量必定很低，也就必定成为奢侈品；随后，经过一段漫长时期的工艺改良，这种产品则可能实现量产，市场会下沉，就成了大众消费品。

回想一下我们20世纪80年代的电冰箱、90年代的空调，就明白这个道理了。当时几千块钱的价格，按收入占比折算到现在简直是天文数字。随着电子产品的普及，电冰箱、洗衣机、彩电就变成了很普通的消费品，一旦一种产品普及每一个家庭，利润就没多少了，市场也就开始萎缩了。市场萎缩，企业赚不到钱，但前期扩张期留下来的设备还在，工人还在，如果不能顺利转型，便会造成工人失业、生产下降。

一个电子行业也就算了，如果一个社会生产的根基都在某类产品上，那么积累到一定程度便会发生停滞。在经济学上，人们用“延续型创新”和“毁灭型创新”这两个名词解释相关现象。

所谓“延续型创新”是指在现有技术基础上进行改良，不是开天辟地的创新。顾名思义，“毁灭型创新”就是毁灭一个旧世界，创造一个新世界，所谓“毁灭”就是把现有技术模式完全推翻，改变整个世界。例如，蒸汽机对水力、风能的取代，电气动力对蒸汽动力的取代。

被毁灭型创新摧毁将是人类历史上所有行业、所有产品的最后归宿，所有曾经辉煌的产业都会归于寂静。如果所有产业真的都长盛不衰，停滞的就是人类前进的脚步。

每次毁灭型创新都会建立一个全新的世界，从无到有、从稀少到普及，必然会在全球形成巨大的市场，也必然会刺激经济飞速发展。可是，一旦毁灭型创新的潜力释放殆尽，也就是说，产品在普通人家庭普及，延续型创新就会释放能量，但这种能量是很有限的，因为在繁荣时期积累的货币、产能还在，那么有效需求不足与过剩的生产能力之间就会产生巨大的冲突。

其中的关键就在于从毁灭型创新向延续型创新过渡，毁灭型创新积累了大量资金，这些资金与其他资金没有任何区别，一定是要追求高回报的。如果金融政策应对不当，游荡的货币便不会流向实体经济，反而有可能产生虚假繁荣的泡沫。很显然，实体经济不能再产生超额利润了，金融体系如果还想在繁荣中生活下去，就会埋下危机的种子。

从本质上来说，1929 年大危机与 2008 年全球金融海啸的逻辑是相同的，不同的是，1929 年大危机是由电气化创新动能耗尽造成的，2008 年全球金融海啸则是由信息革命创新遇到了瓶颈造成的。结果，当年是股市崩盘导致全球大萧条，如今是次贷者破产导致全球信用链条断裂。

从这个角度来说，世界范围内的金融危机、经济危机都是不可避免的。面对危机，人们需要了解的是如何减轻疼痛，又该如何尽快迎接下一次毁灭型创新。

让我们来看一看美联储和美国政府是怎样应对 1929 年大危机的吧……

被冤枉的胡佛

提到 1929 年美国政府的救助措施，每一个人想到的都是罗斯福新政。罗斯福新政，从他的上一任总统胡佛开始。

赫伯特·克拉克·胡佛（1874—1964 年），1929 年大危机爆发时担任美国总统，是唯一曾经在中国工作过的美国总统。清朝末年，胡佛成为大清王朝开滦矿务局的美方员工，这段经历为他积累了人生第一桶金，凭着在中国积累的资金，胡佛才登上总统宝座。

主流文献认为，胡佛深受古典经济学影响，坚持市场可以自动出清，联邦政府最重要的作用就是静观其变。最明显的例证，1929 年 12 月之前，胡佛召开了一系列会议，呼吁工商企业和银行界快速恢复生产和组织资金投放，劳工组织应该本着自愿的原则不再提高工资。

总之，一切依靠市场……

无为而治，确实是胡佛任职初期的救市政策，很快他就发现依靠市场自身恢复信心是不可能的。只要信心不恢复，人们就不会产生良好的预期，消费萎靡不振，生产就会下滑，破产就会继续，胡佛开始高呼："我们可以什么都不做，但那样就会导致毁灭。相反，面对这种局面，我们应该采取经济防御和反击计划，对于私营企业和国会来说，这可能是合众国历史上最为庞大的一项计划！"

胡佛拟定了多层次反击计划，奠定了罗斯福新政的基础。1933 年总统大选，民主党攻击胡佛是"自由经济"的信奉者，还真是冤枉胡佛了。

先看一下财政政策，在胡佛总统任期内，美国政府的公共投资为 7 亿美元，是 1900—1929 年联邦政府所有投资的 3 倍。胡佛依靠联邦财政，共修筑 37 000 英里公路，国家公共设施投资亦飞速上升，电影《变形金刚》中囚禁威震天的亚利桑那州胡佛水坝就是在那个时代修建的，可见投资手笔之大。

再来看看美联储及胡佛总统的金融政策。弗里德曼把 1929 年大危机的罪责扣在美联储和胡佛总统头上，认为大萧条时期美联储几乎无所作为，胡佛总统则缺乏必要的领导才能。确实，美联储在大危机期间有不作为的嫌疑，既缺乏必要的魄力，又被本位主义左右。好像从一开始美联储就不怎么听美国总统指挥，这顶帽子扣在胡佛头上有点儿不太合适。

在 10 月 26 日的暴跌中，纽联储召开会议，拟定购买 1 亿美元国债，以支持市场流动性。如果这一行动能够持续并且变为美联储层级的行动，那么 1929 年大危机造成的损害有可能减缓。但是，纽联储的行为遭到了美联储的反对，美联储认为应该迫使银行对联储系统进行再贴现，以增加流动性。

接下来，美联储批准纽联储将再贴现率下调 1 个百分点至 5%，却出乎意料地附加了一个条件——未经批准不得再在市场上收购国债。为此，时任纽联储主席哈里与时任美联储主席罗伊 · 杨之间爆发了激烈的争吵，纽联储公开市场操作的行为被限制在一定范围之内——每星期不得超过 2 500 万美元。

在接下来的一年里，国民银行体系面临破产潮，美联储却坚持不回购国债，仅仅依靠调整再贴现率，哈里被死死压制。再后来，1931 年美联储居然多次下令调高再贴现率，这对危机中的银行来说，无疑是雪上加霜。

对于纽联储和美联储的争吵，胡佛明确建议美联储同时采取公开市场操作和降低再贴现率的措施，以此保证货币体系有充足的供给。他说：通过公开市场业务并且降低贴现率来进一步扩张信贷，以抵消外国提款造成的信贷紧缩。虽然我们知道美联储的行动不能停止经济繁荣，但我们希望在经济萧条时期扩张信贷会有一些作用。

遗憾的是，美联储依旧没有遵从胡佛的建议，过分倚重再贴现率而轻视公开市场业务。胡佛对美联储的不作为颇感无奈，只得亲自披挂上阵。

1931 年 12 月，胡佛在国会演讲中说：采取超前措施加速经济复苏的时机已经成熟，并据此提交了一系列立法计划。根据该计划，1932 年美国联邦政府花费 5 亿美元成立复兴金融公司（REC），该公司有权动用 15 亿美元救助银行、信托公司、保险公司以及各类贷款协会，甚至可以直接对铁路公司放贷；同时，耗资 1.25 亿美元成立“住宅贷款银行”，对因房贷而面临破产的银行和个人进行救助。

REC 和住宅贷款银行是胡佛在任期间最有价值的金融救助措施，这一行动挽救了岌岌可危的商业银行体系，保住了很多即将破产的银行。即使如此，也有 49% 的美国银行没有逃脱破产的命运，可以想象当时的情况有多严重。

唯一不得不恐惧的就是恐惧本身

胡佛之后，主角变成了富兰克林·德拉诺·罗斯福（1882—1945 年）。1933 年，罗斯福从胡佛手中接过了挽救美国的接力棒，此时，大危机已经达到了巅峰。GDP 退回 15 年前的水平，只有 100 多亿美元，道琼斯指数则始终在 30 多点徘徊，美国银行业都处在风雨飘摇之中。

受命于危难之际，罗斯福说出了那句震古烁今的名言：唯一不得不恐惧的就是恐惧本身！

> 货币兑换商已从文明庙宇的高处落荒而逃。我们要以亘古不变的真理来重建这座庙宇。衡量重建的尺度是我们体现的比金钱利益更高尚的社会价值的程度。幸福并不在于单纯地占有金钱；幸福还在于取得成就后的喜悦，在于创造努力时的激情。务必不能再忘记劳动带来的喜悦和激励，而去疯狂地追逐那转瞬即逝的利润。
>
> ——罗斯福

如何才能救赎一个满目疮痍的经济体？罗斯福给出的答案是：坚信联邦的力量！既然挽救危机的关键是信心，那么最能给国家和民族以信心的是联邦，就让联邦赐予银行力量吧！

资料显示，当时联邦财政手中能动用的黄金只有55亿美元，救助银行体系至少需要80亿美元。更要命的是，当时美国有一万多家银行，根本没有时间一一清理，要是等到清理完了，银行体系早就崩溃了。没有摩根一样的金融市场灵魂人物，恢复银行系统运转对联邦政府来说显然是不可能完成的任务。

罗斯福的解决方式很简单，解决银行危机的手段就是一字真经——拖！

上任仅两天，1933年3月6日，罗斯福援引《对敌通商法》，强行命令全美国的银行进入为期4天的休假状态。4天之内，美国国会通过了《紧急银行法》，授权复兴金融公司投资银行股份，要求美联储对州立银行（非联储会员银行）进行贷款救助，各大区联邦储备银行可以自行发行货币。

按照《紧急银行法》的条款，全美国的银行被分为4类，状况好的可以营业，状况不好的就先关闭——请注意，罗斯福说的是关闭，不是破产。问题银行都关门了，开门的都是健康银行。

《紧急银行法》并没有解决银行体系的问题，但是，问题银行被暂时关闭了，矛盾得以暂时压制，给总统应对危机赢得了充分的时间。

为了稳住局势，罗斯福新政也是需要钱的，没钱怎么办？很简单，找美联储。

美国国会随后通过《托马斯修正案》，美联储获得了一项至关重要的权力——发行货币。从此，美联储可以根据经济形势需要发行票据，然后以票据为储备发行美元；在此期间，美国实行虚金本位制。所谓虚金本位就是仅在名义上维持金本位，承认35美元仍可兑换1盎司黄金，实际上禁止提取黄金、黄金出口，美元与黄金之间的兑换机制被切断！

单纯从学者角度来看，罗斯福新政的招数是典型的行政命令。在如此崇尚市场的美国，罗斯福的举措也没引来非议，此时此刻，每个人都知道，要想尽快渡过危机，必须依靠总统的权威！

在一次演讲中，罗斯福这样为自己的行为辩护："全国需要而且要求进行大胆的、持续的试验。采用一种方法并试行之，这符合常理。如果这种方法失败了，就坦白承认并试行另一种。首先得试行某种方法。"

接下来，罗斯福使出了撒手锏——行政管理，通过一系列法令对银行、证券公司等金融机构业务进行规范。短短两年内，颁布了三部至今仍对全球金融界有深远影响的法律，它们分别是《1933年银行法》(也被称为《格拉斯－斯蒂格尔法案》)《1934年证券交易法》《1935年银行法》。

这三部法律奠定了此后美国乃至全球金融体系及监管体系框架，总基调只有一个——强化联邦对于金融业的权威性。从三部法律诞生起，美国学术界的讨论就没有停止——政府规制究竟是防范了风险，还是抑制了效率？

在一片争论声中，部分条款在1999年被《金融现代化服务法案》否定。结果显而易见，仅仅不足10年，人们又在次贷危机和全球金融海啸中重新领会了罗斯福的智慧。

《1933年银行法》在全球金融业发展史上具有里程碑一般的地位，这一节重点说《1933年银行法》。

每次金融危机的起点都是证券市场，证券市场面对公众，所有非理性情绪表现得最为充分。然而，金融危机的根源却一定在于银行体系和货币政策。毁灭型创新中一定会有宽松的货币政策支持，毁灭型创新缔造的市场一旦终结，银行体系的资金就可能流入虚拟经济寻找高收益，也就会形成泡沫。

既然如此，《1933年银行法》的目标很简单：商业银行必须与投资银行相互分离，不准许做证券业务！（今天，我们的《商业银行法》也沿袭了这种思路——银行业务要与证券业务隔绝）该法彻底切断了银行体系与投资银行体系的连接，尽管信贷与证券市场还会有某种形式的资金连通，但在法律的规制之下这种情况一定会减少，也就是对危机起到抑制作用。

从此，美国商业银行与证券、保险业相互分离，也就是所谓金融分业经营模式，商业银行必须接受美联储监管。金融分业经营模式在美国一直延续到1999年，中国金融体系管理模式与之类似，至今分业经营在中国仍然是不可突破的法律屏障。

顺便说一句，根据该法案，美国联邦政府建立了一家新的机构——联邦存款保险公司(FDIC)，以及新的存款保险系统。联邦储备会员银行必须加入存款保险，如果银行破产，那么5 000美元以下的个人存款可以在FDIC得到赔偿。

20世纪末，美国废止了《1933年银行法》，但这并不意味着《1933年银行法》的理念是错误的。一部成功的经济规制法案必定与当时的环境相互配合，随着环境的变化，管理方式也会发生变化。事实上，经济学根本不可能和自然科学一样，经济学没有真正的对错之分，只要适合，就是正确的，没有一成不变的先验性模式。

2008年全球金融海啸后，包括资金运转方又形成了一波对否定《1933年银行法》的反动：尽管分业金融体系将损耗资金运转效率，这不一定是最好的管理方法，但它一定是最直接、最有效的方法。

第 *11* 章

那年，那小镇

凯恩斯与怀特

人们知道，1939 年德国入侵波兰是“二战”的导火索，很多人并不知道，“二战”之前德国提出过一个“冯克计划”，以德国马克替代黄金，以柏林为中心建立多边清算体系，希特勒希望以德国为首的法西斯势力统治欧洲货币市场。统治了欧洲货币市场就统治了欧洲！

这样的计划当然不得人心，英法等国家强烈反对“冯克计划”，最终使得该计划流产，这也是希特勒发动“二战”的导火索之一。金融市场拿不到就动手去抢，开战之后希特勒始终不遗余力地推行“冯克计划”，试图依靠武力在金融市场一统天下。

为了揭露冯克计划的荒谬性，英国经过缜密的准备，于 1941 年 9 月提出了“战后货币政策”和“关于国际货币同盟的建议”两项备忘录，执笔者是大名鼎鼎的凯恩斯，两项备忘录就是后来英国“凯恩斯计划”的草稿。

战争进行到 1941 年的时候，美国开始为全世界提供军火——当然要用美元结算。当年 8 月，美英两国签署《大西洋宪章》，此时美国成为西方世界领袖的意图已经一览无余，包括英国在内的主要西方国家都已无奈地承认现实。

1941年12月，日本偷袭珍珠港，美国宣布参战。参战是全方位的，其战场还包括金融市场。从这时起，美国就开始考虑在盟国间建立稳定基金，拟定相关备忘录，目标是为盟国提供金融援助，为战后建立有效的国际货币体系做好准备。该备忘录由时任美国财政部长怀特主笔，也被称为“怀特计划”。

然而，创立一个属于美国的世界不是那么容易的，由于支付习惯等原因，就算旧的“老大”英国禅让也仍然不行。因为，货币存在一种路径依赖，一旦一种货币用得顺手了，再换另一种货币，必定需要一段时间。

1943年雅尔塔会议之前，英镑仍是世界主要货币，全球40%的国际贸易用英镑结算。对于如何建立起有利于美国的新国际货币体系，美国人一定动了很多脑筋。

众所周知，1944年6月，盟军在诺曼底登陆，法西斯国家战败已成定局。法西斯国家战败并不意味着“二战”结束，战胜国在金融市场鏖战正酣：究竟谁才是世界老大？

此时，英国丢掉了世界经济第一大国的位置，黄金储备只有19亿美元。反观美国，黄金储备则为200亿美元，占世界黄金储备的70%。金本位时代，谁有黄金，谁的货币就是硬通货，然而，由于支付习惯的原因，英镑仍旧是第一世界货币，美元屈居第二。

实力如此悬殊，世界货币霸主的地位一定会易主。然而，英国不甘心跌落神坛，不希望改变，一场龙争虎斗在所难免。

1944年7月，在美国倡议下，44个盟国代表到达美国新罕布什尔州布雷顿森林镇。这里是久负盛名的避暑胜地，谁也没有想到，一个景致优美、草木青葱的小镇会成为国际金融巨头争吵的场所。

德国战败后被排除在外，冯克计划自然被束之高阁。会议的主要争吵者变为英国和美国，双方分别提出了“凯恩斯计划”和“怀特计划”。英国派出的代表团长是大名鼎鼎的凯恩斯本人，美国代表团团长则是时任美国财政部长怀特。

金融是经营利益的行业，所谓利益就是实力，大国外交就更是如此——没有永远的朋友，只有永恒的利益。至于谁成为世界货币，可以用《增广贤文》里的几句话——“有钱道真语，无钱语不真。不信但看筵中酒，杯杯先劝有钱人”来预测，无论金融市场还是大国竞技场，实力是最重要的因素。

作为战胜国、曾经的日不落帝国、第一代世界金融霸主，英国已经沦为大国竞技场的陪练。首相丘吉尔这样描述自己的感受：我的一边坐着巨大的俄国熊，另一边坐着巨大的北美野牛。中间坐着的是一头可怜的英国小毛驴。

布雷顿森林会议上，英国试图维护最后的面子，不想放弃英镑世界货币的位置。问题的关键大家都清楚，英国没有黄金，黄金都在美国；如果英镑继续充当世界货币，那么需要黄金的时候怎么办?

金融学的智慧是无穷的，“凯恩斯计划”的关键便在于此：没有黄金，咱们可以不用黄金作为货币。

就此，凯恩斯提出了一个大胆的设想：成立国际清算同盟，发行一种全世界统一的货币，取代世界货币。至于国际清算同盟谁说了算，按“二战”前三年的进出口贸易平均值计算。如果按照这种计算方法，“二战”前美国贸易额根本无法主宰全球货币，同时，英国名义上只能获得世界货币份额的16%，也没有绝对发言权。

这原本是最好的建议，世界经济增长到一定程度，黄金将成为桎梏，只不过在当时的环境下，人们不可能理解罢了。人们只是以为，凯恩斯计划像酸葡萄，我吃不到，别人也别吃，英镑不做世界货币，美元也别想做!

大家太小看凯恩斯了，不是这样的，按照“凯恩斯计划”，英镑还是世界货币。其中关键就在于“‘二战’前三年的进出口贸易平均值”这个计算方法。如果以英联邦（英国+英国前殖民地）为统计范围，那么英镑话语权为35%，美国远比这个数字低。如此，设立世界货币，各国之间无须清算黄金，黄金也就不可能再起到世界货币的作用，英镑还是世界货币！

按照“凯恩斯计划”，英国已经不是在和美国分享世界货币领导权了，而是根本不想放弃国际货币老大的位置。为争取“凯恩斯计划”的通过，英国派出的首席代表就是大名鼎鼎的凯恩斯本人。

凯恩斯于“一战”后出版《和平的经济后果》，奠定了当代经济学之父的位置。“二战”后，凯恩斯出版《就业、货币与利息通论》，这本书不仅仅是当代经济学的灵魂，还是美国罗斯福新政的经济学理论根基。单纯就经济学领域的个人魅力和影响力而言，凯恩斯称第二，全世界没有人敢称第一。

可以想象美国人面对这位教父级人物的感觉，英国谈判团队副手罗宾斯这样回忆当时的场景：我常常想，凯恩斯一定是最了不起的人物之一，逻辑思路敏捷，有老鹰捕食的那种直觉、生动的想象力、宽广的视野，而最重要的是他用词的精确，所以这些素质的结合使他比普通人高出一筹……美国人坐在那里，对这位神仙一般的来访者的歌唱如痴如醉，仿佛他周身都是金色的光环。

很遗憾，靠个人魅力和外交手段是不可能在国际金融市场为王的。无论金融市场还是大国外交，最重要的因素只有一个——实力。

“二战”期间，英国在庞大的殖民体系中购买资源、粮食和工业原材料，支付手段不是黄金而是英镑。这种行为无限透支了英国国家信用，英联邦国家积累了大量的英镑，又无法自由兑换为黄金。英国试图在全球建立新的货币体系，替换黄金的作用，大家手里的英镑岂不是作废了，这种建议有谁会听呢？

反观美国的怀特计划就令大家十分有好感，很实在。简单地说，怀特计划就是由美国出面组建并控制“联合国平准基金”。平准基金中，会员国货币可以盯住美元，美元盯住黄金，这实际上就是全世界放弃金本位，转而推行美元本位。最致命的一条，怀特计划提出：新的国际货币体系中，英国取消外汇管制和各国对国际资金转移的限制！

如果是你，会选择哪个？

还有一个问题，英国是当时世界货币的老大，如果坚持不肯让位，就是不同意怀特计划，美元登顶的时间就会被拉长。英国确实可以这么做，当时英国谈判代表分成两派，一派坚持不肯屈服；另一派相对缓和，提出必须把美国纳入西方国家框架之内，否则，西方国家可能很难建立长久的货币体系。相当一部分英国人认为，与美国站在一起才是西方世界长期和平与繁荣的保障，但是，必须为英镑争取必要的话语权，不能让美元独大。

大国博弈的舞台，很多情况下都是明牌，关键看怎么把这些牌打出去。英国的打算美国心知肚明，但美国没有明确表示反对，而是在背后做足了小动作。

国际金融市场也是一个论资排辈的场合，资格老的坐前面，资历浅的坐后面，即使有足够的实力也必须尊重前辈。当时的情况就是这样，凯恩斯是经济学奠基人，就连罗斯福新政的理论根基都是凯恩斯创立的，这样一个人在场，实在是不好办。

《凯恩斯传》的作者斯基德尔斯基在书中这样描写当时的情况：“凯恩斯那种敏锐的头脑既让怀特感到佩服，又让他感到有必要加以抵制，因为凭凯恩斯的智力足以设下种种陷阱，一不小心就会掉进去，凡是读过凯恩斯《和约的经济后果》一书的美国人总是担心他们会上英国人的当。”

怎样才能让英国屈服呢？如果凯恩斯不在谈判现场，事情就会好办很多，美国打的就是这个主意。

为了最大程度削弱这位教父级人物的影响力，美国在谈判之前先组织了讨论世界货币的筹备会议。在凯恩斯看来，筹备会议不会有太多问题：凯恩斯计划提出建立国际清算同盟，以一种世界货币“本柯尔”（Bancor）取代英镑与美元，怀特计划则提出国际货币命名为“Unitas”，即“尤尼他”，尤尼他可以取代英镑与美元。英美双方目标一致，所谓会议不过就是确定一下名称，程序性事务罢了。

没有想到，会议异常繁杂，涉及44个国家，大量法律术语必须用不同语言清晰解释。无休止的争吵，搞得这位原本就不怎么健康的泰斗人物第一个星期就病倒了。后人猜测，怀特的目标根本不是建立世界货币，目标可能就是在正式谈判前把凯恩斯拖垮。果不其然，1944年7月1日会议正式开始的时候，凯恩斯已经被迫住院修养，无法参会。

本来就实力不济，又丧失了灵魂人物，英国注定会成为这次交锋的败者。1944年7月，44个国家代表在激烈争吵之后终于签订了《布雷顿森林协定》，“布雷顿森林体系”诞生，并据此成立了国际货币基金组织（IMF）。

布雷顿森林体系指的是“国际黄金汇率标准制度”或者“黄金美元本位”，内容包括以下三条：

第一，美元和黄金挂钩，1美元=0.888 671克黄金；

第二，其他国家货币与美元挂钩；

第三，世界各国根据黄金比价实行固定汇率。

如果成员国出现了国际收支不平衡怎么办？有两种途径：第一，向国际货币基金组织贷款；第二，向国际货币基金组织申请调整汇率。

布雷顿森林体系以黄金为基础，美元与黄金直接挂钩，又以美元为中心稳定了国际货币体系。这也就意味着，美元 = 黄金 = 唯一的清算工具 = 唯一的支付工具 = 唯一的储备货币。

一个貌似很复杂的国际货币体系，一句话就能说清楚：美元与黄金挂钩，其他国家货币与美元挂钩，美元成为世界唯一与黄金一同作为储备资产的货币。即，以美元和黄金为基础的金汇兑本位制。

世界各国的货币与美元保持可调整的固定汇率，为了保证货币汇率的稳定和资本流动的有序性，成立了由美国主导的国际货币基金组织和世界银行两大国际组织。

后文中我们会提到布雷顿森林体系有很多致命的缺陷，但这些并不能抹杀它的光辉。20 世纪 30 年代大危机期间，世界货币体系四分五裂，英镑、法郎、美元代表的三个集团互不相让，无休止地进行外汇倾销，使世界经济承受了更多灾难，最终引发了第二次世界大战。在国际货币这件事上，所有国家形成一种共识，世界需要确立稳定的多边汇兑体系，必须达成协议。苏联代表在布雷顿森林会议上有如下发言：各国货币的稳定、世界贸易的扩大、国际收支的平衡……所有这些渴望对于组织战后世界、维护并加强世界和平与安全均具有重要意义。

战后，布雷顿森林体系结束了国际金本位崩溃后国际金融领域的混乱局面，使得西方世界出现了长达 1/4 世纪的长久繁荣。布雷顿森林体系实行固定汇率，不存在黄金输送点的概念，各国货币供应实际不受黄金储备限制，可以动用货币政策缓和危机和萧条。由于美元成为主要的世界货币，美国可以通过贷款、赠予、援助等多种方式在世界范围内扩张货币，扩大国际贸易。

布雷顿森林体系的可贵之处还在于，各国能在一定程度上牺牲自身利益，坐在一起拟定一个合作规则，创立一个开放的世界货币体系，这在人类历史上还是第一次。如果英国坚持不肯让步，美元虽然最终也一定能在世界货币中登顶，解决国际收支不平衡，但战后重建之路将会更加漫长和痛苦。

那年，那小镇，布雷顿森林体系能持久吗？

美元灾，美元荒

如果说世界上真的有命定，布雷顿森林体系的命定就是崩溃。不仅仅是美元，任何一种货币在成为唯一的世界货币之前都不可能解决这一先验性弱点——特里芬难题。

布雷顿森林体系下，美国独占世界货币规则制订和修改权，说到底是美元一家独大。维持世界货币地位要做到以下两条：第一，保证本币与黄金官价稳定，确保全球金本位有足够的信誉；第二，要向全球提供足够的本币。

要维持本币与黄金的兑换稳定，本币就不能过分流出；要维持全球流动性和国际清算，就得给大家分美元，让美元流出。

美元不能流出……

美元必须流出……

这显然是一个自相矛盾的体系，一枚硬币的两面永远不可能重合。不仅是美元，世界上根本就没有一种货币能同时满足上述两个条件。

过去没有，现在没有，将来也不会有。

任何一个国家的单一货币都不可能成为世界货币，这就是特里芬难题。

1947 年 3 月，国际货币基金组织开门大吉，标志着布雷顿森林体系正式开始营运。1971 年 8 月 15 日，尼克松抛出的“新经济政策”，则是布雷顿森林体系崩溃的标志。凡此24年，这整个命定的过程颇是耐今人寻味。

在布雷顿森林体系28年寿命中，前14年（1944—1958年）可以用一个词来形容，即“美元荒”。望文生义，所谓“美元荒”的重点是“荒”，各国都没有美元，全世界都在为美元奇缺而困扰。

第二次世界大战摧毁了参战国工业体系，无论盟国还是轴心国。英、法等盟国以胜利国的身份签订了《波茨坦协定》，但是，实力已经被战争耗尽。以英国为例，黄金储备几乎枯竭，对外贸易减少了2/3；英国也从债权国变为债务国，本土及英联邦1945年债务总计23.39亿英镑。丘吉尔首相在波茨坦会议上沮丧地说，英国是作为世界上最大的债务者走出这场战争的。

在经济学上，所谓需求有两个条件，一是有购买需求，二是有购买能力。“二战”后的世界充斥着购买欲望却没有美元，只有美国有美元，而且有生产能力。各国需要购买商品，美国需要对外卖出自己的商品。

只有一个问题：大家都没有美元！购买方的黄金桶已经被刮干，另一方盆满钵满还想接着赚……

1949年，美国出口产品价值159亿美元，进口只有91亿美元，顺差高达68亿美元，其中对西欧贸易顺差达30多亿美元。以欧洲当时的生产能力，黄金流入美国短期内肯定无法回流，美国的黄金越多，这个游戏就越玩不下去。

一个国如同一个家，断了主要收入来源的家庭，只出不入，日子如何继续？

作为西方世界的龙头老大，美国原本应该承担起大国责任，谁也没有想到美国人居然干起了趁火打劫的勾当，专门对亲朋好友下手。也难怪，国际舞台从来都是首先维护自己的利益，再谈其他。

两次世界大战，美国向盟国贷款，使得盟国具备购买能力。布雷顿森林体系时代，原本应该继续这样做以支持世界经济复苏，美国人最初却打起了歪主意，在马歇尔计划之前，美国曾向英国提供一笔37.5亿美元的援助贷款。理由是拓展英美贸易，支持岌岌可危的英国财政，但是，援助并非无偿的，作为获得这笔贷款的代价，英国承诺废除对美外汇管制，允许英镑和美元之间直接兑换。

协议的结果却非常明朗，在恢复自由兑换之后一个月，英国有价值3 000万美元的黄金流出，直接伤及英国经济的根本。无奈之下，英国无法再看美国脸色行事，只能硬性单方面毁约。

我曾看过一些关于汇率均衡问题的文献，从经典的购买力平价、利率平价，到现在一些计量模型计算的汇率模型，各种算法甚是复杂。可能因为我无法理解这些模型的深奥之处，所以始终以为汇率模型归根结底只是一个参考，如果金融工程可以预测汇率变动，外汇市场早就不复存在了。

市场可以预测吗？

市场最重要的是当下，汇率最重要的是利益。汇率政策归根结底就一句话，一国的金融主权，必须牢牢掌握在自己手中，汇率政策一定是一国根据当时情况、本着国家利益做出的最优的决策，不需要遵循任何所谓的“经济学规律”。但凡拿“经济学规律”去指责别人汇率政策的，一定只是找了一个冠冕堂皇的借口。

德国历史学派代表人物李斯特坚持认为，所谓“经济学规律”都是强者扔给弱者的枷锁，一国经济政策必须独立自主，根据自身状况来拟定。

最明显的例证，在布雷顿森林体系形成之初，只有美国、墨西哥、危地马拉等美洲国家实行外汇放开，号称市场经济最发达的西欧始终实行严格的外汇管制，货币不可自由兑换。外汇与资本管制是根据国情做出的决策，而不能机械地照搬某些“理论”或者屈从外部压力。

很快，西欧解决美元荒的机会终于来了，硬币翻到了另一面，那就是美元灾。“灾”者，灾难也。

随着冷战正式拉开序幕，美国开始以此为借口在全球驻军，美元支出迅速增加，1952—1958 年美国在西欧军费开支高达 89 亿美元。1958 年 10 月，英、法、德等 10 个西欧国家宣布货币自由兑换，此时，美国黄金储备下降到全球 35%，西欧 10 国则上升到 30%。

直到这时，布雷顿森林体系才真正具备可行性，一份美国对外文件显示，当时的人们这样评价黄金储备下降：大量美元的不断流出，有利于世界范围内多边贸易的国际环境……成功地重建和维护一种多边贸易与支付体系，在很大程度上依赖于世界其他地区通过美国进口和对外投资得到大量美元。

原本以为皆大欢喜的一个结局，接下来的事情却又令人大跌眼镜。

美元处于世界货币顶端，究其根本还是因为超强的经济实力与黄金储备。现在，美国因为军事扩张在全世界使劲花钱，一旦超出黄金储备和经济实力承载额度，就会成为无源之水。伴随军费增长的是美国财政赤字与黄金储备流失。此时，全世界不再有美元缺乏之虞，各国都不希望再以美元结算，从而转用黄金，偏偏美国不会允许大量黄金离境，也就是所谓“美元灾”，即美元泛滥成灾。

这一结果并非美国刻意为之，从“美元荒”到“美元灾”也不是偶然，而是特里芬难题之下的命定，一个硬币的两面罢了。

1960 年下半年，西欧国家开始竞相抛售美元，美元与黄金比价一度下跌到每盎司 40 美元。第一轮抛售未让美元伤筋动骨，20 世纪 60 年代初期，美国还保持着经常项目巨大盈余，每年约 20 亿美元左右，财政收支不平衡也没有出现不可逆转的迹象，凭借美元昔日积累下来的信誉还能够支撑一段时日。

1960年后，随着美国在越南战争中越陷越深，支出呈现不可逆趋势。西方世界试图一起维护美元与黄金之间的比价，从1967年年底到1968年巴黎谈判之前，西方世界共计损失了35亿美元，其中美国一家就损失了20亿美元。

西方世界付出的天价也无法稳住美元与黄金之间的汇兑比例，这根本就是一个无法完成的任务。眼看布雷顿森林体系就要崩溃，向来以自由经济标榜的西方世界拿出了一个绝招。1968年巴黎谈判之前，西方国家聚集在华盛顿商讨维持布雷顿森林体系的对策。一筹莫展之际，时任意大利央行行长卡里灵光一现：既然无法维持官定汇率，何不模仿计划经济体制？

没错，就是计划经济里的价格双轨制，同样的黄金，不同的价格。

从此，西方国家外汇市场分为两个市场——官价市场和自由市场。官价市场只接待各国央行，各国央行把出售的黄金涂上一种绿色标志，从此黄金又多了一个人工制造品种——“绿条黄金”。绿条黄金跟普通黄金唯一的区别就是价格，绿条黄金的价格遵从按国际货币基金组织的定价，至于普通黄金，则由商业银行、企业财团参与的自由市场确定。由于官定市场美元黄金比价远比自由市场低，因此绿条黄金不得参与自由市场交易。

如此一来，皆大欢喜，既维持了布雷顿森林体系黄金美元官价，各国央行也不至于费尽心力去调整市场汇价！

计划经济、价格双轨制……西方货币体系还真是自由市场，自由模仿别人的经济管理模式，什么政策有用就用什么！

在这次会议上，国际货币基金组织创立了特别提款权（special drawing right，SDR）方案，当时SDR对标美元，单位SDR黄金含量与单位美元等值，但不能兑换黄金，成员国可以以此向基金组织贷款或用于双边清算。也就是说，此时的特别提款权并不是为了解决特里芬难题，而是为了应对美元挤兑危机而创立的，是防止挤兑美元的保证。

发达国家在国际货币制度中使用双轨制，标志着布雷顿森林体系中美元与黄金挂钩的失败。布雷顿森林体系美元汇率是核心中的核心，皮之不存毛将焉附？

1971 年，美国终于结束了建国以来始终保持外汇盈余的纪录，黄金储备也只剩下 102.1 亿美元，约为国家短期负债（678 亿美元）的 15%。从债务警戒线来看，说美国货币体系岌岌可危并不是危言耸听。

不能说西欧没有为美元尽力，马克是西欧最强势的货币，联邦德国为了维持美元汇率，于 1971 年 4 月连续抛售本币，在市场上连续购买了 30 亿美元。结果，5 月 5 日，开盘后一小时，西柏林外汇市场就出现了 10 亿美元的天价卖单，官方外汇市场被迫关闭。跟着，奥地利、比利时、荷兰、瑞士纷纷被迫停止官方外汇市场交易。

世界变得纷乱……

永别了，黄金

特里芬难题之下，要么维持美元入超，全世界没有伙伴，要么滥发美元，全世界通货膨胀。无论硬币翻转到哪一面，都不是一个好主意，全世界都束手无策。

1971 年 8 月，美国抛出“新经济政策”，中止履行用美元兑换黄金的义务，并提出联邦德国单独维护外汇市场没有意义，只能助长投机；为维护布雷顿森林体系，西欧国家货币应该集体升值！同时，新经济政策还指明：美国将对进口产品征收 10% 的附加税，以维持美国入超。

这是一场惊天变局，1971 年 12 月，西方 10 国代表在美国华盛顿史密森学会大厦紧急磋商，达成“史密森学会协议”：西欧国家货币集体升值，但美国废除10%的关税附加。史密森学会协议实际上废除了布雷顿森林体系，世界进入了浮动汇率时代。此时每一个人都知道，布雷顿森林体系崩溃只是时间问题，西方世界一致同意，应迅速进行讨论以考虑国际货币体系的长远改革。

1973年2月12日，美元第二次大幅贬值10个百分点，西欧国家、日本开始对美元实施浮动汇率，布雷顿森林体系彻底崩溃。

在任何一个地方、一个国家、一个市场，最可怕的就是没有规则，没有规则便没有底线，伤害就会没有极限。布雷顿森林体系崩溃之后，各国货币竞相贬值，全球性国际收支失衡日益严重，这样下去，再搞出一场大危机来也未尝不可能。

1976年1月，国际货币基金组织在牙买加召开了会议，世界各国协商签订一份新的条约——《国际货币基金协定》第二次修正案，史称“牙买加协定”。说到牙买加体系的内容，一般总结为三项：

第一，货币基金组织成员国可以自由选择汇率浮动模式，浮动汇率登上历史舞台；

第二，废除黄金与货币之间的数量联系；

第三，增加会员国家在货币基金组织的份额。

千言万语其实就一条：承认现实，推动黄金的非货币化，允许浮动汇率制和固定汇率制同时存在。

黄金锚定非常明确，在农耕社会单位，黄金包含的价值是对王室或者封建权力最好的制约。千百年来，黄金一直是人类公认的货币，从牙买加体系开始，包括美元在内，全世界所有的货币都不再具备含金量。

摒弃黄金，并非从牙买加体系开始。

17世纪，约翰·罗就曾有此提议，他始终认为人类社会应该摒弃黄金，创造信用货币，虽然约翰·罗没有成功，经济学家却从未停止讨论这个话题。时至今日，仍有很多政要、学者呼吁恢复金本位制度，黄金体积小、易分割、价值高，最重要的是能确立明确的发行规则。

为什么黄金就不能再次成为货币？人类生产力曾极为低下，锚定一种贵金属作为货币本位无可厚非。随着机械化的发展和电气化革命的发生，人类生产力获得了极大提高，世界已经变化，当年能产多少粮食？现在能产多少粮食？如果再以黄金作为货币锚定，结果就是黄金单位价值呈指数级提高。按照原始货币数量论，只要把黄金拆分为更小的交易单位，就能满足交易需要。

这种设想听起来是没有问题的，我们说过这只是理想化的状态，不可能成为现实。黄金重量单位向下拆分将伴随严重的通货紧缩，越是如此，人们越要留住手中黄金。到时候，全球经济就会像一个失血过量的病人，眼睁睁看着自己走向衰亡。道理很简单，在一场旷日持久的通货紧缩中，每个人的预期都会改变，按照劣币驱逐良币的道理，流通中的黄金会越来越少，进入继续拆分、货币流通量继续减少的怪圈……最终的结果必然是全球经济大萧条。

牙买加体系突破了布雷顿森林体系下以美元和黄金为基础的金汇兑本位制，浮动汇率体系的开放性给全球经济体注入了新鲜血液。这是一种混合汇率体系，有浮动汇率也有固定汇率，具体用哪种方法全凭自愿，要想改变汇率制度安排，只需要“修改日之后30天内把打算采用的外汇安排通知基金（国际货币基金组织）”。

牙买加体系远非一种完美的国际货币制度，只是一种极为复杂的汇率制度安排，至今我们依然生活在牙买加体系之中。

牙买加体系，说好听点儿是国际货币多元化，说难听点儿，“多元”汇率从来不根据市场供求自定，完全是“心随我动”。

牙买加体系强调市场可以自己达到均衡，现实是市场任何一个时刻都在波动。国际金融市场大鳄索罗斯甚至认为，市场永远无法依靠自身力量出清，非出清状态将会进一步影响市场，使得市场进一步偏离均衡点位，最终只有危机才能对市场纠偏；危机来得越迟，灾难就越沉重，所以，索罗斯视自己为“红客”。

大家知道，金融市场是最情绪化的市场，外汇市场则是金融市场之最。在这个市场中没有绝对的强者，没有人能操控这个市场，这给国际炒家留下了操作空间。于是世界上有了墨西哥金融危机、英镑崩溃、东南亚金融危机……

1970—2000年，全球共发生了100多次金融危机，其危险性可见一斑。尽管如此，我们仍然要说，牙买加体系较之布雷顿森林体系是一个重大的进步。最根本的一条，是牙买加体系摆脱了全球通货对美元的依附，美元也摆脱了世界货币的义务。美国摆脱特里芬难题，世界各国各生欢喜。牙买加体系切断了全球金融危机的货币传染链，是一种多赢的结果。牙买加体系下，各国不仅获得了自由选择汇率机制的权力，更重要的是可以根据国内情况选择货币政策和金融政策。

与布雷顿森林体系一样，牙买加体系也有自己的先天弱点，从此，三元悖论出现了：开放经济条件下，一个国家只能在货币政策独立、汇率固定和资本项下自由流动中选择两者。三者不可兼得的时候，最为重要的是货币政策独立，不用说新兴市场国家，即使是发达国家也需要先办好自己的事，才能放开国际资本流动。

与股市、期市相比，汇率波动的原因最为复杂，对国民经济的影响也更为巨大。

时间不灭，市场不死；

运动不息，市场永恒。

物价与失业齐飞

“二战”之后，美国政府奉行凯恩斯主义，约翰·肯尼迪、林登·约翰逊两任总统始终坚持财政扩张，财政赤字从罗斯福的“姑且刺激一下”到变为常态。在凯恩斯主义药方的强力刺激之下，10多年间，美国经济扶摇直上。

兴奋剂是体坛历来反对的玩意儿，任何一个透支体力的体育选手都不可能取得好成绩。当时美国的经济就是这样。好景不长，美国的新问题产生了。

从1969年11月开始，美国工业生产连续13个月出现下跌，降幅高达6.8%，失业率则飙升至6%。1971—1978年，美国经济增长率为3.4%，1978年第四季度下降到0.5%；同一时期，1972—1974年失业率在3%~6%之间徘徊，1974—1975年失业率一度曾高达9%，1978年年初则为6.4%。

人们原本以为通货膨胀率与就业率成反比，这一关系被称为菲利普斯曲线。现在，菲利普斯曲线失效了，物价上升，另一方面失业率又在高涨。现在，这种现象被称为“滞胀”。此时，理查德·米尔豪斯·尼克松（1913—1994年）成为美国第37任总统，滞胀是这位总统将要面对的首要问题。

尼克松在任期间，美国与新中国建交，很多人都知道那次跨越太平洋的握手，很多人不知道这位总统看起来还是一位计划经济的信仰者。1971年，尼克松提出“新经济政策”，其目的除了废除金本位，更重要的一条是对物价和工资进行管制。也就是说，尼克松以行政命令规定物价和工资不得上涨，以应对“滞胀”。

美国人对即将到来的长期滞胀没有充足准备，大部分人以为这是一种临时现象；既然是临时现象，那么总统的管制命令当然可以理解。

尼克松的“物价管制”在美国根本没有任何阻力，得到了广泛支持，道琼斯指数在政策宣布第二天暴涨，社会调查同样显示民众对物价管制采取支持态度，因为政府行政命令使得他们免受涨价之苦。所以，经济政策原本就没什么东西之分，计划和市场的界限也不那么清晰。无论在哪里，想出法子来就行！

尼克松拟定了“美式计划经济”方案，具体执行者则是以市场化著称的美联储。时任美联储主席伯恩斯为此拟定了一个宏大的计划：在三个月内实施工资管制，此后成立物价委员会和薪资委员会，并邀请工会代表参加，拟定物价和工资增长目标，物价年增长率为 2.5%，工资年增幅则为 5.5% 以内。

美国人信心满满，开始物价管制，举国支持的经济政策还能有什么问题？

规律之所以为规律，就是因为不能违反，能违反的不是规律，是规定，因为规定有可能是有待改进的。无论东方西方，违反规律的结果一定是灾难性的：美国人的信心还没过夜，市场上琳琅满目的商品就不见了，甚至连农产品都开始匮乏，美国人第一次遭遇了“短缺经济”，失业率照样居高不下。

1972 年 2 月，失业率仍旧高达 5.7%，美联储不得不重新考虑调整货币政策，甚至放弃总统冻结物价和工资的命令。尽管尼克松赢得了 1972 年大选，新经济政策却难以为继。美联储和伯恩斯成为美国人指责的对象，媒体和公众认为伯恩斯执行了错误的货币政策，而且是明知故犯，目标是换取美联储管制物价的权力。

争辩未止油价涨，惹事不仅美联储！

1973 年 10 月，第四次中东战争爆发，石油输出国宣布收回石油标价权，并将石油价格从每桶 3.01 美元提高到每桶 10.65 美元，同时限制石油产量。几乎在一夜之间，西方国家陷入了油荒，油价从每桶3美元蹿到了每桶35美元。

美国经济本来就处于风雨飘摇之中，1974年，随着尼克松的卸任，工资物价管制条例被废黜，物价从此扶摇直上，全年上涨12%，创下历史最高纪录，更可怕的是失业率高达8.5%~9%。此前虽然也有争议，但人们一直认为美国自然失业率在4%~6%。

物价与失业齐飞，衰退共萧条一色，物价上升、失业率高企，都是典型的滞胀特征，从此，美国经济进入了新一轮衰退。

今人看来，美联储所作所为再次让人大跌眼镜，伯恩斯拒不收缩货币政策，他在一次国会发言中提出：使用严厉的货币政策来抵消异常严重的通货膨胀的努力，在最初几年会引起严重的金融和经济混乱。这不是一种明智的货币政策。

看起来伯恩斯已经意识到了1972—1973年货币政策的失误，但是，收缩货币扩张将导致经济衰退，伯恩斯不肯冒险。相反，伯恩斯把1973—1974年的高通胀归咎于石油涨价，认为是输入型通胀。

伯恩斯的观点和美联储所作所为引起了轩然大波，以弗里德曼为首的货币学派从石油对外依存度的角度分析了通胀，结论是石油价格暴涨只是短期效应，在长期对通胀不构成显著性影响。究其根本，通胀是联邦政府财政政策和货币政策形成的，直接原因则是这些政策导致了工资刚性上升，进而传导到物价。

理论归理论，现实归现实。无论说得多么天花乱坠，实践都是检验真理的唯一标准，经济学理论不能停留在象牙塔里，必须付诸实践。

通胀与失业齐飞，也就是我们提到的滞涨。尼克松之后的历任总统不是没想法子，卡特总统增加财政赤字、增加教育医疗福利，掏空了凯恩斯主义工具箱，后来感觉凯恩斯主义不靠谱，又反过来投靠货币主义，控制货币发行增量，最后连工资物价限价这种计划经济的招数都用了。结果如何呢？

1978年，美国通胀率超过两位数成为美国的常态，而失业率依然为7%~8%，滞胀问题不但没有得到解决，反而更加严重。

能想的法子都想了，物价照旧上涨，失业照旧发生，所有经济政策都对滞涨毫无办法。

大家可能还记得，电气化革命之初，美国形成了一批富可敌国的托拉斯。终结了托拉斯对市场的垄断，才激发了市场活力。如今，一个甲子荏苒而过，早在20世纪40年代中期，电气化产品就已经在西方普及，比如冰箱、空调、洗衣机、电视、汽车等等。第二次世界大战毁灭了整个西欧的存量财富，也挤占了美国原本应该属于民用的生产资源，这才重新开辟出一片足够大的市场，使电气化产能得以延续。

廿载已过，电气化最后的市场空间已经被压缩殆尽。很简单，电气化产品已经普及西方世界的每一个角落，产品更新换代带来的市场都是大企业所为。一个成熟的市场，新人很难分割现有利益格局。

不是不想分割，而是市场利润早就不足以支撑新的大亨。人家苦心经营多年，您想再分一杯羹？难！

既然市场萎缩，既然市场已经具备垄断性质，那么，焉能不失业，焉能不物价上涨？究竟该如何应对滞胀？

一剂良方，唯有创新。

很不幸，创新——尤其是开天辟地的毁灭型创新——不是随时随地发生的，也不以人的意志为转移。人类站在时空隧道只能向后看，人类在很大程度上对未来失明，走出洪荒的人无法想象工业革命后的场景，电气化时代的人也无法想象今天的信息产业。必须有一系列制度与非制度因素长时间相互配合才能产生开天辟地的毁灭型创新。创新越来越依靠科技，一次大创新之后，大创新会越来越难。

所幸，人类做到了。

今天，我们回顾这段滞胀的历史，会发现那确实是一段痛苦的时期，制造业、交通运输、仓储、建筑业、零售业……那些支撑起人类繁荣的行业突然一夜间都不再赢利，成了夕阳产业。但是，汹涌的暗流之下已经有一批巨无霸在成长，无线电、电子、信息、宇航、生化……微软、苹果、英特尔、IBM（国际商业机器公司）……这些人们今天耳熟能详的巨无霸此时还是默默无闻的小微企业。

只有在既定市场内分不到一杯羹的小微企业才有创新的原动力，因为它们是小微企业，失败的成本并不高。只有小微企业才有“敢叫日月换新天”的魄力，你看过哪个大企业把自己的主业弄没了？商业银行高喊移动支付，你见哪家银行能把移动支付做到支付宝或者财付通的程度？商业银行甚至开始自建电商，那些电商平台知名度如何？

此时的信息产业还是小微企业，还在等待它们的金融王子！

不仅工业革命要等待金融革命，任何一次巨大的产业创新，都意味着金融行业开天辟地般的革命必须有合适的金融模式与新产业相互配合。

从默默无闻到发展壮大，这些小微企业引领我们进入了一个高速的信息时代：20世纪70年代初，美国高技术工业投资在美国设备投资中仅占10%，70年代末期，这个数字上升到25%；滞胀结束前，计算机、通信、宇航、生物制药、控制仪器、半导体已经形成相当的产能规模，与汽车、钢铁、造船和纺织业产值相当。

人类要想敲开信息时代大门，还缺一把合适的金融钥匙。

第 12 章

西方世界终将衰落

这里是硅谷

美国加利福尼亚州圣克拉拉谷，也称硅谷。这个神圣 IT（互联网技术）中心坐落于加利福尼亚州 101 号公路，距离旧金山约 50 千米，面积大约为 50 平方千米。大约一个县那么大的地方，却挤着 8 000 多家高科技企业，英特尔、思科、升阳、网景、3COM……全球排名前 100 的高科技公司中，起码有 20% 在这儿落脚。这样的公司随便拉出一个，市值都能赶上法国、德国或者其他任何一个西欧强国上市公司市值总和。

你或许不知道，硅谷不是信息时代才出现的，早在 20 世纪 50 年代，硅谷就已经名震美国，是每个美国电子工程师心中的圣地。那时候硅谷还不是硅谷，只是圣克拉拉谷。

时光荏苒，圣克拉拉谷半导体时代的辉煌早已烟消云散，给我们留下了一种全新的金融模式——风险投资，圣克拉拉谷就变成了硅谷。

硅谷的故事，让我们从肖克利说起。众所周知，肖克利是“晶体管之父”、1956 年的诺贝尔物理学奖获得者。

1955 年，肖克利来到圣克拉拉谷，试图创立一家自己的企业。其实肖克利只是科学家，不是企业家，无论企业家想成为科学家，还是科学家想成为企业家，很少有人能不抓瞎。

名动江湖的人物总能吸引眼球，他无论做什么、无论对错都有人关注，振臂一呼，应者云集。肖克利办企业就好比马云拍电影，无数人前来捧场，工作室刚刚创立的时候，肖克利雇了 8 位年轻的工程师，便是后来互联网江湖的“八剑客”，分别是罗伯特·诺伊斯、戈登·摩尔、布兰克、克莱尔、赫尔尼、拉斯特、罗伯茨和格里尼克。

刚来圣克拉拉谷的时候，“八剑客”都在 30 岁以下，毕业于常春藤名校，有自己独特的专业路线。他们归于肖克利麾下，原本想做一番惊天动地的事业。

不久之后，历史记住了这 8 个人的名字，很遗憾，这跟肖克利关系不大。肖克利是伟大的科学家，却不是一个成功的商人，不懂得经营，还特别固执。八剑客雄心勃勃地来到硅谷，固执的肖克利却不允许八剑客继续自己的专业路线，而八剑客对肖克利那些玩意儿又不感兴趣。一年很快就过去了，无论是肖克利还是八剑客都毫无建树。

八剑客能跑到硅谷投奔肖克利，自然个个不是省油的灯，在他们眼中，只有理想，没有权威。有人不让他们实现人生理想，就算权威也不好使，于是，不愿意继续浪费青春的八剑客开始商量叛逃，终于在某天把辞职报告递到肖克利面前，愤怒的肖克利把八剑客称为“八叛客”。后来，八叛客开创了硅谷，肖克利就将他们改名为“有才华的八叛客”。

可怜的肖克利，原本是硅谷的缔造者，手下精兵强将一个个当了“叛徒”，肖克利只得打道回府，去斯坦福大学任教，“硅谷第一公民”成了“硅谷第一弃儿”。

年轻人就是年轻人，八叛客在硅谷这一年没白待，除了在肖克利的工作室混日子，还经人介绍认识了一个开照相器材店的老板——谢尔曼·费尔柴尔德[①]，他开了一家名为“仙童摄影器材商行”的摄影器材店。

创业总是要资金的，几十次碰壁之后，八叛客终于找到了非专业人士费尔柴尔德。由于家族的原因费尔柴尔德对无线电技术很感兴趣，果不其然，费尔柴尔德很欣赏八叛客，便提供了 3 600 美元供八叛客开发半导体器件，约定好的条件是取得专利后费尔柴尔德将拥有两年特许使用权。八叛客创立的公司就叫仙童半导体公司，如今仙童早就随风而散，但是，没听说过仙童半导体的人，一定也不懂硅谷。

超出了所有人的预期，半年后仙童半导体公司开始赢利。又过了一年，八叛客把晶体管制造材料从锗变成了硅，仙童半导体公司成为印钞机。费尔柴尔德获得了丰厚的回报，一年内公司销售额高达 50 万美元，10 年内，年销售额已经达到 2 亿美元，当时，2 亿美元绝对是一个令人震撼的财富量级。有件事必须提，有段时间八叛客之一的摩尔闲来无事，就发表了一篇文章，文章内容就是现在人们熟知的“摩尔定律”：所有集成电路技术的生命只有 18~24 个月。这一点对后来金融业态发展至关重要。

费尔柴尔德短短几年就收获了数亿美元的回报。这个消息震惊了金融圈，无论商业银行还是投资银行，无论炒作金融泡沫还是房地产，都不可能有这样的回报率，毕竟这个世界上最赚钱的东西就是原创。

金融从来不放过任何能赚大钱的东西，在这一点上，它很像鲨鱼。财富就像血腥，一旦被闻到，金融就立即冲来寻找猎物。来自泡沫、房地产的钱是钱，来自技术原创的钱也是钱，费尔柴尔德这样的非专业人士都可以做到，金融专业人士自然不甘寂寞。

信息产业出现之前，一种技术从理论到实践至少需要 10 年以上的

① 谢尔曼·费尔柴尔德的父亲是 IBM 的大股东，帮助八叛客找到费尔柴尔德的中间人是后文提到的第一代风险投资家洛克。

转换时间。对金融来说，10 年时间实在是太长了，所以，金融基本不可能投资原创性技术。信息产业完全不一样，根据摩尔定律，每 18~24 个月技术就会更新一轮。金融只需等待 18~24 个月，如果选对了方向，立刻就能得到丰厚的回报，比如，仙童半导体公司的天使投资人费尔柴尔德只用了 3 600 美元就换来了上亿的回报。

只要能赚钱，没什么能拦住金融，况且创新者也迫切需要钱。

1961 年，一位华尔街的投资银行人士阿瑟·洛克来到了旧金山。洛克原本是电子行业的研究员，八叛客曾给洛克写信“求金主”，正是洛克把费尔柴尔德介绍给八叛客。

阿瑟·洛克早年从军，参加过“二战”，后毕业于哈佛大学商学院，旋即进入投资银行。现实总是残酷的，投资银行是一个成熟的行业，阿瑟·洛克没有机会崭露头角，于是，他把眼光投向了硅谷。如果能筹集一笔资金，像费尔柴尔德一样投向原创技术，岂不是可以坐收新技术渔翁之利？

很幸运，八叛客的“叛徒”精神给了阿瑟·洛克和他们自己机会。连肖克利这样的诺贝尔奖得主都能炒掉，八叛客显然是天生的叛徒。确实，如同爱迪生手下的特斯拉，天才级的人物怎么可能屈居人下，哪怕对方也是一个天才。

八叛客既然能背叛肖克利，就不会在乎继续“背叛”费尔柴尔德。似乎八叛客就是为了创新而生，对他们来说，技术发展已经是一种信仰，而不是谋生的手段。

我们说过，费尔柴尔德的本行是摄影器材，他并不真正理解信息产业，更不了解信息产业技术。与八叛客类似，费尔柴尔德也是一个很有理想的人，摄影器材就是他的理想。在理想驱使下，费尔柴尔德在信息产业获得了丰厚的利润，却把利润转移到本业——摄影器材中去，尽管摄影器材无法让他赚这么多钱。

八叛客本来就有叛变基因，眼睁睁看着自己的技术路线因为缺钱无法实现，赚到钱的人去搞了航空摄影。

这是无法忍受的！

接下来的10年，八叛客或独自或结伴（结伴之后再分裂）跟费尔柴尔德说了再见，他们分别创立了自己的公司，其中就包括今天名震江湖的英特尔、美国国家半导体公司、高级微型仪器公司。

在这样的情况下，洛克遇到了“八叛客”中的诺伊斯、摩尔，后者刚刚创立英特尔，洛克为英特尔提供了天使投资。

金融与科技，为英特尔以及一批小微企业（初创时期，英特尔也好，后面提到的苹果也罢，连小微企业都算不上）插上了腾飞的双翼，它们迅速成为IT产业巨擘。1971年11月，英特尔发明了世界上第一个微处理器——一个指甲盖大小的东西，上面装有2 250个微型化的晶体管。从此，个人计算机在商业上成为可能，人类真正拿到了信息时代大门的钥匙。

当然，洛克也在他的投资中得到了前所未有的回报，英特尔投资的回报率是20倍左右，实现了玄幻金融泡沫中的收益率。这份收益也改变了金融业，风险投资替代了投资银行，成为金融之王。

金融改变了产业，改变了世界，也改变了我们的生活。从本质上说，今天的移动互联网只是信息技术升级换代，还谈不上毁灭型创新，直至今天，人类都生活在硅谷与风险投资的童话之中。

1971年1月，一位记者这样描述圣克拉拉谷：“圣克拉拉谷应该叫“硅谷”，因为这个地方聚集着全世界最富有创造力的年轻人，他们用硅材料改变了世界！”“硅谷”的名字从此而来。

八叛客创立了仙童半导体，八叛客“背叛”了仙童半导体。创始人尚且“叛变”另谋出路，就不要怪手下人不厚道了。什么样的元帅带什么样的士兵，如此，“叛徒”基因在硅谷源远流长就不足为怪了。

确切地说，后期的仙童半导体公司已经成为硅谷人才培训基地，一旦工程师有了自己的想法，要做的就是辞别母体、寻找风投、另立门户。据《硅谷热》记载，1969 年，硅谷举行过一次半导体工程师大会，400 位与会代表只有 24 人未在仙童半导体工作过，可见仙童半导体为硅谷输送了多少人才！

苹果公司创始人乔布斯曾经这样形容仙童半导体公司：仙童半导体公司就像成熟的蒲公英，你一吹它，这种创业精神的种子就随风四处飘扬了。

硅谷是仙童半导体的硅谷，很遗憾，仙童半导体却不再是硅谷的仙童。

人才流失对仙童半导体的打击是毁灭性的。1965 年，硅谷的鼻祖仙童半导体公司的销售额下滑到 1.2 亿美元，此后再未重现辉煌，在 20 世纪 70 年代末在江湖上销声匿迹，最终将总部迁出了硅谷。

然而，仙童半导体就是硅谷的代名词，这个名字将永远被人铭记，硅谷不灭，仙童不死。

前文既然提到了乔布斯，那就顺便说一下洛克投资生涯中的另一个神来之笔——苹果公司。

1976 年的愚人节，乔布斯和他的好朋友史蒂夫 · 沃兹尼亚克一起创立了苹果公司。当时乔布斯尚未名动江湖，不仅乔布斯，硅谷计算机产业还停留在一群计算机发烧友的车间、地库中。

个人计算机的最初发展与科研院所、世界 500 强无关，当代个人计算机的基础框架大部分是发烧友在客厅、卧室和车库中做出来的，人们在《大众电子学》杂志和个人电脑俱乐部里交流经验，大家公开自己的“杰作”，又吸取别人的养分。但凡有所成就，这些发烧友都会选择一个圣地创业，那个圣地就是硅谷，乔布斯无疑是其中最有才华的人之一。

洛克是苹果公司的天使投资人之一，后来，洛克对乔布斯留下很深刻的印象——不怎么样的印象。乔布斯刚结束了印度修行就去见洛克，一身邋遢的表现让洛克非常讨厌，这种感觉几乎让洛克退出苹果，因为风险投资人看重的第一因素不是技术，而是人。

乔布斯终究是乔布斯，苹果终究成了苹果。

20 世纪 70 年代初期，个人计算机还仅仅是个概念，颇类似于今天的量子通信。这种情况下，乔布斯把一个概念搞得风生水起，于 1977 年 4 月推出 Apple-II①，被公认为人类历史上第一台个人计算机。个人计算机第一次拥有声道、显示器，更重要的，Apple-II 是个人计算机操作系统的创始，迄今为止，个人计算机操作系统底层框架就是这个时候搭建起来的。可以告诉大家，推出 Apple-II 的时候苹果公司尚未实现量产，Apple-II 只是乔布斯等人的即兴之作。直到 Apple-II 在首届西海岸电脑博览会上惊艳亮相，乔布斯获得了苹果第一个大单，洛克才重新审视乔布斯，最终决定对苹果追加投资，亲任苹果董事。

乔布斯和苹果没有让洛克失望，为洛克创造了巨大的投资收益，也创造了风险投资的金融奇迹。很遗憾，1985 年苹果公司将乔布斯踢出管理层，此后走了很长时间的弯路。在这段时间里，苹果操作系统被微软模仿并超越，苹果在个人计算机领域基本上永远失去领先地位，原本苹果才是个人计算机的王者。1997 年乔布斯重掌苹果，苹果才再次辉煌，2015 年乔布斯逝世，苹果公司很可能辉煌不再。

① Apple-Ⅰ只有六十几台，全部是乔布斯自己在车库里焊接出来的。

今天，我们的创业者动辄将“高科技”挂在嘴边，意思是自己的技术可以建立行业壁垒。在我的眼中，创业者口中的“高科技”不一定靠谱，创业者的技术一定是可量产、可商业化的项目，但凡商业化技术，技术原理一定是公开的。个人创新一定是工程技术领域，而工程技术领域最大的行业屏障一般不是什么“高科技”，而是一定技术应用之下的创造天赋。

只有人才有创造天赋！所以，人才是风险投资的真谛——投资于人，不投资于技术，技术从来都不是任何行业的屏障，人才是。

建立信任，才可能有后面的融资。风险投资人看重的要么是创业者的创造力，要么是不顾一切的拼搏精神，要么是在某领域的商业天赋，这一切归根结底都有且只有一个因素，那就是人。

20 世纪 90 年代末期至今，近 2 000 家公司向硅谷投入了近 200 亿原始风险资本，硅谷之所以被称为硅谷，不仅仅是因为创新能力，不仅仅是因为这里集中了全球最优秀的人才，还因为这里是全球风险投资的圣地。

20 世纪 80 年代，硅谷成为软件园地；20 世纪 90 年代，互联网在硅谷兴起，传遍全球，改变了人类生活；1999 年，纳斯达克指数上涨了 89%，2000 年 3 月 10 日，最高位达到 5 048 点，先后有 5 000 多家企业在此上市，成为全球高科技企业的资金血库。

硅谷选择了金融，金融也选择了硅谷，创新如同战争中第一个登上敌人城堡的英雄，金融则是那道奖赏令——先登城者封万户侯！金融并非不畏惧风险，金融更看重风险背后的高利润，尽管失败一百次，但一次成功就能富可敌国！

如有一马当先，必有万马奔腾！

如果你觉得听懂了我的话，那你一定是错了

在当代金融史上，艾伦·格林斯潘是一个无法忽略的人物。1987—2006年，格林斯潘任美联储主席，经历了里根、老布什、克林顿、小布什4任总统，掌管美联储18年5个月20天。

格林斯潘在其任职期间多次成功应对危机，美国经济只有两次小规模的衰退，其中之一还是在1987年格林斯潘刚上任时发生的。美国历史上时间最长的繁荣时期便出现在格林斯潘执掌美联储的18年中，长达117个月。在此之前，经济学理论认为长时间维持低通胀率、低失业率是不可能的，要么通胀率与失业率呈反比例（菲利普斯曲线），要么二者双高（滞胀）。

——格林斯潘曾被弗里德曼誉为“美联储历史上最有建树的主席”，华尔街则推崇他为“美元总统”。

——格林斯潘卸任一年之后，美国就爆发了“次贷危机”，很多人开始指责格林斯潘时代的货币政策，认为格林斯潘才是次贷危机真正的凶手，《纽约时报》将其奉为“泡沫先生”。

势如水火的两种评价，孰是孰非，格林斯潘与他的年代究竟应该怎样解读？回顾往事，让我们一起从一个别致的视角来解读格氏春秋。

1987年，上任仅仅两个月，格林斯潘就遇到了难题。1987年10月19日，纽约证券市场闪崩，道琼斯指数从2 247点暴跌至1 739点，5 000亿美元市值弹指间被蒸发了。道琼斯指数跌幅高达22.6%，比1929年大危机中10月的任何一个交易日跌幅还要大，全世界都在问，莫非1929年的历史又要重演？

10月20日清晨，纽约股市开盘前50分钟，刚刚上任的格林斯潘出

现在公众面前。这位刚上任的美联储主席发表了一则声明，简短却掷地有声："美联储不会放任市场暴跌，将暂时放弃紧缩政策，忠实履行并随时准备发挥"最后贷款人"的职责，倾其所能确保银行体系信誉，救助金融机构与市场。格林斯潘在声明中这样说：作为这个国家的中央银行，联储遵从自己的责任，已经决定准备起到清偿力来源的作用，以支持经济和金融体系。"

随后，美联储通过公开市场业务向金融市场注入了170亿美元。在美联储旗帜鲜明的支持下，市场信心在数日内便得以恢复，股票市场大宗商品量价齐升，投资者恐慌情绪得到了控制。

格林斯潘冷静而果断地化解了一场灾难，属于他的货币时代就此开始了。

格氏春秋中，这位"美元总统"成功应对的危机绝不止1987年一场，还有1994年墨西哥比索危机、1997年亚洲金融危机、2000年股市泡沫、2001年"9·11"恐怖袭击……

我们要说的事情不是格林斯潘如何成功化解了上述危机，而是格林斯潘太成功了，以至成功最终成为一种错误（所以，这种视角很别致）。

任何货币政策都不是完美的，最成功的格林斯潘推行的货币政策也不例外。

1995—2000年，美国主板市场和纳斯达克市场大牛市长达5年，格林斯潘曾经关注过股市泡沫，却未做任何实质性调整。罗伯特·希勒教授曾在《非理性繁荣》一书中对此有过精辟分析，格林斯潘执掌美联储权杖，却放纵资产价格泡沫膨胀。随着对2007年次贷危机的反思的逐步深入，有观点认为格林斯潘推行的货币政策才是"罪魁祸首"。

不可否认，这些货币政策确实是次贷危机的诱因之一，就连格林斯潘自己也曾在《华尔街日报》撰文表示低利率政策刺激了美国住房市场繁荣。在我看来，利率的走向并不重要，格林斯潘之败，最重要的原因不是低利率，而是他执掌美联储成绩斐然，人生成绩过于成功。最大的败笔来自过于成功，看起来很矛盾。可这句话并不矛盾，可能就是这样。

因为神一般的调控能力，格林斯潘让市场形成了“稳定的预期”：一旦市场出现流动性风险，美联储一定会准时现身，无论怎样的风险，格林斯潘都能搞定。对这种预期甚至有了一个专有称谓——“格林斯潘卖出期权”，碰到市场下跌就可以稳赚不赔，静等格林斯潘出面处置后就可出现市场反弹。

有了格林斯潘，市场没有风险。

市场没有风险，才是最大的风险。

过于成功的格林斯潘给了市场过多安全感，以至整个市场丧失了风险意识。一旦整个市场都没有风险意识，距离出事就不远了。市场这种错误的安全感是格林斯潘为了让市场安全才带来的，不能不说具有讽刺意味。

2000—2006年，美国金融衍生品创新到达了一个前所未有的高度，房地产相关产品被大量嵌套在衍生品工具中。结果，本应该分散风险的金融衍生品不但没有分散风险，反而把风险扩张到整个美国金融体系，甚至全球金融体系，导致了后来的次贷危机、全球金融海啸。

卸任之前，格林斯潘应该意识到危机将近，2004年7月到2006年7月，短短两年时间连续17次加息，却已无力扶大厦之将倾。

请记住，金融市场只有永恒的变动，除此之外一切皆为虚妄。一旦格林斯潘给金融市场带来了确定性，那么市场距离灾难就不远了。

格氏春秋中，格林斯潘不止一次说：如果你觉得听懂了我的话，那你一定是错了。

整个美国都没有理解这位睿智的老人，危机将至，奈何？

金融第三定理：黑洞定理

2008年全球金融海啸让美国联邦政府焦头烂额，直至今日，美国经济仍旧存在巨大的不确定性。有关2008年全球金融海啸的著作汗牛充栋，我们就不再赘述。让我们在一个长焦镜头中追寻问题的答案。金融危机，孰之过？

依靠市场配置资源本来并无错误，只是万事万物都有一个度，超过某个限度，原来对的事情可能就变成了错误。1929年那场席卷世界的大危机，经济学家无法解释为何市场不能自动出清，为何胡佛总统“无为”却不能“大治”。

1929年大危机在实践上否定了萨伊定律，颠覆了百年来西方世界信奉的古典自由主义，凯恩斯主义则顺势拿出了另一只手——“看得见的手”——政府。《就业、利息与货币通论》是凯恩斯扛鼎之作，力主政府积极干预经济运行，罗斯福总统更是凯恩斯的粉丝。这只“看得见的手”不但带领美国走出了大萧条，还使得西方进入了一个新的“黄金时代”。

好景不长，20世纪六七十年代的两次石油危机引发了西方世界长达20年的“滞胀”，通货膨胀与经济增长停滞并存。翻开凯恩斯主义者的百宝囊，西方世界使用了凯恩斯熟悉的财政政策、货币政策，也创造性地发挥出凯恩斯不太熟悉的就业政策、收入政策，甚至祭出了计划经济的招数，用尽了工具，仍旧一筹莫展。1981年，里根总统上台，提出了经济复兴计划，削减预算、降低转移支付、控制货币供应量、降税刺激投资……总之，凯恩斯主义成为千夫所指，正是政府采取了不恰当的政策才导致了“滞胀”。

里根总统在任期间被视为经济学古典主义复活时期。货币学派、伦敦学派、理性预期学派……所谓“主流”经济学有一个共同的特点，那就是消极政府观，认为政府的职责“守夜人”，除此之外不应插手社会经济生活。结果如何？

——以拉丁美洲墨西哥比索危机、智利等国的债务危机为代表，一轮又一轮金融危机席卷相关国家。1999年，巴西外债利息占出口收入已接近70%，作为获得贷款的代价，巴西以激进的态度开放商品、资本和服务业市场，最终陷入“中等收入陷阱”。

——1997年的东南亚金融危机，国际货币基金组织、世界银行开出的金融复苏药方更是通过资本账户开放等政策控制了这些国家金融命脉。

弱肉强食是竞争的基本法则，漠视政府在经济运行中的作用，收入分配失衡是在所难免的结果，于是“拉美化”成为经济学指代两极分化的代名词。

经济学如果真的是一门科学，那么它应该有所谓“主流”吗？答案显然是否定的，经济学无所谓“主流”与“非主流”，各家立言立说，只是站在不同的角度罢了。

不知您是否注意到，我们提到了胡佛、里根以及国际货币基金组织、世界银行。其实，在西方经济学中，无论新古典主义还是凯恩斯主义，其本质都是为政府提供工具，某流派能否成为主流经济学，并不是因为学术有多厉害，而是在于在多大程度上被政府接受。

凯恩斯说，政府要积极作为；新古典主义者认为，无为才能大治。其实，做什么和什么都不做都是一种建议，两者相伴而生，阴阳相济，无此则必无彼。

新古典主义在美国经济滞胀的历史背景下兴起，其实，是信息技术而不是“新古典主义”将美国带入了“新经济时代”。“新古典主义”跟信息技术有关系吗？肯定有，如果将“新经济时代”全部归功于新古典经济学，那么未免有点儿牵强。“新经济时代”的辉煌一闪即逝，新古典经济学总结出来的理论在美国都未必有效，在全球推而广之的结果就可想而知了。

橘生淮南为橘，生于淮北为枳。

确实，2007年次贷危机发生之前，西方世界再次经历了一段经济增长的“黄金时期”，美国2006年第一季度经济同比增长高达5.6%，达到了1929年以来的峰值。拥有如此辉煌的经济，究竟是为什么？一个号称最具创造力的国家，一个经济雄霸全球的国家会突然跌下云端，仅仅是因为格林斯潘连续降息吗？

在这里我们介绍一个新的概念，叫作“金融膨胀陷阱”，在此之前明斯基等学者对其要意曾有精辟论述。所谓“金融膨胀”，顾名思义，就是金融业务迅速发展，到了对社会整体福利有害的地步，于是成为“陷阱”。关于这个概念，当有专门的指标进行量化描述，这里仅做定性描述。

一个社会走进“金融膨胀陷阱”，不是说金融业飞速扩张，而是要看全社会出现了多少金融业务。真正踏入“金融膨胀陷阱”，不是某个企业或者行业债主盈门，一定是企业、居民部门整体深陷债务危机，当期产生的现金流不足以抵偿利息。一旦大部分企业、家庭使出浑身解数才能维持现金流，整个社会就到了“金融膨胀陷阱”的边缘。说到底，在经济领域，个体或家庭是最基本的经济元素，断然没有元素健康整个肌体却陷入危机的道理，反之则反是。

所以，“金融膨胀陷阱”的高级阶段是每一个普通人深陷“债务陷阱”，个人财富创造能力抵不上负债。一旦大部分家庭到了使尽浑身解数才能维持现金流的地步，整个社会就陷入了“金融膨胀陷阱”，那才是真正可怕的事情。

众所周知，美国经济发展强劲，在很大程度上依赖于内需，内需又依靠信贷消费。1999 年，美国家庭负债与可支配收入比为 87.22%，2000 年这一数据为 107.89%，到 2006 年，消费占美国 GDP 的比重高达 73%——依靠负债促进消费，家庭债务率超出了可以承受的正常范围。在这个过程中，新古典主义思潮席卷了金融监管领域，以 1999 年《金融现代化服务法案》为开端，CDS（信用违约互换）等金融衍生品层出不穷，美国金融资产规模如脱缰的野马一样螺旋式上升。据国际清算银行估计，2007 年次贷危机爆发前，美国境内的金融资产（含金融衍生品）市值大约为 400 万亿美元，约为 2006 年 GDP 的 36 倍。

很难评价美国 1999 年后的金融产业发展，按照“金融膨胀陷阱”的逻辑，各个行业在国民经济中有一个最优占比，这个比例应该是动态的。公共管理部门有两种调节方式——看得见的手、看不见的手，对于新古典主义者来说，自然是选择依靠市场。

这本无可厚非，市场本来就在资源配置中发挥着关键作用，但是，金融与非金融行业在自我扩张中有一个至关重要的区别，也就是我们所说的**金融第三定理，金融比其他行业更具备赢利能力，我们将其称为“黑洞定理”：**

金融业是一个经营货币的行业，具备内生扩张能力，特殊情况下，仅靠资金在本体系内运作就能做大资产总额、提高盈利，非金融机构无论如何都做不到这一点。也就是说，仅靠市场调节，金融行业有可能不存在扩张的边界。

如果非金融行业迅速扩张，必然具备超额利润率，如此，资本便会迅速进入，将之拉到平均利润，该行业随即停止扩张。金融业则不同，不但自身可以创造货币，还可以无限制创造盈利，人有多大胆，地有多大产！

也就是说，特殊情况下，金融业是经济体系内的资金黑洞，可以无限制吸入资金，资金进入只遵循“韩信用兵，多多益善”的古训，创造自我循环，并在循环中维持超额利润。如此，金融行业可以维持对资金的吸引力，最终资金进入恶性循环。郁金香泡沫、南海泡沫、密西西比泡沫、1929 年大危机、2008 年全球金融海啸，都符合这样的逻辑。

按照正常的思维，政府应该对金融行业进行规制，遗憾的是，2006 年整个美国都沉浸在新古典主义的胜利中。弗里德曼鼓励居民借贷消费，原本适度借贷是可以的，但是，不要忘了人类的经济理性，如果风险锁定（破产）、收益无限，那是一定要放手一搏的。

失去恐惧，人类怎能逃出与生俱来的贪婪？

从经济学逻辑上来说，正是所谓新古典主义理论催生了美国政府、居民、企业乃至整个国家的过度负债，次级贷款便是最典型的证据。美国的储蓄率本来就偏低，2007 年这一指标居然降到 1.7%，一场大危机所有的要件都具备了。

从 2007 年次贷危机到 2008 年全球金融海啸，西方世界断无幸存之理。

明斯基对吗：黑洞定理的进一步解释

自从有了金融，危机便如影随形。无他，贪婪与恐惧齐飞，危机就是人类的贪、嗔、痴、疑、慢，从金融角度演绎人性而已。

危机本就合天道，

天道如何误世人？

人若自知天理合，

何须着意问天道？

或许是金融危机的结果过于刺目，人类从来都执着于梳理背后的经济学逻辑。在传统金融学对金融危机的解释中，大家无一例外地把重点放在了宏观变量，无意间把金融本身忽略掉了。

一个没有金融业的经济模型却要去解释金融危机，这不是太滑稽了吗？

金融危机理论在2000年后很快进入了低谷，因为美国进入了鼎盛的“新经济”时代，熨平了经济的波峰与波谷，低通胀、高增长、一路攀升的资产价格，危机似乎不存在了。在没有危机的日子里研究危机，岂不是杞人忧天？

结果众所周知，美国没有摆脱危机，2007年次贷危机演化为一场全球金融海啸。这是一场堪比1929年大危机的危机，十几年后影响犹在。于是，人们又翻开尘封的故纸堆，试图在先人的智慧中寻找灾难的答案。

一个非著名金融学家的名字海曼·明斯基进入了大家的视野，如今人们已经习惯于把金融风暴称为“明斯基时刻”。大概明斯基自己也没有想到身故之后会声名鹊起，包括保罗·克鲁格曼在内的诺贝尔奖获得者都先后撰文以表示对这位先知式学者的尊敬。

海曼·明斯基并非1929年大危机中的“预言家”巴布森，而是一位严谨的学者，先后执教于华盛顿大学、巴德学院等高校，代表作有《凯恩斯〈通论〉新释》《稳定不稳定的经济》等，主要研究领域是经济周期、金融理论。

如今，明斯基的“金融不稳定假说”已经广为人知，他认为，融资可以分为套期融资、投机融资、庞氏融资三个阶段，对应着抵补型企业、投机性企业和庞氏企业。用不一定恰当的语言来简单描述，三个阶段可以写成这样：最初大家都靠劳动生产赚钱，后来改靠金融赚钱，最后大家都靠欺骗赚钱。

这样描述明斯基“三个阶段”简单易懂，但这只是对明斯基金融危机的一种形容。完整理解明斯基需要结合他的货币理论、投资理论、周期理论作为支撑。

一篇优秀博士论文应该在本领域内让后人无法忽略，明斯基的博士论文《诱导性投资与经济周期》则让后人景仰。明斯基提出，凯恩斯理论“乘数-加速数”中的“投资”不是金融的概念，也不可能在研究框架中纳入市场不确定性因素，对危机不具备足够的分析能力。与此相对，明斯基一直致力于在经济学的厂商、政府、居民之外加入“金融”部门，在新框架下重构经济周期理论。他认为，由于金融部门的存在，经济周期“长波”特征更加明显，更重要的是，因为金融的放大作用，波幅会更大，波谷往往体现为金融危机。

明斯基是把金融部门纳入主流经济学的创始人之一，他将金融部门视为一个宏观经济运行的内生因素。在此之前，金融部门基本被主流经济学忽略，而金融学又自成体系，可能也是这个原因导致主流经济学整体低估了金融体系带来的风险。

很遗憾，总体而言经济学还不能接受明斯基的观点，微观经济学只分析“政府”“厂商”“居民”三个因素，开放经济学则加上“海外”。我们当然接受明斯基的观点，金融与厂商、政府，应该以同等地位存在于主流经济学框架之中，尤其在金融成为主要产业之一的前提下。以此为基础，在一个统一的框架下，我们尝试着梳理金融与厂商、居民的相互作用机理，从一个全景视角诠释金融危机背后的经济学逻辑。

在经济学框架中纳入金融部门，我们可以看到：危机的形成过程既是一个实体经济资金使用权被挤出的过程，又是一个金融部门自我膨胀的过程，也就是我们上节所说的“金融膨胀陷阱”。

单纯从体量来说，投资银行、风险投资都不是全球金融体系重点，在全球范围内，金融业的核心都是银行，银行的核心则是信贷，而信贷的本质是借贷双方的承诺与预期。我们应该知道，金融中介市场上供需双方高度相互依赖，双方行为都会直接影响对方决策。也就是说，金融市场中任何一个因素变化都会牵动全身，主流方法论那种自变量、因变量的设定本身是存在问题的。

任何一场危机必然处于动态之中，不可能因为一个偶然事件就发生。在一个动态的过程之内，人们对金融市场回报预期的变化将导致信贷资金价格产生变化，资金供给曲线会随之上移，厂商对资金价格敏感性会逐渐下降，风险偏好会随之提高。

在资金供给曲线上移的过程中，厂商面对金融会逐渐处于劣势。金融部门掌握着资金通道，也就有了天然优势，厂商必须遵循金融部门的规则。而在毁灭型创新中，金融部门必须遵循厂商制订的规则，这两种情况恰恰相反。由此，厂商投资机会、收益都逐渐被金融部门侵蚀。

毁灭型创新会自行衰减，反之，金融部门侵蚀厂商利润，自行衰减的过程却不存在，变成了不可逆的。厂商的收益会越来越低，金融的收益会越来越高，厂商有动力而没有能力，金融有能力而没有动力。一旦厂商全部利润被金融部门侵蚀，不能提供更多收益，金融业就可以超脱于“储蓄→投资→收益→扩张”，自创一套独立于实体经济之外的资金循环模式——“储蓄→金融自我创造→储蓄→金融自我再创造→……→泡沫→破灭”。

如果金融体系开始资金自循环，那么经济循环就有可能进入“金融膨胀陷阱”。“金融膨胀陷阱”是一个金融业螺旋式的上升过程，不存在内生停止因素。到达一定程度，金融部门扩张就会以实体经济萎缩为代价，越到后期挤出效应会越剧烈。更可怕的是，“金融膨胀陷阱”难以识别，资金供给曲线上移可能会被视为“市场化”行为，是以市场的名义进行的。随着资金供给曲线上移，同时拉高的还有社会风险偏好。最终，“市场化”导致资金价格超越实体经济回报，只有金融业自我循环才能实现收益预期。

道理很简单，对于来自金融产品的收益预期会自我强化，对于资金安全的自信也会自我强化，突破安全点而不自知。

在金融膨胀的过程中，资金循环与实体经济没有直接关系，资金收益率最主要的影响因素是不断强化的自我预期。需要强调的是，如同经济学中的工资刚性，投资收益率同样存在刚性特征。真实世界中，无论金融市场走势还是实体经济都具备连续性，所以，看到单边上涨的市场，无论居民、厂商还是金融部门，其最终一致性预期都将呈上涨趋势，膨胀又不断强化自身判断。

不同于供需双方形成均衡价格，收益预期与收益上涨是两个互相促进的因素，不存在最终的“均衡”概念。最终，在完全缺乏规则的前提下，终止“金融膨胀陷阱”有两种方式，一种是再次出现毁灭型创新，另一种就是金融危机。如果使用后一种方式，那么“均衡点”是社会风险承受能力与收益率配比，一旦高收益带来的风险突破整体社会风险承受能力，危机就会爆发。

任何一件事，无论利好还是利空，甚至是完全无关金融市场的事件都可能成为压倒骆驼的最后一根稻草，由此，随机事件诱发崩盘，金融危机就会出现。

2007 年之前，美国金融资产高速扩张，无论新古典经济学者还是凯恩斯主义者都无法解释，实际上，美国已经进入了“金融膨胀陷阱”，此时，经济活动的标准由金融交易确定，已经完全脱离了经济学的研究范围。

用不属于同一范畴的经济理论去解释“金融膨胀陷阱”，南辕北辙也就不奇怪了。

跳出金融看危机

今天，我们都知道美国在2007年发生了次贷危机，然而，何为“次贷”？

所谓“次贷”就是对低信用贷款者发放的贷款，在“零首付”“零文件”等一系列极简房贷推出的第一时间，饕餮盛宴的结局就已经注定。原本次级贷款是有风险的，但是，经过金融衍生品的一系列魔幻手段，很难吃的蛋糕被抹上了一层优质奶油，于是，次贷便随着金融衍生品将风险传播到整个金融体系、美国直至全世界。

关于这场危机，让我们把具体过程抽象化，一起来凝练金融危机背后的经济学逻辑：

……→经济繁荣→流动性宽松→房价上涨→发放次贷→对冲风险（CDO等衍生债券）→房价下跌→次贷损失→对冲衍生金融工具损失→市场信心下降→金融机构倒闭→流动性紧缩→实体经济下滑→大型企业崩溃→全球经济危机→……

勾勒的骨架的前后都有“……”这个符号，加入“……”并非全无理由，这昭示着资本主义世界金融危机是一种循环。只不过金融衍生品的存在使得2008年全球金融海啸发生得更为迅速，危机更加刺目。这是资本主义市场的宿命，在历史的长焦镜头中，不同时期又有着不同的表现形式罢了。

200多年前，英国牧师、经济学家托马斯·罗伯特·马尔萨斯（1766—1834年）在1798年出版了《人口原理》（又译为《人口论》），其核心观点如下：第一，食物为人类生存所必须；第二，两性之间的情欲是必然的，且几乎会保持现状。所以，马尔萨斯的结论是：人口的增加，必然要受到生活资料和罪恶的抑制，因而使现实的人口得以与生活资料保持均衡。

马尔萨斯被誉为庸俗经济学的代表人物，在他生活的农耕时代，人类生产能力一直在低水平循环，绝大部分个人以延续生命为目标。让我们以"生存经济"来为这段历史时期的经济水平命名，生存经济中市场激励可以忽略不计，如果用当代经济学语言来描述，可以说这个时代人类的需求具有无限弹性。

生产力过于低下，无论生产什么都能消费掉。对一个部族或者国家来说，最重要的不是生产，而是对抗天灾和异族，维持种族延续。

没有专业化分工，没有市场，何来经济危机？所以，在当时的条件下，马尔萨斯说的话不一定全无道理。在分而治之的封建农奴制度中没有任何一方具备绝对优势，于是，在无数次试错中出现了交易中的公平契约、公司制的信托责任。终于，在中世纪结束的时候，西方突破了生存经济藩篱，创造了辉煌的工业革命。

阴阳相随，也就是在这一刻，人们种下了经济危机的种子。

人类社会一旦跃迁到工业革命，货币便成了必不可少的经济血液，最昂贵的生产资料转变为人力资源，要想领先于竞争对手，就必须不停创新，只有开天辟地的创新才能带来垄断全球的利益！

君不见，第一次工业革命把英伦诸岛变为日不落帝国，第二次工业革命则把美国置于全球产业链的顶端，美国又依靠信息技术革命，至今仍垄断着绝大部分高端产业。

创新是艰难的，无论牛顿、爱因斯坦还是爱迪生、特斯拉，都是不世出的巨人，他们都以一己之力缔造了一座理论或技术大厦。正因如此，重大的创新才显得有意义，才有可能改变世界。至于平时，我们的世界几乎是静止的，否则，一觉醒来，昨天的知识、生活习惯就已经全部过时了，这恐怕会让人疯掉，所谓“日新月异”只是夸张的形容。

因为创新艰难，每次创新成功带来的都是巨大利益。一旦创新出现，资金便会蜂拥而至，整个人类的面貌为之改变。任何一次创新都有自己的生命历程，创新开始的时候生产奢侈品，随着技术不断进步，成本会降低，就会从极少数人普及到众生。旧时王谢堂前燕，飞入寻常百姓家，一代伟大创新的使命就基本结束了。

昔日不可重来，工业革命、电气革命、信息革命，每次重大技术革命都必然在繁荣之后出现萧条，理由很简单，已经没有市场再创造利润了。但是，前期资本、设备、人力仍在，投资还要继续，资本还要寻求更多利润。

没有市场，钱会去哪里？答案之一，是泡沫。泡沫还会让神话继续创新，比如金融衍生品愣是把次级贷款包装成一种优质投资品，最终复杂到能把风险传染到全世界。

泡沫很绚丽，结局只有一个：破灭。泡沫破灭了，人类还得生存，还要继续创造财富。如果不能创造，就可能转向掠夺。于是，人类有了“一战”“二战”，有了中东纷乱的战争……战争会毁灭既有财富，也为处在金字塔尖上的国家创造了新的市场。

此情此景，当如何救亡？

只有毁灭型创新再度光临人间，人们才会再度抛弃原有生活模式，再次进入一个崭新的世界。毁灭型创新也叫创造型毁灭，用直白的语言来说就是推倒重来，于是经济会再度繁荣。

脱离生存经济的100多年来，经济危机的内核始终没有改变。

2007年的次贷危机与1929年大危机并无二致，原因都是创新的潜力耗尽，只不过一个是第二次工业革命潜力耗尽，另一个是信息化创新能量耗尽；一个是过剩的流动性进入了股市，另一个是进入了房地产市场。

末变而未本变，所变者亦为未变。

数百年来世界始终在变化，抽丝剥茧，我们会发现，变的都是外壳，不变的是繁荣与萧条，不变的是贪婪与恐惧。所有的繁荣与萧条、所有的贪婪与恐惧，我们都知道，西方世界终究无法去除。所谓历史，表象在变，市场不变，转来转去，西方世界该犯的错误还是要犯，该跌的还是要跌，该产生危机的还是要产生危机，也许这就是西方世界的命运。

后记

滚滚长江东逝水，从未淘尽金融。

是非成败莫论功，天道不曾改，市场终繁荣。

商贾散人江湖上，惯看金钱流动。

古今多少事，皆在涨跌中。

金融是天使。

财富与金融相伴相生的历史中，非但工业革命要等待金融革命，每一次人类变革都必须等待金融机构去开天辟地。商业银行、投资银行、风险投资三代金融革命，分别伴随以蒸汽机为代表的第一次工业革命、以电气化为代表的第二次工业革命、以互联网为代表的信息化革命。

所以，金融是天使。

金融是魔鬼。

这个带来无限财富的金融业，同样给人类带来了无数次毁灭性打击：既有 1929 年、2008 年那样的全球经济危机，也有 1992 年墨西哥比索、1998 年东南亚那样的区域性金融危机，至于一家金融机构倒闭让储户血本无归，根本就不值一哂。金融这个行业，能在瞬间毁灭一国、一企、一家、一人。

欲灭其国，先诛其币！

所以，金融是魔鬼。

金融，是天使还是魔鬼，其功与过、是与非，血肉相连，已经在过去的人类历史中水乳交融，让人无法分辨。

这究竟是为什么？

在经济学的定义里，金融的作用是提高资源配置效率，只有最能赚钱的人才应该借到钱。以上假设仅仅停留在理论上，实际上，如果金融善良，那么它便会服从经济理论，往往把钱送到比你更有钱的人手中；如果金融邪恶，那么经济理论根本无法描述其恶，本金的诱惑要高于盈利，把本金直接据为己有岂不是更方便。

善良与邪恶，我们哪个见得更多？应该以经济学否定金融事实，还是以金融事实否定经济学？

两者都不是，金融业、金融学本来就不完全服从经济学理论假设，用经济学去解释金融学，岂非缘木求鱼？

不信？看一看金融市场，这里是最接近经济学自由竞争假设的地方：商品同质、买卖者同质、信息透明，就是这个市场，从诞生第一天起，股票、期权、外汇，无论哪一个品种，全部动荡不堪，从来没有出现过经济学所说的“均衡”，一分一秒都不存在。

如此，焉能以经济学解释金融学？

穿透历史需要经济学的眼光，看穿金融则必须跳出经济学藩篱！

金融业与其他行业一样，可以赚取收益，比如，利息、股息、资本利得；金融业与其他行业不一样，这是经营货币的行业，所经营的对象可以被直接作为纯收益，远高于经营所得收益。

群众的眼睛是雪亮的，有句网络俗语道出了金融的魔鬼本性：你惦记的是骗子的高息，骗子惦记的是你的本金。再高的利息，能高过本金吗？

很遗憾，我们的金融（包括理论与实务）没有在意魔鬼的特性，有意无意间把货币当作一种普通的商品来对待，这无疑是当代金融学借鉴经济学分析框架的结果，却留下了一个不可弥补的缺陷。

当前尴尬的情况情有可原，古典经济学诞生时代还没爆发工业革命和金融革命，金融不是一个发达的行业。所以，亚当·斯密只在经济学中划分了厂商、居民、政府三个部门，根本没有金融的位置。后来，虽然金融的影响越来越大，但古典经济学已经成熟，贸然加入一个金融部门，经济特性与其他三个部门完全不同，理论假设、模型框架都得修改。

多年以来，这种情况改变不大，大概是因为除了敢说话的明斯基，所有经济学大师级人物都假装睡着了。

基于金融学本身的特性，我们提出了金融第一定理（或者说金融反经济学定理）：本金比利息更重要。经济学中，边际收益等于边际成本的时候实现利润最大化。如果缺乏必要的现期规制，那么金融业的特殊之处在于本金特定情况下可以被视为收益。如此，“边际”“价格”之类的概念在金融中将不复存在。

人类当然不可能让金融放飞自我，从私人借贷第一天起就有抵质押等风险缓释手段，试图把金融的魔鬼本性装进牢笼。

抵质押能控制金融吗？如果能，世界上早就不存在金融危机了。

三次金融革命促进了三次产业革命，从商业银行、投资银行、信托、券商、基金，再到不太容易懂的 PE（市盈率）、VC（风险投资），金融是一个可以自我创造新业态的行业。天使和魔鬼都是金融的本性，这一阴一阳将永远如影随形，金融在所有创新形式中都体现两种性格。斯图亚特王朝只是野蛮地赖掉本金；到次贷危机，照样是吞没本金，却让人有冤无处诉，所有的手段都在既定法律框架之内。

这也就是我们所说金融第三定理，也称黑洞定理，特定条件下，金融业是一个经营货币的行业，具备内生扩张能力，仅靠资金在本体系内运作就能做大资产总额、提高盈利，非金融机构无论如何都做不到这一点。也就是说，仅靠市场调节，金融行业有可能不存在扩张的边界。可以这样说，金融不但可以提高资金配置效率，特定条件下，还可以自己创造一套资金运作模式，炒作出一个又一个巨大的泡沫，所有金融危机的开始与结束都是如此。如果风险由整个社会承担，收益由极个别人享受，那么又有谁不会去追求高收益？

风险？风险不是个别人的，是全社会的！

根据金融第三定理，我们提出了一个有待证明的推论：所谓“风险-收益”配比的概念有待证伪，与“高风险”相对的可能只有“无收益”，“低风险”才能有“高收益”。

人们通常认为风险投资风险高收益也高，实际情况是风险投资家在概率上可以控制风险，从而取得高收益，不能仅就一笔投资而论。既然在概率上控制了风险的投资的失败概率，那么在一个资金池里怎么能说风险投资是“高风险”？这是实实在在的“低风险-高收益”。

如果“风险-收益”配比是伪命题，那么金融的魔鬼本性在一定条件下就会暴露，引爆金融危机，社会经济便会被损害。

除了我们给出的推论，金融还有很多不符合经济学基本原理的特质。比如，我们所说的金融第二定理：金融是人世间唯一可以穿越时空的行业，可以让人借到未来的钱，也可以让未来还现在的钱。借到未来的钱，小则可以买房，大则可以让一个国家站在世界之巅；让未来还现在的钱，就是金融危机处置，唯一的方法只有把损失平摊到未来去慢慢消化，让时间熨平创伤。按照经济学，资不抵债的企业应该破产。

金融业不是这样的，按照金融第一定理，只要金融机构的现金流源源不断，就永远不会破产。所谓金融机构“大而不能倒”，就是即使金融惹了滔天大祸，仍旧不可能被踢出市场，这不符合经济学原理。然而，惹祸后的大机构不能按照所谓市场原则关门了事，否则整个社会经济体系都可能崩溃。

并非不想惩罚，实在是惩罚不起。

金融之所以有这些特征，是因为在真实的利益面前，贪婪与恐惧都无所遁形。所幸，除了贪婪与恐惧，人类还有智慧，所以我们不会生活在霍布斯丛林之中。金融业是最为市场化的行业，也是最需要规制的市场，在全世界任何一个地方都是这样。金融被加诸种种限制，今天我们将之称为“金融监管”。市场经济越发达，对金融的管制就越严格，当今对金融管制最严格的国家就是欧美发达国家，全球所有金融监管的基本原则也都来自号称最自由的欧美。

对待金融的魔鬼性格，原则千万条，只有一个目标：把金融魔鬼装进监管的笼子里！如今，美联储针对“大而不能倒”设计了金融机构“生前遗嘱”监管规则，随着金融监管实践的发展，这些也会越来越完善。

金融眼中看历史，一切都可以看成正负收益：不用关心未来，未来就是现在的收益；无须关注过去，过去的收益已变现；金融唯一无法忽略的只有现在，现在决定未来。所幸，我们看到全球各国正在一直努力加强金融监管，将金融的魔鬼之性装进笼子里。

现在已在，未来已来！

参考文献

中文部分

1　阿兰 · 佩雷菲特 . 停滞的帝国：两个世界的碰撞 [M]. 王国卿，毛凤支，谷昕，等译 . 北京：生活 · 读书 · 新知三联书店，1995.

2　阿诺德 · 托因比，维罗尼卡 · M. 托因比 . 第二次世界大战史大全（第 9 卷）：欧洲的重组 [M]. 劳景素，译 . 上海：上海译文出版社，1995.

3　艾米 · 法伯，蒋敏杰 . 历史的回响：密西西比泡沫 [J]. 金融市场研究，2013(7).

4　彼得 · L. 伯恩斯坦 . 黄金简史 [M] . 黄磊，郑佩芸，译 . 上海：上海财经大学出版社，2008.

5　彼得 · 加伯 . 泡沫的秘密——早期金融狂热的基本原理 [M]. 陈小兰，译 . 北京：华夏出版社，2003.

6　波梁斯基 . 外国经济史（资本主义时代）[M]. 郭吴新，等译 . 北京：生活 · 读书 · 新知三联书店，1963.

7　查尔斯 · 金德尔伯格 . 西欧金融史 [M]. 徐子健，何建雄，朱忠，译 . 北京：中国金融出版社，2010.

8　陈乐一 . 第二次世界大战以来美国经济周期的新特征 [J]. 财政研究，2000(3).

9 陈敏强．新经济条件下美联储货币政策面临的挑战与应对——兼论格林斯潘通胀新论［J］．国际金融研究，2000(11).
10 陈明．美国独立国库制度的渊源、演变、弊害及影响［J］．武汉大学学报（人文科学版），2003(6).
11 陈明．美国联邦储备体系的历史渊源［M］．北京：中国社会科学出版社，2003.
12 陈明．美国银行早期纷争及其深远影响［J］．世界历史，2002(4).
13 程汉大．“光荣革命”与英国中央权力结构的变化［J］．山东师大学报（社会科学版），1992(5).
14 道格拉斯·诺思①，巴里·温加斯特．宪政和承诺：17世纪英国公共选择治理制度的变迁［A］// 吴敬琏：比较（第六辑）．北京：中信出版社，2003.
15 邓著之．北宋经济的发展及其活力［J］．九江师专学报，1992(4).
16 狄文．美英日近二十年财政政策的经验及对我国的启示［J］．河北金融，2001(4).
17 菲利普·方纳．杰斐逊文选［M］．王华，译．北京：商务印书馆，1963.
18 福克讷．美国经济史（上卷）［M］．王锟，译．北京：商务印书馆，1964.
19 谷雪梅．英国海军与第一次英荷战争(1652—1654)［J］．宁波大学学报（人文科学版），2006(6).
20 顾晓鸣．十七世纪英国革命结局的经济分析——兼论政治革命和社会革命的关系［J］．同济大学学报（人文·社会科学版），1991(1).
21 管佩韦．英国工业革命的社会经济前提［J］．杭州大学学报（哲学社会科学版），1985(4).
22 韩毅．美联储的货币政策与30年代大危机［J］．世界历史，2009(6).
23 汉斯·豪斯赫尔．近代经济史［M］．王庆余，吴衡康，王成稼，译．北京：商务印书馆，1987.

① 诺斯的另一种译法。——编者注

24 何应忠 . 北宋经济发展中存在的几个问题 [J]. 广西师范大学学报（哲学社会科学版），1991(1).

25 洪新发 . 试论法国大革命至拿破仑帝国时期的英法关系 [J]. 重庆教育学院学报，1994(4).

26 胡莉 . 论威廉三世对英国外交的改变 [J]. 陕西师范大学学报（哲学社会科学版），2014(6).

27 华盛顿 · 欧文 . 华盛顿传 [M]. 王强，译 . 长春：吉林出版集团，2011.

28 黄凤志 . 信息革命与当代世界格局演变 [J]. 吉林大学社会科学学报，2003(2).

29 黄绍湘 . 美国通史简编 [M]. 北京：人民出版社，1979.

30 J. S. 布朗伯利 . 新编剑桥世界近代史（第 6 卷）[M]. 中国社会科学院世界历史研究所组，译 . 北京：中国社会科学出版社，2008.

31 计秋枫 . 近代前期英国崛起的历史逻辑 [J]. 中国社会科学，2013(9).

32 贾理群，刘旭，汪应洛 . 新熊彼特主义学派关于技术创新理论的研究进展 [J]. 中国科技论坛，1995(5).

33 蒋海，罗贵君 . 逆周期宏观审慎银行监管研究评述 [J]. 产经评论，2012(2).

34 颉普 . 评汉密尔顿派和杰斐逊派的斗争 [J]. 兰州大学学报（社会科学版），1988(2).

35 景振国 . 论拿破仑 [J]. 郑州大学学报（哲学社会科学版），1978(3).

36 克拉潘 . 现代英国经济史（上卷）[M] . 姚曾廙，译 . 北京：商务印书馆，1986.

37 理查德 · 霍夫施塔特 . 美国政治传统及其缔造者 [M] . 崔永禄，王忠和，译 . 北京：商务印书馆，1994.

38 李宏伟 . 英格兰银行的职能定位及货币政策运作给我们的启示 [J]. 西南金融，2000(10).

39 李永周 . 美国硅谷发展与风险投资 [J]. 科技进步与对策，2000(11).

40 梁亚平 . 浅析《屠场》的社会影响 [J]. 淮北煤师院学报（社会科学版），1995(1).

41 林赛 . 新编剑桥世界近代史（第 7 卷）[M]. 中国社会科学院世界历史研究

所组，译．北京：中国社会科学出版社，1999.
42 刘惠荣．洛克与光荣革命——对洛克政治法律观的再思考 [J]. 中外法学，1992(6).
43 刘丽莉，关士续．硅谷创新网络形成过程的历史考查 [J]. 自然辩证法研究，2002(12).
44 刘淑敏．工业革命为什么首先发生在英国 [J]. 齐鲁学刊，1984(5).
45 刘淑青．早期斯图亚特王朝宪政冲突的特点 [J]. 广西社会科学，2003(5).
46 刘绪贻．试论胡佛政府对付 1929—1933 年经济危机的政策 [J]. 历史教学，1986(11).
47 刘祚昌．杰斐逊麦迪逊与共和党的兴起 [J]. 历史研究，1996(2).
48 柳越．美联储 2000 年货币政策述评及近期展望 [J]. 金融研究，2001(2).
49 罗伯特 · J. 希勒．非理性繁荣（第二版）[M]. 李心丹，陈莹，夏乐，译．北京：中国人民大学出版社，2008.
50 罗恩 · 彻诺．摩根财团 [M]. 金立群，校译．北京：中国财政经济出版社，2003.
51 罗斯图诺夫．第一次世界大战史 (1914—1918 年)[M]. 钟石，译．上海：上海译文出版社，1982.
52 洛德 · 埃夫伯里．世界钱币简史 [M]. 刘森，译．北京：中国金融出版社，1991.
53 马尔萨斯．人口论 [M]. 郭大力，译．北京：北京大学出版社，2008.
54 米尔顿 · 弗里德曼，安娜 · J. 施瓦茨．美国货币史（1867—1960）[M]. 巴曙松，王劲松，等译．北京：北京大学出版社，2009.
55 米涅．法国革命史 [M]. 北京编译社，译．北京：商务印书馆，1977.
56 默里 · 罗斯巴德．银行的秘密 [M]. 李文浩，钟帅，等译．北京：清华大学出版社，2011.
57 内森 · 米勒．罗斯福正传 [M]. 祥里，黄建东，钟建国，等译．北京：新华出版社，1985.
58 宁波．拿破仑的大陆封锁及其后果 [J]. 牡丹江师范学院学报（哲学社会科学版），1995(1).

59 牛笑风 . 光荣革命：宽容挟革命与反动共进 [J]，浙江师范大学学报（社会科学版），2008(3).

60 乔纳森 · 休斯，路易斯 · P. 凯恩 . 美国经济史 [M]. 邸晓燕，邢露，等译 . 北京：北京大学出版社，2011.

61 裘伟廷 . 特斯拉与爱迪生的“电流大战”[J]. 世界文化，2018(12).

62 瞿强 . 从明斯基看约翰 · 罗 [J]. 世界经济文汇，2004(2).

63 舒晓昀 . 试论银行在英国工业革命中的作用 [J]. 湛江师范学院学报，1996(1).

64 舒小昀 . 英国工业革命初期资本的需求 [J]. 世界历史，1999(2).

65 斯蒂芬 · 艾西罗德 . 美联储 50 年风云 [M]. 顾雨佳，译 . 北京：中国人民大学出版社，2010.

66 斯塔夫里阿诺斯 . 全球通史：从史前史到 21 世纪（下）[M]. 吴象婴，梁赤民，董书慧，等译 . 北京：北京大学出版社，2006.

67 斯坦利 · L. 恩格尔曼，罗伯特 · E. 高尔曼 . 剑桥美国经济史（第二卷）：漫长的 19 世纪 [M]. 王珏，李淑清，译 . 北京：中国人民大学出版社，2008.

68 宋玉华，江乾坤 . “格林斯潘时代”美联储货币政策评论 [J]. 国际经济评论，2003(11-12).

69 塔塔里诺娃 . 英国史纲 [M] . 何清新，译 . 北京：生活 · 读书 · 新知三联书店，1962.

70 汤柳，王旭祥 . 后危机时代国际金融监管改革动态：回顾、评价与展望 [J]. 上海金融，2012(7).

71 万存知 . 从约翰 · 劳谈金融风险防控 [J]. 金融博览，2017(1).

72 万红 . 美国金融管理制度和银行法 [M]. 北京：中国金融出版社，1987.

73 王典荫，刘曙光 . 创新与信息革命的下一次浪潮 [J]. 西部广播电视，2003(3).

74 王凤娟 . 1929 经济危机的历史回顾与理论解释 [J]. 理论观察，2006(2).

75 王铭，王薇 . 英国工业革命的前提条件 [J]. 辽宁大学学报（哲学社会科学版），2004(1).

76 王铁崖．一九一四——九一八年的第一次世界大战 [M]. 北京：商务印书馆，1982.
77 王在帮．布雷顿森林体系的兴衰 [J]. 历史研究，1994(4).
78 威廉·杜兰．世界文明史（第十卷）[M]. 幼狮文化公司，译．北京：东方出版社，1999.
79 吴培新．次货危机背景下美联储的危机政策理念 [J]. 经济社会体制比较，2009(1).
80 吴忠超．美国中央银行制度的建立与联邦政府关系之演变 [J]. 上海师范大学学报（哲学社会科学版），2002(2).
81 夏继果．英国"价格革命"原因探析 [J]. 齐鲁学刊，1994(5).
82 肖华锋．关于 1812 年美英战争的性质——兼论战争的起因 [J]. 江西师范大学学报，1996(2).
83 小阿瑟·施莱辛格．美国民主党史 [M]．复旦大学国际政治系，编译．上海：上海人民出版社，1977.
84 谢沃斯季扬诺夫．美国近代史纲 [M]．易沧，祖述，译．北京：生活·读书·新知三联书店，1977.
85 辛克莱．屠场 [M]. 萧乾，张梦麟，黄雨石，等译．北京：人民文学出版社，1979.
86 熊性美，陈漓高．战后资本主义国家干预与再生产周期 [J]. 世界经济，1989(7).
87 许文彬．交易费用、制度创新与商业银行的演进——英格兰银行建立的经济史分析 [J]. 经济评论，1999(5).
88 亚当·斯密．国民财富的性质和原因的研究 [M]．郭大力，王亚南，译．北京：商务印书馆，1972.
89 阎照祥．"光荣革命"后英国贵族集团的若干特征 [J]. 河南大学学报（社会科学版），1996(6).
90 杨昌沅．论英国一六六〇年斯图亚特王朝复辟的社会基础 [J]. 中南民族学院学报（社会科学版），1986(1).

91 杨德森 . 英格兰银行史 [M]. 上海：商务印书馆，1926.
92 杨生茂，陆镜生 . 美国史新编 [M]. 北京：中国人民大学出版社，1990.
93 叶 · 维 · 塔尔列 . 拿破仑传 [M] . 任田升，陈国雄，译 . 北京：商务印书馆，1976.
94 俞可兴，鲁桐 . 西方国家治理经济滞胀的对策 [J]. 世界经济与政治，1994(8).
95 于民 . 从财政收入构成析都铎和斯图亚特王朝早期英国财政体制的性质 [J]. 潍坊学院学报，2006(5).
96 于民 . 论都铎和斯图亚特王朝早期英国财政借款的性质 [J]. 社会科学论坛，2006(6).
97 袁隆生 . 约翰 · 罗的信用拜物教及其银行改革计划的破产 [J]. 浙江金融，1988(12).
98 袁平 . 牛顿的货币战争 [J]. 科学大观园，2010(12).
99 约翰 · F. 乔恩 . 货币史：从公元 800 年起 [M]. 李广乾，译 . 北京：商务印书馆，2002.
100 约翰 · H. 伍德 . 英美中央银行史 [M]. 陈晓霜，译 . 上海：上海财经大学出版社，2011.
101 约翰 · 吉林厄姆 . 克伦威尔 [M]. 李陈河，译 . 北京：中国人民大学出版社，1992.
102 约翰 · 克拉潘 . 简明不列颠经济史：从最早时期到一七五〇年 [M]. 范定九，王祖廉，译 . 上海：上海译文出版社，1980.
103 约翰 · 罗 . 论货币和贸易 [M]. 朱泱，译 . 北京：商务印书馆，1986.
104 约瑟夫 · 道尔夫曼，王洪慈 . 托马斯 · 杰斐逊是商业农业民主主义者 [J]. 齐齐哈尔大学学报（哲学社会科学版），1985(1).
105 曾国平 . 第二次世界大战后世界政治经济的二重性发展趋势 [J]. 重庆大学学报（社会科学版），1996(3).
106 张兵 . 租借法案与美国对外政策的转变 [J]. 辽宁大学学报（哲学社会科学版），2002(5).

107 张海霞.从仙童到硅谷的“芯”路历程[J].金融博览，2019(2).
108 张佳音.18世纪英法商业战争对英国工业革命的影响[J].成都大学学报(教育科学版)，2008，22(11).
109 张娜.一场百年前的电流之争[J].能源，2013(1).
110 张仁德，段文斌.公司起源和发展的历史分析与现实结论[J].南开经济研究，1999(4).
111 张少华.汉密尔顿“工商立国”与杰斐逊“农业立国”之争[J].历史研究，1994(6).
112 张少华.美国史学界关于汉密尔顿与杰斐逊之争的研究[J].世界历史，1995(3).
113 张廷茂.英国工业革命起因新论[J].西北第二民族学院学报(哲学社会科学版)，1990(2).
114 张懿馨.金融危机[M].北京：中国金融出版社，2009.
115 赵从显.从金本位制到美元为中心的资本主义世界货币体系的崩溃[J].兰州大学学报，1980(2).
116 赵红.17—18世纪英国国债制度述评[J].社会科学辑刊，2006(3).
117 赵红.17世纪末至18世纪初英国国债制度化论纲[J].东北师大学报(哲学社会科学版)，2003(6).
118 赵伟.美国现代中央银行体制溯源[J].杭州大学学报(哲学社会科学版)，1998(4).
119 周师田，杨冬晗.从英国英格兰银行看中央银行职能的历史转变[J].吉林金融研究，2008(2).
120 周一良，吴于廑.世界通史[M]北京：人民出版社，1962.
121 周正华.第二次美英战争[J].历史教学，1994(6).
122 庄起善，刘燕.美国三个时期货币政策选择的比较[J].世界经济文汇，2001(2).
123 卓悦，陈德棉，刘延生.美国风险投资业发展的历史过程和现状分析[J].科研管理，2000(5).

英文部分

1 C. E. Challis.A New History of the Royal Mint[M].Cambrige：Cambridge University Press，1993.

2 Charles Sellers.The Market Revolution: Jacksonian America，1815—1846[M]. New York：Oxford University Press，1991.

3 Charles Wilson.England's Apprenticeship，1603—1763[M].New York: St. Martin's Press，1965.

4 Daniel A.Baugh. Great Britain's "Blue-Water" Policy，1689—1815[J].The International History Review，1988，10(1).

5 David C .Douglas. English Historical Document (VIII)[M].London:Eyre &Spottiswoode，1956.

6 Derek Mckay，H.M.Scott.The Rise of the Great Powers，1648—1815[M].New York：Pearson Education，1983.

7 G.William Schwert.Indexes of United States Stock Prices from 1802 to 1987. NBER Working Paper No. w2985.

8 Harold van B.Cleveland，Thomas F.Huertas.Citibank，1812—1970[M]. Cambridge:Harvard University Press，1985.

9 Jack Babuscio，Richard Minta Dunn.European Political Fact，1648—1789[M]. London: Macmillan，1984.

10 Julian E. Zelizer.The Forgotten Legacy of the New Deal:Fiscal Conservatism and the Roosevelt Administration，1933—1938 [J].Presidential Studies Quarterly，2000，30(2).

11 L.S.Stavrianos.The World Since 1500:A Global History[M].New York:Prentice-Hall Inc，1971.

12 Morton Borden.America's Eleven Greatest Presidents[M].Chicago:Rand McNally，1971.